MARKET INSIGHT

王四海 著

市场洞察

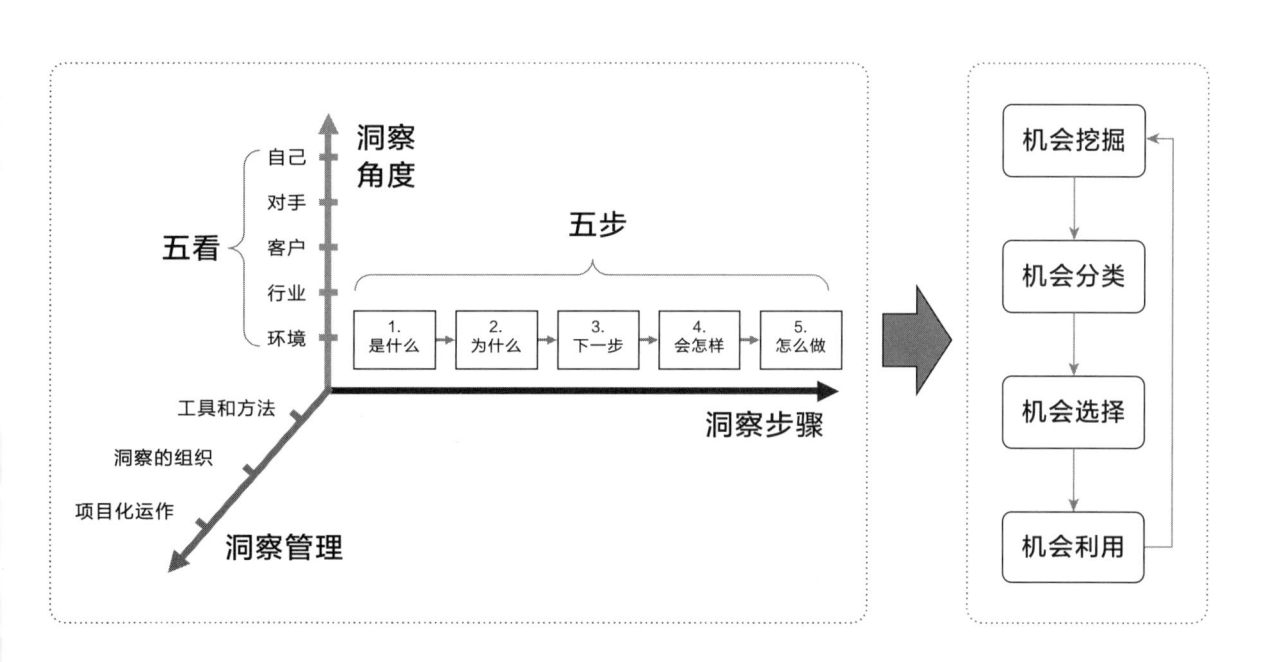

洞察行业秘密　　人人都会用的
挖掘市场机会　　市场洞察方法

企业管理出版社
ENTERPRISE MANAGEMENT PUBLISHING HOUSE

图书在版编目（CIP）数据

市场洞察 / 王四海著 . -- 北京：企业管理出版社，
2025.5. -- ISBN 978-7-5164-3266-2

I. F723.6

中国国家版本馆 CIP 数据核字第 2025JK1045 号

书　　名：	市场洞察
书　　号：	ISBN 978-7-5164-3266-2
作　　者：	王四海
责任编辑：	侯春霞
出版发行：	企业管理出版社
经　　销：	新华书店
地　　址：	北京市海淀区紫竹院南路 17 号　　邮编：100048
网　　址：	http://www.emph.cn　　电子信箱：pingyaohouchunxia@163.com
电　　话：	编辑部 18501123296　　发行部（010）68417763、（010）68414644
印　　刷：	三河市荣展印务有限公司
版　　次：	2025 年 5 月第 1 版
印　　次：	2025 年 5 月第 1 次印刷
开　　本：	787mm×1092mm　　1/16
印　　张：	18.5
字　　数：	223 千字
定　　价：	89.00 元

版权所有　　翻印必究·印装有误　　负责调换

推荐序一

给我一双慧眼，让我把世界看个明白

2024年下半年以来，芯片领域的佼佼者英伟达的市值达到了3万亿美元，老牌芯片领先者英特尔则只有不到1千亿美元了，而十年前，英伟达的市值还不到英特尔的一个零头。原因首先在于英伟达坚持并行计算路线，抓住了人工智能芯片的机遇，这来自黄仁勋深邃的洞察力和战略定力。在国内，我们看到，曾被视为房地产行业优等生的万科面临债务压力，出现了几百亿元的亏损。虽然六年前万科就在一定程度上预见到了房地产行业的发展趋势，提出了"活下去"的经营主张，但仍然没能预计到行业变化之大、之深，没有做出极限假设和应对，从而造成了今天的局面（当然这件事的原因是多方面的）。

以上事实说明，当今时代，在瞬息万变的商业世界中，市场洞察是企业制定战略、把握机遇的关键。然而，如何从纷繁复杂的市场信息中提炼出有价值的洞察，是很多企业面临的难题，因为这不仅需要智慧，更需要一套系统的方法论。

王四海正是这样一位深谙此道的作者。他基于多年的华为工作经历和辅导众多企业的实践经验，以华为的"五看"方法论为基石，撰写了这本关于市场洞察的专业著作，为读者提供了一套系统而实用的工具，帮助大家在不确定的市场中找到确定的方向。

本书提出了市场洞察的五步法，以及市场洞察的管理机制。在具体方法上，则通过环境、行业、客户、竞争、自我五个方面的洞察，形成机会洞察，从而构建了一个全面而深入的市场洞察框架。

本书既有理论，又有实操方法和案例，内容翔实，可操作性强，完全可以成为市场洞察工作的案头工具书。无论是初创企业还是成熟企业，无论是传统行业还是新兴领域，都能从中找到适合自己的市场洞察指南。

这本书不仅是王四海多年心血的结晶，更是他对商业世界的深刻理解与独到见解的体现。我相信，无论是企业家、管理者，还是对市场洞察感兴趣的读者，都能从这本书中获益匪浅。

华为公司前副总裁　邢宪杰
2025 年 1 月

推荐序二

在竞争激烈的商业世界，企业的兴衰成败在很大程度上取决于对市场的理解与把握。能否精准洞察市场趋势、挖掘潜在机会，往往决定了企业能否在市场浪潮中脱颖而出。今天，我怀着极大的热忱，向大家推荐一本不可多得的佳作——《市场洞察》。

本书作者王四海老师，在业内声誉卓著。我有幸在创业期间与王老师结识，彼时他作为华秋电子顾问团核心成员，展现出了非凡的专业能力。他引入的战略制定到执行框架，使我们公司的发展产生了质的飞跃。借助该框架，我们精准识别关键问题，完成系统性的组织诊断与全面优化。同时，王老师带来的前沿方法论、合理的组织结构调整，以及有效的赋能举措，全方位提升了公司实力，夯实了管理基础，为公司战略落地提供了有力保障。

《市场洞察》系统阐述了市场洞察的核心要点。从基础概念到管理策略，从环境、行业、客户、竞争与自我的多维度洞察，再到"三维市场洞察、四步机会管理"等实操方法，书中既有完善的理论体系，又穿插大量实际案例，将抽象知识具象化，便于读者理解与运用。尤为贴心的是，书中设置了"读者思考"环节，引导读者结合自身工作深入反思，把所学知识转化为实际行动。

无论是企业高管、战略规划者，还是初涉市场的新人，都能从这本书中汲取智慧。本书不仅揭示了行业深层次的秘密，更提供了挖掘市场机会的实用工具。相信阅读本书后，各位定能更敏锐地把握市场脉搏，在竞争中抢占先机，引领企业迈向新高度。

深圳华秋电子有限公司 CEO　陈遂伯
2025 年 1 月

推荐序三

市场洞察的深度决定了企业的增长幅度和发展潜力，可以说，市场洞察能力是企业在当今激烈的竞争环境下制胜的关键所在。只有深刻理解市场动态、精准把握客户需求、清晰识别竞争格局，才能在激烈的市场竞争中脱颖而出。然而，市场洞察并非易事，它需要系统的方法论、科学的工具以及丰富的实践经验。遗憾的是，市场上关于市场洞察的书籍大多零散、片面，缺乏系统性和实操性，难以真正帮助企业解决实际问题。

王四海老师的这本《市场洞察》，正好填补了这一空白。作为一本全面、系统地讲解市场洞察的著作，它不仅融合了全球领先的管理思想，更借鉴了华为等世界级企业的优秀实践经验，从而为企业提供了一套可落地、可复制的市场洞察方法论。

这本书有何与众不同之处呢？

（1）全面性：本书从市场洞察的概念、价值切入，逐步展开介绍环境洞察、行业洞察、客户洞察、竞争洞察和自我洞察，涵盖了市场洞察的方方面面。无论是对宏观趋势的把握，还是对微观客户需求的挖掘，本书都提供了详尽的指导。

（2）系统性：本书提出的"市场洞察五步法"为企业提供了一套清晰的分析框架。无论是初学者还是资深从业者，都能通过这一方法论快速掌握市场洞察的核心逻辑。

（3）实践性：本书的内容并非纸上谈兵，而是源自华为等多家企业的优秀实战经验。书中的案例和方法都经过实践的检验，具有极高的参考价值。

（4）工具性：本书不仅提供了系统的理论指导，还配备了丰富的工具和模型，如 PESTEL 模型、VRIO 模型、商业模式画布等，帮助企业将市场洞察转化为具体的行动策略。

这本书对企业的价值和意义是什么？

在数字化和全球化的大背景下，市场洞察已成为企业战略决策的核心能力。本书不仅能帮助企业看清市场，更能帮助企业抓住机会。通过环境洞察，企业可以顺应宏观趋势，规避风险；通过行业洞察，企业可以发现蓝海市场，实现差异化竞争；通过客户洞察，企业可以精准满足客户需求，提升客户满意度；通过竞争洞察，企业可以明确自身优劣势，制定有效的竞争策略；通过自我洞察，企业可以识别自身资源和能力，优化商业模式。

企业的管理者、战略规划者、市场研究人员、产品经理都能从此书中获益。它不仅是一本理论著作，更是一本实战指南，帮助企业从"偶然成功"走向"必然成功"。

我以在 IPD 咨询领域 20 年的经验向大家推荐王四海老师的《市场洞察》。这本书不仅是对华为等优秀企业实践经验的深度提炼，更是对市场洞察方法论的系统性总结。我相信，这本书将成为企业管理者案头必备的参考书，帮助更多企业在复杂的市场环境中找到方向、抓住机会、实现增长。

上海睿创企业管理咨询有限公司创始人　刘劲松
2025 年 1 月

推荐序四

开启市场洞察之门，引领企业前行之路

在当今竞争激烈、变幻莫测的商业环境中，企业若想立于不败之地，精准的市场洞察不可或缺，这是企业成功的基石。而王四海先生所著的《市场洞察》一书，恰似一把开启市场洞察之门的金钥匙，又如同一盏明灯，为企业管理者们照亮了前行的道路。

市场，如同浩瀚无垠的海洋，充满了各种机遇，也潜藏着无数未知的暗礁与风浪。企业如同航行于这片海洋上的船只，要想顺利抵达成功的彼岸，必须对海洋的状况了如指掌。《市场洞察》正好为企业提供了一套全面且系统的导航工具。

本书的一大亮点在于其提出的"三维市场洞察"方法。这一方法以简洁明了的"五看"方法论为基础，进一步拓展为涵盖洞察角度、洞察步骤和洞察管理三个关键维度的立体框架。

在洞察角度方面，王四海先生强调从环境、行业、客户、竞争和自我这五个维度全面审视市场状况。环境洞察让企业能够顺应宏观趋势，敏锐捕捉经济周期、政策法规、社会文化等因素的变化，从而确定投资策略，抓住新的市场机遇；行业洞察帮助企业深入了解行业发展阶段、价值转移趋势以及新技术的动态，使企业能够精准布局高增长领域，避免陷入红海竞争；客户洞察是重中之重，通过分析客户画像、痛点、采购行为等，企业能够真正做到以客户为中心，挖掘未被满足的需求，提升客户满意度，进而增强市场竞争力；竞争洞察让企业明确自身的优劣势，寻找标杆企业，通过有效的竞争分析为业务决策提供有力支撑；自我洞察则促使企业复盘历史、分析自身

资源和能力，明确发展目标与策略，为在市场中找准定位奠定坚实基础。

在洞察步骤上，本书详细阐述了"是什么""为什么""下一步""会怎样""怎么做"这五个步骤。从理解现状出发，深入分析动因，预测未来趋势，判断影响，最终制定出切实可行的应对策略。这一流程环环相扣，逻辑严谨，为市场洞察工作提供了清晰的操作指南，使读者能够有条不紊地开展分析，避免了盲目性和随意性。

洞察管理部分则涵盖了市场洞察的组织建设、工具运用以及运作机制等内容。合理的组织架构和高效的运作流程是市场洞察工作顺利开展的保障，而丰富多样的工具和方法则为分析提供了有力的技术支持。王四海先生结合自身丰富的实践经验，深入浅出地介绍了这些内容，使读者不仅知其然，更知其所以然，从而能够根据企业实际情况灵活运用。

《市场洞察》一书的价值不仅在于其理论的系统性和完整性，更在于其极强的实用性和可操作性。书中大量的案例分析和实战技巧，让抽象的理论变得鲜活生动，仿佛一位经验丰富的导师在身边悉心指导。无论是企业的高层管理人员，还是市场、战略等相关部门的从业者，都能从本书中汲取到宝贵的知识和经验。若将其有效应用于实际工作，必能为企业的发展注入新的动力和活力。

在这个信息爆炸、日新月异的时代，市场洞察能力已经成为企业的核心竞争力之一。王四海先生的《市场洞察》无疑是一本应时之作，它为企业在市场的汪洋大海中航行提供了精准的罗盘和坚实的船锚。相信每一位认真研读此书的读者，都能在市场洞察的道路上迈出更加坚实的步伐，带领企业驶向更加辉煌的未来。

PMO 前沿——中国 PMO&PM 社区创始人　郑志伟
2025 年 1 月

推荐序五

市场洞察力强则大赢，市场洞察力弱则大输

2025年1月2日，赛力斯集团董事长张兴海向全体员工发布题为《一个目标干到底》的新年寄语。张兴海指出，2024年对于赛力斯来说是具有里程碑意义、转折性意义的一年，赛力斯全年实现新能源汽车销量42.69万辆，同比增长1.8倍，超额完成计划。同时，问界进入豪华车阵营，问界M9持续蝉联中国市场售价50万元级豪华车型销冠，全年单车交付15万辆；问界M7全年单车交付20万辆。2025年，赛力斯将牢记"全心全意为用户服务"的宗旨，坚持软件定义汽车的技术路线，秉持"智慧重塑豪华"的理念，确保问界M9在豪华车市场中保持销量第一的地位。同时，赛力斯计划在未来三年内，实现新能源汽车销量达百万量级的目标。

赛力斯的盈利曲线走出了一个标准的V型反转——2020年首现赤字，净亏损17.29亿元，2021年到2023年亏损扩大，分别为18.24亿元、38.32亿元和24.50亿元。2024年进入拐点，2024年前三季度的营收为1066.27亿元，同比暴增539.24%，也就是增长了5倍多。净利润方面，2024年前三个季度，赛力斯归属于上市公司股东的净利润为40.38亿元。

无独有偶。2025年1月1日，奇瑞集团宣布，2024年12月以月销汽车29.85万辆、同比增长38.4%的成绩收官。2024年全年销售260.39万辆，同比增长38.4%，创历史新高。此外，年营收首次达到4800亿元，同比增长超过50%。奇瑞集团在2024年的销量增长点，无疑是新能源汽车领域，其新能源汽车的年销量达到583569辆，同比增幅高达232.7%，新能源汽车销量增速在主流车企中居首位。值得一提的

市场洞察

是，奇瑞集团 2024 年 12 月的新能源汽车销量达到 102621 辆，环比增长达 31.9%，单月新能源汽车销量首次突破 10 万辆。

近年来，奇瑞集团在出口方面的成绩都比较好，2024 年也不例外，年出口销量为 1144588 辆，同比增长 21.4%，再度实现中国品牌乘用车出口第一。事实上，奇瑞集团已连续 22 年稳坐这一位置，并继续保持着领先的纪录。在大家都在激烈"内卷"的时候，奇瑞集团敏锐地发现大踏步"走出去"才是王道，毅然选择"外卷"。

2024 年，汽车业界着实遇到了不少困难，但奇瑞集团始终能保持自身的发展节奏，在新能源化、智能化转型方面一直稳步推进。通过精准的品牌定位，奇瑞集团打造了全新品牌，同时凭借较早布局海外市场的先发优势，持续加速拓展全球市场版图。在品牌全球化转型的道路上，奇瑞集团逐步构筑起发展优势，向着更为广阔的市场大步迈进，稳步实现做大做强的目标。可以说，奇瑞集团的战略部署看似比较保守，实际上却具有更长远的发展眼光，当一切条件逐步成熟，其发展成果也将逐步呈现出来。

以上两个案例充分说明，即便我们面对同样的环境、同样的政策、同样的技术时代、同样的消费者、同样的用户、同样的场景，乃至同处一个地球，看似一切都相同，但实则不然。那不同的是什么？不同的是眼光，不同的是对未来趋势的判断，不同的是对消费者的认知，不同的是对市场机会的分析，不同的是对竞争对手的了解，不同的是抓住市场机会的能力。

企业的运营能力在过去可以成为优势，但如今，这些能力仅仅是最基本的竞争筹码。新的竞争优势是以顾客为中心：深度洞悉并更好地满足顾客需求。

一项涉及 1 万多名从业者的研究考察了高绩效、以顾客为中心的企业的战略、构架和能力。研究发现，这些企业取得成功的关键在于拥有独立的洞察和分析部门，这一部门全面参与到企业的商业规划和战略制定中。

企业发展得好，一个根本原因在于其市场洞察力很强，这就是市场洞察的威力。而这，也正是王四海老师专心研究后撰写《市场洞察》一书的原因。

王四海老师拥有 11 年在标杆企业华为公司工作的经历，以及 20 多年在 IT 行业工作的经验，历任华为公司研发、市场、行销、质量运营管理等多个领域的专家与管理岗位，参与了标杆企业的 DSTE、IPD、MTL、LTC、MCS 等管理变革项目。同时，王四海老师是一位从事咨询行业多年的老兵，具有超越常人的市场洞察能力，正如本书环境洞察章节开篇所引用的"不责于人，但求于势""好风凭借力，送我上青云""智者顺时而谋，愚者逆时而动"，王四海老师致力于做"市场洞察的王者"。

看了王四海老师的著作后，我特别欣赏他对"市场洞察的价值"的阐述，具有价值中的价值。他特别强调，市场洞察的深度，直接决定了决策的质量，并将市场洞察提升到了战略高度。他指出，要做好市场洞察，就必须对宏观环境、行业趋势、客户和竞争对手等方面进行深入的分析研究，发现可能对战略产生的影响，以及价值转移的变化趋势。

王四海老师紧扣"价值转移"这一关键要素，在环境洞察部分阐明了"识别宏观价值转移，抓住市场机会"，在行业洞察部分指出"关注行业价值转移，在变化中找到机会"。

每一个企业家都应该是一个优秀的战略家，要站在市场的最前线，把握宏观趋势和行业机会，探究顾客的心智脉络，感受商业的潮起潮落。企业领导者如果没有市场洞察力，怎么能发现市场需求与机会呢？要知道，需求才是缔造伟大商业传奇的根本力量。唯有具备市场洞察力才能发现和抓住战略机会点。

在客户洞察部分，王四海老师从客户的经营环境、痛点、战略、对新技术的态度、采购行为和生命周期等维度做了全面的阐述，这是全书的精华部分。通过客户洞察，企业能够更好地理解客户的痛点和需求，提供有针对性的产品和服务，从而赢得客户的信任。

在竞争洞察部分，王四海老师强调"基于竞争分析，指导业务决策"。俗话说"商场如战场"，竞争才能促进发展。然而企业越大，企业领导者越有可能与前线失去联系，忽视友商的发展，忽视竞争对手，这是制约企业继续壮大的最重要的甚至是唯一的因素。

在自我洞察部分，王四海老师引入 VRIO 模型，从价值（Value）、稀缺性（Rarity）、难以模仿性（Inimitability）、组织（Organization）四个维度审视企业的内部资源和能力。企业的运营能力在过去可以成为优势，但如今，这些能力仅仅是最基本的竞争筹码。新的竞争优势是以顾客为中心，将数据转化为有关消费者动机的洞察，进而更好地满足顾客需求。

标杆企业华为公司一直将市场洞察视为核心竞争力，这无疑是对市场洞察价值与重要性的最佳诠释。华为公司成立于 1987 年，2020 年营收达到 8914 亿元人民币，用 30 多年时间就实现了许多企业需要更长周期才能达成的发展规模。可以说，华为公司一路围绕自己的核心竞争力，用机会牵引公司高速增长。即使近几年受到美国如"卡脖子"般的围追堵截，华为公司 2024 年的营收也快速恢复到 8000 亿元人民币，可以说把"薇甘菊精神"演绎得淋漓尽致。这说明即使在超恶劣的环境下，华为公司也有能力抓住机会，这不是一般企业所能企及的。王四海老师在本书中系统、全面地讲解了华为公司常用的市场洞察"五看"方法，但细细咀嚼，我们发现华为公司其实是一个不太"看自己"的公司。华为公司非常注重"看机会"，以机会为风口、为牵引，把客户的机会当成自己的机会，把市场的机会当成自己的机会；只为成功找方法，不为失败找借口。华为公司深刻认识到，如果太"看自己"，会发现资源严重匮乏，人才短缺，资金严重不足，能力不具备，甚至在与竞争对手进行优劣势比较后就不敢做了。针对市场洞察中的各种问题，王四海老师的这本书引导我们科学、专业地应用市场洞察方法论，准确把握市场洞察的角度，做好市场洞察的管理，掌握市场洞察的步骤，从而在复杂多变的市场环境中精准捕捉机会。

进入 2025 年，多家车企披露了 2024 年全年成绩单。新能源汽车龙头比亚迪发布的公告显示，2024 年 12 月新能源汽车销量达 51.48 万辆，2024 年 1—12 月新能源汽车累计销量达 427.21 万辆，同比增长 41.26%。比亚迪能取得如此辉煌的业绩，原因在于其进行深刻的市场洞察后，毅然决然地放弃燃油车生产，全面转向新能源汽车领域。这一决策成为公司战略，并且顺应了国家"双碳"战略。比亚迪堪称娴熟运用市场洞察"五看"方法论的成功典范。

管理大师拉姆·查兰在《重构竞争优势：决胜数字时代的六大法则》一书中指出，在当今数字时代，无论企业处于初创时期、成长时期，还是面临复兴挑战，其成败在很大程度上取决于企业领导者的洞察力、创新力与适应力。唯有具备洞察力的领导者才能引领企业在快速变化的环境中前行。

市场洞察力强则大赢，市场洞察力弱则大输。个人干不过组织，组织干不过趋势。活不下去的企业，往往是因为没有看清方向；活得艰难的企业，往往是因为对方向的把握不够精准；遥遥领先的企业，恰恰是具有超强市场洞察力、善于抓住机会的企业。企业如此，个人也如此，在此共勉！

深圳市南方略营销管理咨询有限公司创始人　刘祖轲
2025年1月

前　言

本书主要面向企业的高层管理人员，包括CXO、战略规划者和市场管理者等，目的是介绍一套经过华为公司实践验证的市场洞察方法论，帮助企业有效地开展市场洞察工作。

"五看"方法论是一套简洁明了的市场分析框架，在华为公司及业界得到了广泛的应用。然而，由于不同行业和企业的具体情况存在差异，在实际操作中可能会遇到一些挑战。例如，分析人员或许知晓需要重点关注的领域，但在如何深入分析并得出结论、如何具体实施方面往往感到困惑。因此，我在"五看"方法论的基础上，进一步发展出了"三维市场洞察、四步机会管理"的方法。

这套方法首先从洞察步骤、洞察角度、洞察管理三个维度来管理市场洞察相关工作，从而帮助企业分析自身的优势和劣势，寻找市场机会，并识别相关的威胁。然后，通过机会挖掘、机会分类、机会选择、机会利用四个步骤来管理市场机会，以更精准地指导企业的经营活动。

利用这套方法，市场从业人员能够更有效地进行深入的市场洞察，帮助企业找到更适合其发展的机会，从而指导管理层做出正确的决策，支撑企业的商业成功。

王四海
2024年8月

/ 目 录 /

1　市场洞察概述　　　　　　　　　　　　　　　　　　　　　/ 1 /

　　1.1　什么是市场洞察　　　　　　　　　　　　　　　　　/ 2 /

　　1.2　市场洞察的价值　　　　　　　　　　　　　　　　　/ 5 /

　　1.3　市场洞察的要求　　　　　　　　　　　　　　　　　/ 9 /

　　1.4　三维市场洞察　　　　　　　　　　　　　　　　　　/ 13 /

　　1.5　本章小结　　　　　　　　　　　　　　　　　　　　/ 22 /

2　市场洞察的管理　　　　　　　　　　　　　　　　　　　　/ 23 /

　　2.1　如何管理市场洞察　　　　　　　　　　　　　　　　/ 24 /

　　2.2　市场洞察的组织　　　　　　　　　　　　　　　　　/ 26 /

　　2.3　市场洞察的工具　　　　　　　　　　　　　　　　　/ 30 /

　　2.4　市场洞察的运作机制　　　　　　　　　　　　　　　/ 33 /

　　2.5　本章小结　　　　　　　　　　　　　　　　　　　　/ 37 /

3　市场洞察五步法　　　　　　　　　　　　　　　　　　　　/ 39 /

　　3.1　市场洞察五步法简介　　　　　　　　　　　　　　　/ 40 /

　　3.2　是什么（What）：理解现状　　　　　　　　　　　　/ 42 /

　　3.3　为什么（Why）：分析动因　　　　　　　　　　　　/ 44 /

　　3.4　下一步（What's Next）：预测与推断　　　　　　　 / 48 /

　　3.5　会怎样（So What）：判断影响　　　　　　　　　　 / 53 /

　　3.6　怎么做（Now That）：制定应对策略　　　　　　　　/ 54 /

· 1 ·

3.7 本章小结 / 56 /

4 环境洞察：顺应宏观趋势 /57/

4.1 什么是环境洞察 / 58 /
4.2 分析宏观经济周期，确定投资策略 / 60 /
4.3 识别宏观价值转移，抓住市场机会 / 71 /
4.4 跟踪通用关键技术的发展，拥抱变化 / 80 /
4.5 基于PESTEL方法，全方位分析环境 / 90 /
4.6 环境洞察常见的指标 / 93 /
4.7 本章小结 / 96 /

5 行业洞察：寻找蓝海市场 /97/

5.1 什么是行业洞察 / 98 /
5.2 分析行业发展阶段，布局高增长行业 / 100 /
5.3 关注行业价值转移，在变化中找到机会 / 107 /
5.4 细分和选择目标市场，寻找蓝海机会 / 117 /
5.5 跟踪行业关键技术，构建企业核心竞争力 / 136 /
5.6 明确行业竞争格局，避免进入红海市场 / 146 /
5.7 行业洞察常见的指标 / 157 /
5.8 本章小结 / 159 /

6 客户洞察：识别客户需求 /161/

6.1 什么是客户洞察 / 162 /
6.2 构建客户画像，明确目标客户 / 166 /
6.3 搜集客户的基本信息，建立客户档案 / 168 /
6.4 了解客户所处的环境，确定客户的经营策略 / 172 /
6.5 分析客户痛点，挖掘客户未被满足的需求 / 176 /
6.6 瞄准客户战略，从经济学角度为客户创造价值 / 183 /

6.7	分析客户对新技术的态度，制定产品创新策略	/ 186 /
6.8	梳理客户采购行为，明确产品销售策略	/ 190 /
6.9	识别客户生命周期阶段，降低客户流失率	/ 193 /
6.10	收集和分析客户声音，提升客户满意度	/ 196 /
6.11	客户洞察常见的指标	/ 198 /
6.12	本章小结	/ 200 /

7 竞争洞察：明确优劣势 /203/

7.1	什么是竞争洞察	/ 204 /
7.2	识别竞争对手，并进行分类和排序	/ 206 /
7.3	确定竞争分析的维度和方法	/ 216 /
7.4	收集和获取竞争对手的信息	/ 221 /
7.5	明确优势和劣势，寻找机会和威胁	/ 225 /
7.6	基于竞争分析，指导业务决策	/ 232 /
7.7	竞争洞察常见的指标	/ 238 /
7.8	本章小结	/ 240 /

8 自我洞察：识别资源和能力 /241/

8.1	什么是自我洞察	/ 242 /
8.2	复盘历史成功经验，挖掘自身优势	/ 243 /
8.3	分析企业生命周期，明确发展目标和策略	/ 244 /
8.4	借助 VRIO 模型，评估企业资源和能力	/ 247 /
8.5	利用商业模式画布，梳理商业模式	/ 250 /
8.6	分析财务报表，寻找经营问题	/ 254 /
8.7	自我洞察常见的指标	/ 256 /
8.8	本章小结	/ 257 /

9 找机会：抓住市场机遇 /259/
9.1 什么是市场机会 / 260 /
9.2 如何管理市场机会 / 262 /
9.3 本章小结 / 268 /

结语 /269/

本书缩略语 /271/

本书参考文献 /272/

1

市场洞察概述

时来天地皆同力,运去英雄不自由。

市场洞察的深度,决定了决策的质量。

如果风口判断错误,那么决策一定不会有多好。

1.1 什么是市场洞察

什么是洞察？"洞察"一词常见的英文表达是"insight"。在现代英语中，"insight"通常被解释为"对复杂情况或问题有深刻、清晰的理解"。因此。在本书中，洞察指的是深入观察、透彻理解，以及发现事物内在的含义或价值。

什么是市场洞察？基于对"洞察"的理解，我们认为**市场洞察指的是通过收集市场数据，综合分析这些数据背后的信息，进行逻辑推理和预测，从而形成对市场的深刻理解**。例如，理解"当前环境如何""市场有哪些变化""市场机会在哪里"以及"未来的发展方向"等。

提及市场洞察，许多读者可能会不自觉地想到收集数据并撰写报告。然而，市场洞察工作远不止于此。为了更好地理解和完成市场洞察工作，我们不得不提及一个重要的模型：数据—信息—洞察模型（见图1-1）。

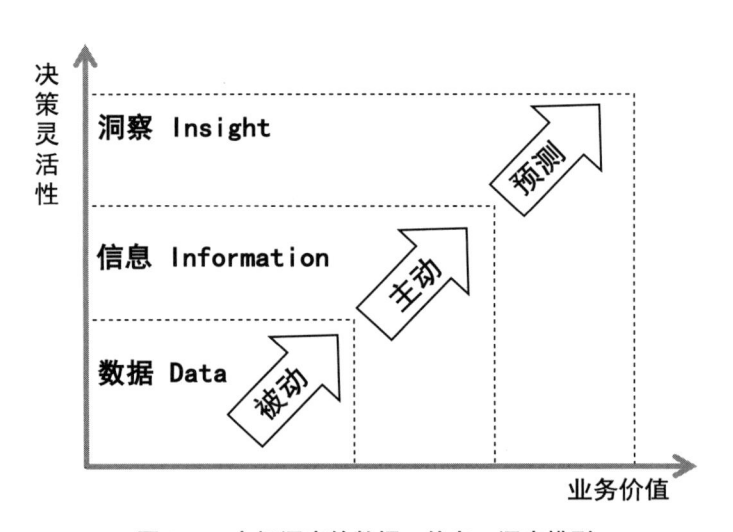

图1-1 市场洞察的数据—信息—洞察模型

对于数据—信息—洞察模型的三个关键要素，我们详细解释如下。

（1）数据（Data）

数据构成了最基础的原始素材，包括数字、文字、图像、符号等多种形式。 数据直接来源于事实，如市场调研结果、销售数据、用户行为记录等。数据本身是事实的集合，并不直接表达意义。然而，通过系统的分析和处理，数据可以被转化为有意义的信息。数据是市场洞察的起点，为后续的信息提取和洞察生成提供了必要的基础。

（2）信息（Information）

信息是在数据的基础上，经过解释和解读后得到的结果。 通过对数据的分析和处理，我们可以提取出有意义的信息，这些信息能够回答特定的问题或揭示某些现象。

与数据相比，信息具有更深层次的意义，它能够提供关于市场、竞争、客户等方面的具体细节和背景。信息通常以报告、图表、分析等形式呈现。它为市场洞察提供了重要的背景和分析依据，帮助我们更好地理解市场环境和竞争态势。

（3）洞察（Insight）

洞察是在对信息进行深度分析和解读后得出的结论或观点。 通过深入分析与推测，回答"那又怎样""市场有哪些变化""未来走向哪里"等问题。

- 洞察不仅揭示了数据的本质和规律，还提供了对未来趋势的预测和判断。
- 洞察具有高度的概括性和前瞻性，能够揭示数据背后的深层次含义和未来可能的发展方向。
- 洞察通常以战略建议、市场预测、客户行为分析等形式呈现，为企业提供了决策支持和发展方向。

通过洞察，企业可以更好地了解市场需求和竞争态势，制定更加有效的市场策略和产品规划。

举个例子，假设我们通过市场调研观察到：通货膨胀率从1.8%上升至1.9%，失业率从6%下降至5%，采购经理人指数（PMI）从48%跃升至51%，房地产月交易量从2万套增加到3万套，贷款利率维持在3.1%不变，而黄金价格则从每克798元降至每克688元。以上这些都是数据。

通过这些数据，我们可以迅速而直观地获取一些关键信息：通货膨胀率呈现轻微上升趋势，失业率正在下降，PMI突破了50%的临界点，房地产交易量有所提升，政府似乎在采取措施刺激经济，同时黄金价格也出现了下跌。

这些信息透露出怎样的经济信号呢？它们预示着经济可能正在复苏，暗示投资者应抓住时机迅速行动。这便是市场洞察能力的体现，如图1-2所示。

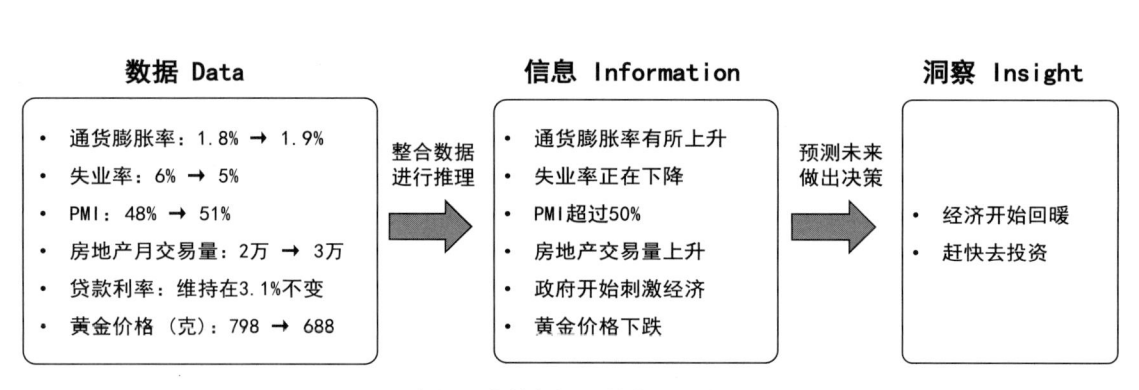

图1-2 市场洞察的数据—信息—洞察模型举例

在市场洞察的数据—信息—洞察模型中，数据、信息和洞察三者之间存在着紧密且逐步深化的联系。数据构成了基础，信息充当了连接的桥梁，而洞察则是我们追求的目标。通过收集和处理数据，我们能够提炼出有价值的信息；进一步地，通过对这些信息的深入分析和解读，我们能够获得具有预测性和战略意义的洞察。这三个要素共同构成了市场洞察的核心框架，为企业的决策提供支持，帮助企业明晰发展方向。

1.2 市场洞察的价值

市场洞察在企业的经营和管理中扮演着重要的角色。

如果企业对市场趋势的判断出现偏差，那么经营决策一定不会达到预期效果。"南辕北辙"就是这个道理。市场洞察能够帮助企业分析行业动态、市场需求和竞争格局，从而识别出合适的市场机会，避免盲目跟风或偏离市场正轨。

市场洞察的深度，直接决定了决策的质量。市场洞察为企业提供了翔实的市场信息和数据支持，帮助管理层做出更加明智和精准的决策，使企业能够迅速应对市场波动，有效减少经营风险。

以华为公司为例，其在早期就敏锐地察觉到无线通信行业的巨大潜力，并通过深入分析，准确预测了通信技术的发展趋势和市场需求，提出"世界通信行业三分天下，华为占其一"的战略目标。同时，基于这些洞察，华为公司加大了在5G技术研发和市场推广方面的投入，最终在5G市场取得了领先地位。

此外，在中美贸易摩擦爆发之前，华为公司凭借对行业价值链的深入洞察，深刻认识到技术自主可控的重要性。因此，华为公司不断加大对研发的投入，致力于掌握核心技术并获得自主知识产权，特别是在芯片和操作系统等关键技术领域实现自主研发，以减少对外部技术的依赖。

同时，华为公司还实施了"备胎计划"，即在保证正常业务运营的同时，针对潜在的外部限制或封锁风险，提前研发并储备替代技术和解决方案。正是得益于"备胎计划"的预先布局，在被美国商务部制裁后，华为公司依然保持了其市场地位，有效避免了企业危机，具体如图 1-3 所示。

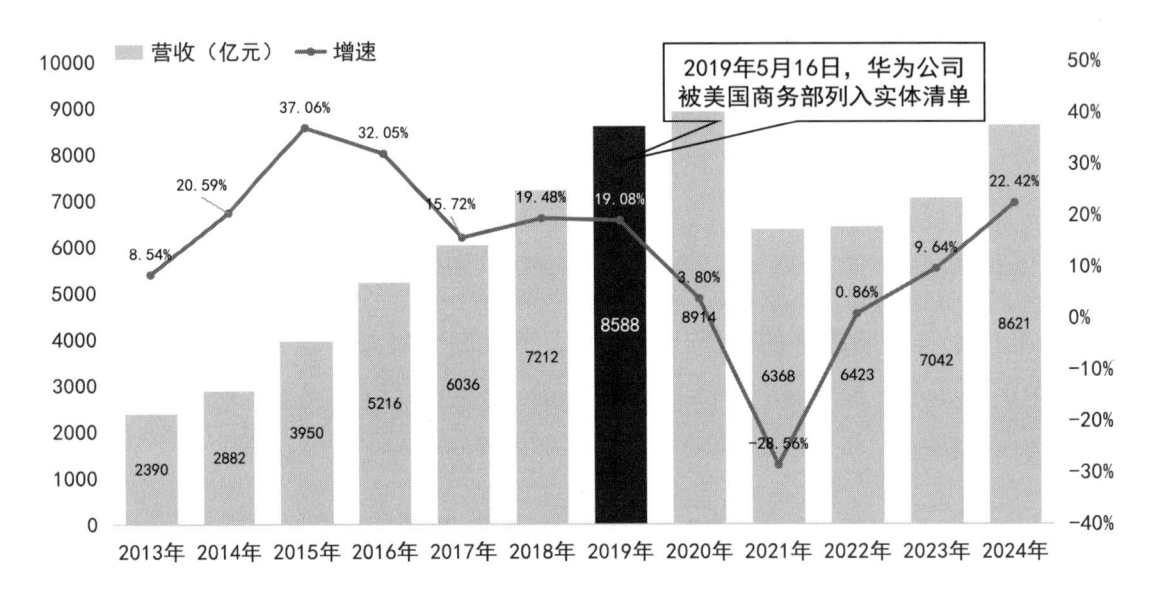

图 1-3　2013—2024 年华为公司营收和增速

在企业经营过程中，市场洞察的主要作用在于为企业的各种规划和决策提供指导。市场洞察的应用场景如图 1-4 所示。

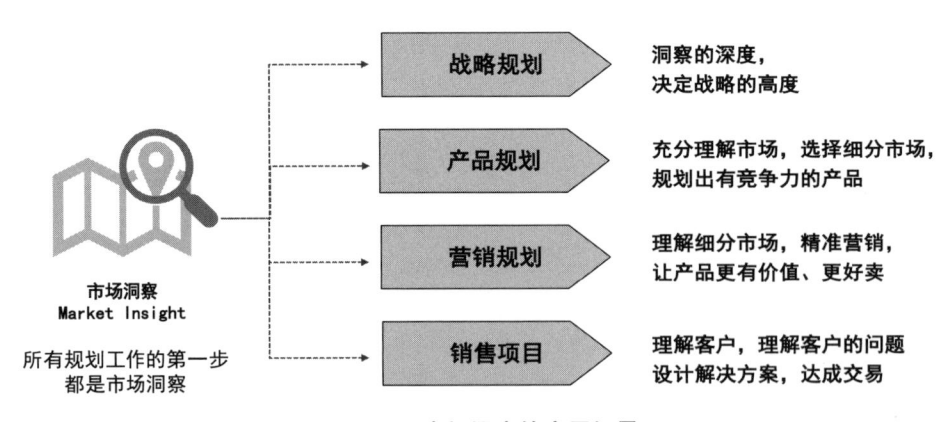

图 1-4　市场洞察的应用场景

（1）支持战略规划

针对企业的战略规划（Strategy Plan，SP）和年度商业计划（Business Plan，

BP）的制定，深入开展战略相关的市场洞察工作。

通过持续的市场扫描，定期输出市场洞察报告，以回答与战略相关的问题。识别市场宏观环境的关键变化，分析未来的机会和可能遭遇的挑战，并评估这些机会和挑战对企业可能产生的影响。

在战略规划（SP）和年度商业计划（BP）的制定过程中，只有通过深度的市场洞察，才能制定出高质量的规划。**市场洞察的深度，直接决定了战略思考的广度和高度。**

（2）支持产品规划

针对特定细分市场的产品规划工作，系统地开展产品规划专题洞察工作，支撑产品路标规划和产品定义。

通过持续跟踪细分市场的动态变化，定期审视市场趋势、客户需求及竞争状况，全面收集并分析相关信息。

在此基础上，输出详尽的细分市场洞察报告，为产品路标规划和产品定义提供有力支撑。结合业务的需求，提供明确的业务目标和市场策略建议，助力产品在细分市场中取得竞争优势。

（3）支持营销规划

针对特定细分市场的营销规划工作，全面而深入地开展用户洞察，提升营销效率。

通过细致调研目标客户群的业务场景、客户的痛点与需求、消费习惯以及竞争态势，帮助营销人员全面把握市场动态。

在此基础上，回答与市场营销策略、销售策略相关的各类问题，为营销团队提供有力的决策支持，帮助营销人员制定更精准的营销规划，以提升市场竞争力和销售业绩。

（4）支持销售项目

针对具体的销售项目，深入开展客户需求和竞争对手分析，提升项目成交概率。

通过分析客户当前面临的主要痛点和迫切需求，评估竞争对手在该项目中的表现，包括竞争对手提供的产品信息、服务方案以及市场策略等，以便更清晰地了解市场竞争态势。

在此基础上，为销售策略的制定提供有针对性的建议，帮助销售人员更好地把握销售机会，从而有效提升销售人员的销售成功率，助力企业取得更好的业绩。

1.3 市场洞察的要求

在快速变化的市场环境中，精确掌握市场趋势有助于企业进行高效决策。为了更有效地进行市场分析并得出关键结论，市场洞察需要遵循四个基本原则。

√ **持续扫描**：持续积累信息，增强洞察能力。

√ **信息共享**：打破组织壁垒，促进团队协作。

√ **以事实为基础**：进行客观分析，避免主观偏见。

√ **提炼关键结论**：直击问题核心，提供有效解决方案。

接下来，本书将从这四个维度出发，详细阐释市场洞察的要求，并提供实例进行说明。

1.3.1 持续扫描：持续积累信息，增强洞察能力

深入的市场洞察依赖于市场数据、洞察经验和能力的支撑。然而，企业并非与生俱来就拥有这些市场数据、洞察经验和能力。因此，我们需要遵循 PDCA（计划—执行—检查—行动）的方法论，**持续地监测市场动态，积累市场数据，并逐步丰富洞察经验，增强洞察能力**，如图 1-5 所示。

通过持续监控市场动态，积累翔实的市场数据，并跟踪市场趋势的变化，能够为有效的市场洞察提供坚实的数据支撑。

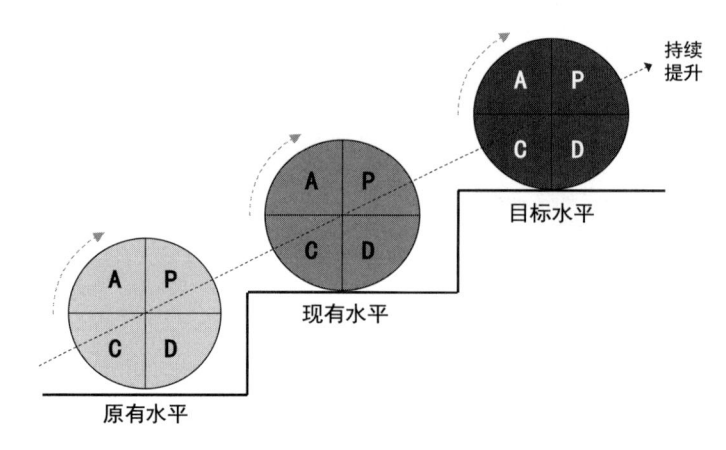

图 1-5　市场洞察 PDCA 模型

此外，不断总结市场信息，有助于更深入地理解市场趋势，并准确预测未来的发展动向。同时，通过不懈的努力，积累丰富的市场洞察经验和能力，包括对数据的精准解读能力和对市场变化的高度敏感性，能够显著提升市场洞察工作的效率和品质。

正是这种持续的积累，使企业能够在激烈的市场竞争中保持其领先地位，并及时捕捉那些转瞬即逝的市场机会。

1.3.2　信息共享：打破组织壁垒，促进团队协作

市场的变化往往是多方面的。以技术进步为例，技术进步不仅催生了更多个性化需求，推动了众多个性化产品的诞生，还促使产品成本降低，加速产品普及。

然而，每个方面都蕴含着丰富的专业知识，只有具备专业素养的人员才能深入理解这些市场变化。**将专业之事，交给专业的人，才能收获专业的成果。**

因此，在进行市场洞察时，团队协作非常重要，必须充分交流信息，确保各部门能够全面、准确且深刻地把握市场动态，以便企业能够迅速应对市场变化。

以华为公司为例，为了促进市场信息的共享，华为公司构建了一个名为 uMine 的市场情报共享系统。uMine 是华为公司级别的市场洞察平台，集中存储了市场洞察的核心内容，并对这些内容统一进行分类和编目。这些内容涵盖了内部分析报告、集中采购的第三方报告以及其他具有价值的资料。uMine 旨在成为市场洞察体系的"中央图书

馆",既是市场分析师的工作平台,也是向全公司提供市场洞察服务的信息平台。

1.3.3 以事实为基础:进行客观分析,避免主观偏见

在日常对话、学术探讨以及新闻传播中,事实与观点是两个频繁出现的概念。事实指的是那些可以被直接观察、验证、测量或记录的客观存在,它们不以个人的主观感受或解释为转移。例如,当前的气温为 10 摄氏度,这便是一个事实。相对地,观点则是个人或集体基于其经验、知识、情感和价值观等主观因素所形成的看法、态度或判断。例如,对于普通人而言,10 摄氏度的气温可能会让人感觉有些寒冷,这是一种观点;而对于特种兵来说,10 摄氏度的气温可能被视为舒适甚至凉爽,这同样代表了一种观点(见图 1-6)。

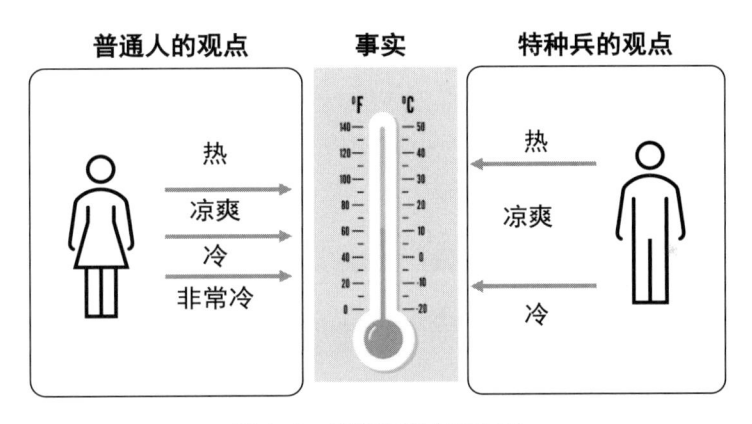

图 1-6 事实与观点的区别

每个人都有权持有自己的观点,然而,事实往往只有一个。因此,**市场洞察必须建立在客观事实的基础之上,通过数据分析和实证研究来揭示市场真相**,以避免因观点差异导致的无效沟通,同时防止主观臆断和偏见干扰决策过程。

1.3.4 提炼关键结论:直击问题核心,提供有效解决方案

在进行市场洞察时,最关键的工作是深入分析与整理已经搜集到的数据和信息,从而**提炼出关键结论,并揭示其内在的驱动力或深层意义**,这样才能有效地指导后续业务的开展。

若市场洞察仅仅停留在信息收集、事实陈述和现状展示的层面，并未提供关键结论，那么，它将无法为企业的决策提供有价值的建议和解决方案，如此一来，也就称不上是真正意义上的市场洞察。

此外，关键结论的形成还应满足"广、深、高、速"的标准。

（1）广度

扩展视野，开放心扉，洞察各行各业的多样性。

通过拓宽观察的领域，使用更宽的视角去观察和分析问题，能够帮助我们更深刻地理解世界的复杂性，为未来的发展奠定坚实的基础。

例如，在进行技术洞察的时候，不要仅仅局限于本领域的关键技术，还需要关注其他相关领域的技术发展，特别是数字化、人工智能等新兴通用技术。

（2）深度

针对所选的特定领域进行深入研究，力求在某一方面达到极致。

深入挖掘不仅有助于掌握专业知识，还能让我们在所选领域中脱颖而出，成为最懂行的人。对深度的追求能够帮助我们不断增加知识储备、提升智慧水平以及突破能力边界。

（3）高度

超越当前现状，不局限于当前的工作，从更高的视角审视整个行业，预测未来的发展趋势。站在高处，你将能更全面地把握全局，从而在未来竞争中占据有利地位。对高度的追求是对现状的超越和对未来的预见与把握。

（4）速度

机会往往在不被看好的时刻出现，学会识别并迅速抓住机会非常重要。**不要犹豫不决，要迅速行动**。只有具备敏锐的市场洞察能力和迅捷的行动力，才能在机会出现时迅速把握，进而在竞争中取得优势。对速度的追求是对机会和未来的有效掌控。

1.4 三维市场洞察

为了更有效地指导企业进行市场洞察,在华为公司常用的"五看"市场洞察方法的基础上,笔者总结并整理了一套"三维市场洞察、四步机会管理"的方法。

这套方法首先从洞察步骤、洞察角度、洞察管理三个维度来管理市场洞察相关工作,目的在于寻找市场机会。然后,通过机会挖掘、机会分类、机会选择、机会利用四个步骤来管理市场机会,以更精准地指导企业的经营活动(见图1-7)。

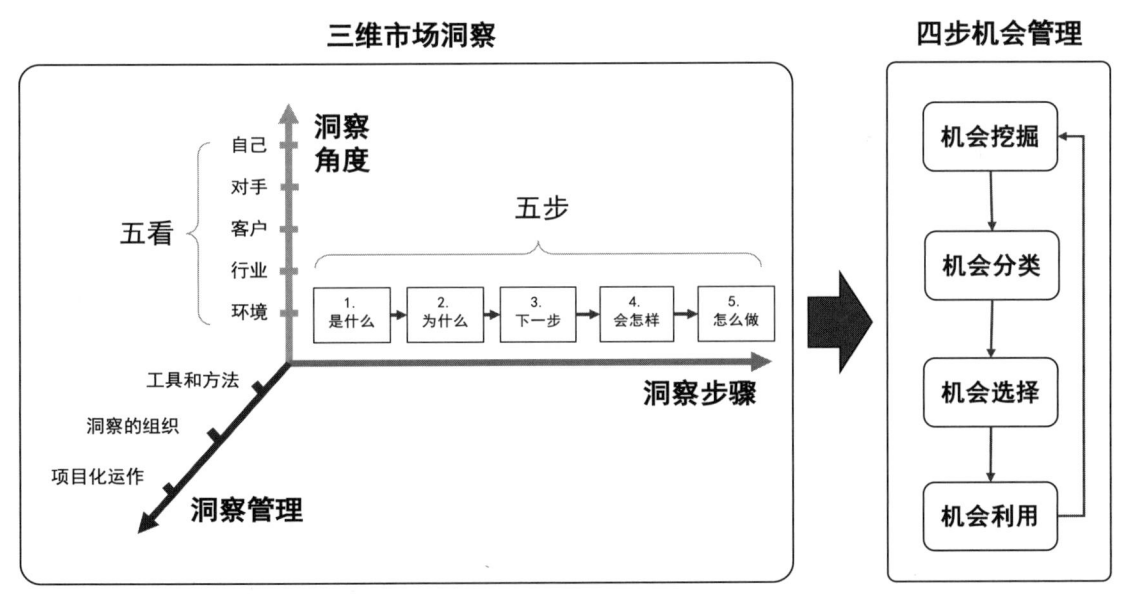

图 1-7 三维市场洞察与四步机会管理

1.4.1 市场洞察的管理

为了确保企业能够顺畅地组织和执行市场洞察活动,对市场洞察的管理非常关键。其主要涵盖三个方面，具体如图 1-8 所示。

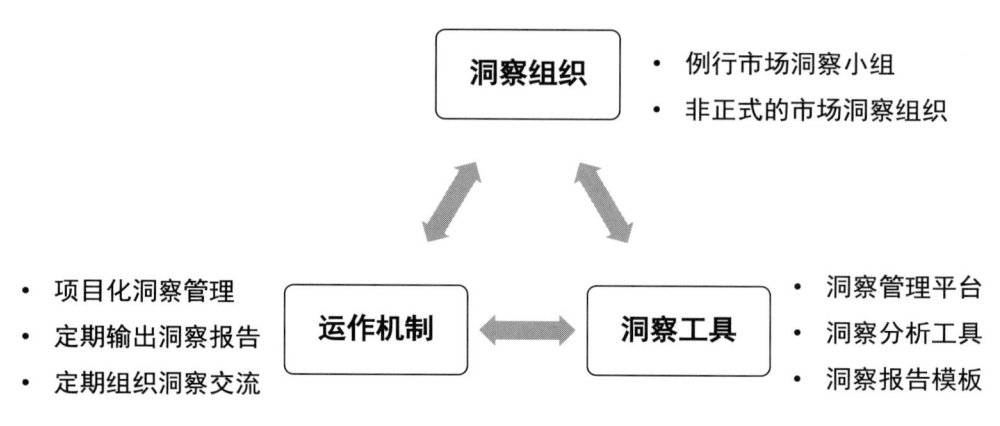

图 1-8 市场洞察项目化运作示意图

市场洞察管理的内容分别如下。

（1）市场洞察的组织

通过组建专业的市场洞察团队，对市场洞察数据和结论进行系统化管理，确保数据的持续积累，并持续提升市场洞察的能力，从而更高效地推进市场洞察工作。

（2）市场洞察的工具

开发并维护一系列市场洞察工具，包括市场洞察管理平台、市场空间分析表、竞争格局分析表、市场洞察报告模板以及基于人工智能的市场洞察分析工具等，帮助市场洞察人员提升工作效率。

（3）市场洞察的运作机制

通过采取项目化的管理方法，能够显著提升市场洞察工作的成效，确保市场洞察任务能够按时、按质、按量完成，进而为业务运营提供坚实的支撑。

在本书的第 2 章，我们将会详细介绍市场洞察管理的方法。

> **读者思考**
>
> 您所在的企业需要建设一个怎样的市场洞察运作体系?

1.4.2 市场洞察的步骤

基于市场洞察的数据—信息—洞察模型,我们认识到,单纯获取数据并不等同于真正的市场洞察。真正的市场洞察要求我们基于数据提炼出结论和建议。为了更有效地得出市场洞察的结论,我们将市场洞察工作细分为五个步骤,如图1-9所示。

图 1-9 市场洞察五步法示意图

我们以个人健康体检类比,简单介绍市场洞察五步法。

(1)是什么(What)

理解现状,进行现状分析。例如,当前血压多少,是否为高血压。

(2)为什么(Why)

分析驱动现状发生改变的根本原因,即动因分析。例如,是什么因素导致了血压升高。

（3）下一步（What's Next）

根据对动因的分析，进行预测与推断。例如，若血压持续上升，将对健康产生不利影响。

（4）会怎样（So What）

根据预测与推断，判断对企业经营产生的影响。例如，健康状况受损后，可能会影响日常的工作和生活，需要入院治疗。

（5）怎么做（Now That）

根据影响分析，制定应对策略，抓住机会。例如，为了免于就医，我们应当坚持规律作息，养成健康的饮食习惯，并积极参加体育锻炼，从而保持良好的健康状况。

在本书的第3章，我们将会详细介绍市场洞察的步骤。

> **读者思考**
>
> 在市场洞察过程中，您是如何分析和提炼关键结论的？

1.4.3 市场洞察的角度

市场洞察通常从五个角度进行，我们简称为市场洞察"五看"方法。"五看"方法涉及对环境、行业、客户、竞争对手以及自身的洞察。接下来，我们将简要阐述这五个角度。具体如图1-10所示。

- **环境**指的是影响整个经济体系以及其中所有行业和企业的广泛外部因素，涵盖了政治、经济、社会、技术、环境和法律等多个方面。

- **行业**是由生产类似产品或提供类似服务的企业所构成的集合体，它们共同应对相似的市场环境和竞争条件。例如，汽车行业是由所有生产汽车的企业组成的集合，它还可以细分为多个子市场，包括乘用车市场、商务车市场和工程车市场等。

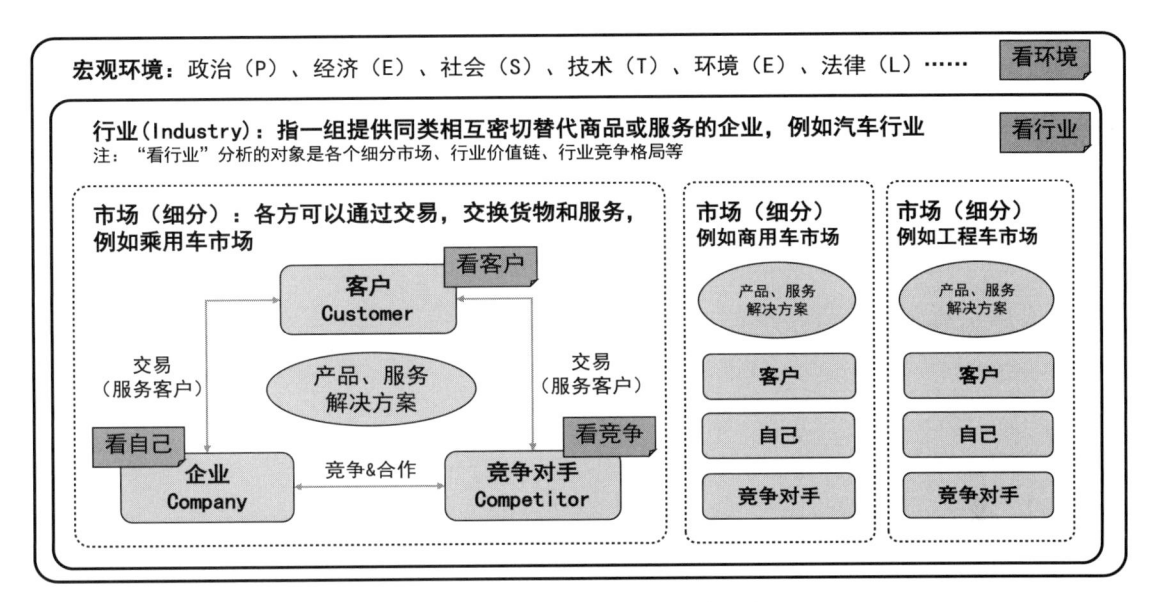

```
宏观环境：政治（P）、经济（E）、社会（S）、技术（T）、环境（E）、法律（L）……     看环境

行业（Industry）：指一组提供同类相互密切替代商品或服务的企业，例如汽车行业    看行业
注："看行业"分析的对象是各个细分市场、行业价值链、行业竞争格局等

市场（细分）：各方可以通过交易，交换货物和服务，    市场（细分）       市场（细分）
例如乘用车市场                                  例如商用车市场    例如工程车市场

           客户 Customer   看客户         产品、服务       产品、服务
                                         解决方案        解决方案
交易                    交易
（服务客户） 产品、服务  （服务客户）         客户            客户
            解决方案
看自己                  看竞争             自己            自己
  企业      竞争&合作    竞争对手
  Company              Competitor         竞争对手        竞争对手
```

图 1-10 市场洞察"五看"概念示意图

√ **市场**是商品或服务买卖双方进行交易的场所或机制，它展示了供需关系、价格波动和竞争态势等。以乘用车市场为例，在这个市场中，汽车是主要商品，围绕汽车，还有汽车制造商、购车者和使用汽车的客户等参与者。

√ **客户**是指购买或使用产品或服务的个人或组织，他们的需求、偏好和反馈是企业制定市场策略和进行产品创新的关键依据。例如，购车的家庭即为一个客户群体。

√ **竞争对手**是指与我们在相同或相似的市场提供相同或类似的产品或服务，并因此争取相同的目标客户群体的其他企业或品牌。

√ **自己**就是指产品和服务的提供商，也就是我们所在的企业、事业部、产品线。

> 💡 **读者思考**
>
> 您所在的是什么行业？客户是谁？竞争对手又是谁？

"五看"市场洞察法，即从环境、行业、客户、竞争对手和自身这五个角度进行市场分析。运用"五看"方法，可以深入了解宏观经济形势、行业发展趋势、技术进步动态、客户需求以及竞争对手的策略。这有助于企业识别自身的优势与潜在威胁，进而发现市场机遇与风险，剖析市场动态及其对企业的影响，为企业战略规划制定、营销策略拟定和销售项目管理等后续行动提供指导。

在市场洞察过程中，我们可以分步骤，针对每个洞察的角度进行市场洞察。市场洞察的大致过程如图 1-11 所示。

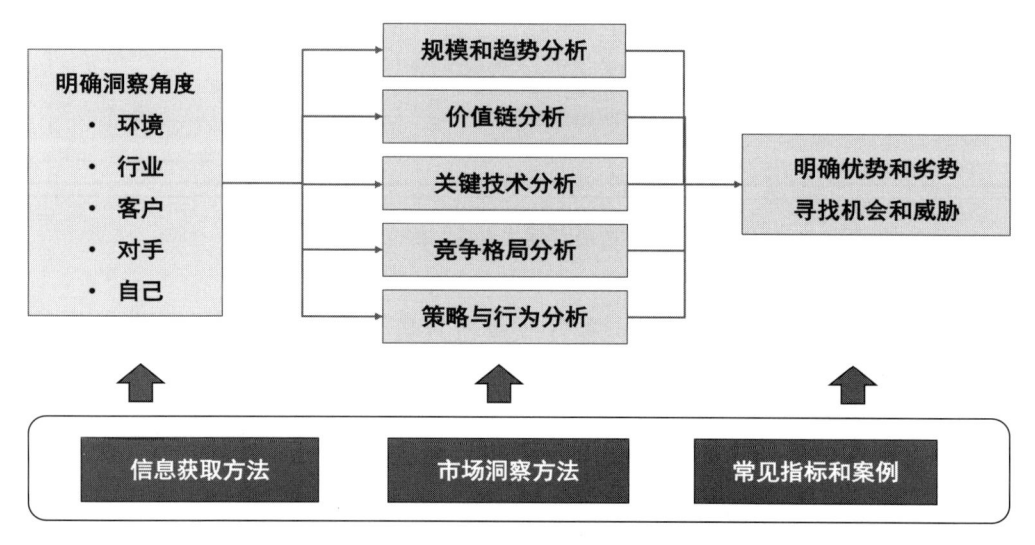

图 1-11 市场洞察"五看"过程示意图

首先，在针对一个特定领域进行洞察的时候，我们需明确具体的洞察角度，这涵盖了环境、行业、客户、竞争对手以及自身状况。这一步骤构成了市场洞察的出发点，为后续的分析工作指明了清晰的方向。

其次，我们需要针对每一个洞察角度，进行一系列深入的分析，包括：

√ **规模和趋势分析**，例如，市场空间的评估，以掌握市场规模和增长潜力；

√ **价值链分析**，例如，行业价值链和企业价值流的审视，以识别关键价值环节和竞争优势；

- ✓ **关键技术分析**，例如，行业关键技术的探究，以把握技术动态和趋势；
- ✓ **竞争格局分析**，例如，行业竞争格局的剖析，以及竞争对手的优劣势分析；
- ✓ **策略与行为分析**，例如，宏观政策、投资者行为、客户战略、竞争对手动态等的分析。

再次，通过这些分析，我们来发现市场中的机遇与潜在威胁，识别出自身的优势与劣势，并深入了解自己的核心竞争力，从而帮助企业做出更明智的决策。

最后，为了支撑这些分析，我们需要采用一系列具体的方法和工具。这涵盖了有效的信息搜集手段，以确保数据的精确性和完整性；科学的市场洞察技巧，以提炼出宝贵的市场见解；以及通用的指标和案例研究，以提供可比的基准和参考依据。

需要特别说明的是，对于每一个洞察角度，我们都可以从规模和趋势、价值链、关键技术、竞争格局以及策略与行为五个维度进行分析，如表1-1所示。表中展示了在进行市场洞察时各洞察角度常见的洞察活动。

表1-1 市场洞察"五看"内容展开

洞察角度	规模和趋势	价值链	关键技术	竞争格局	策略与行为
环境	宏观经济规模和趋势	全球产业链及价值转移趋势	通用关键技术趋势	全球竞争格局	宏观政策
行业	行业规模和增长趋势	行业价值链及价值转移趋势	行业关键技术趋势	行业竞争格局	投资者行为
客户	客户的采购规模和趋势	客户的价值链布局	客户对新技术的态度	客户的竞争地位	客户的采购策略
对手	竞争对手的销量和趋势	竞争对手的价值链布局	竞争对手的技术战略	竞争对手的核心竞争力	竞争对手的竞争策略
自己	本企业的销量和趋势	本企业的价值链布局	本企业的技术战略	本企业的核心竞争力	本企业的商业模式

在进行环境洞察的时候，我们需要分析全球宏观经济的趋势，比如是否会发生经济危机；考察全球产业链及价值转移趋势，比如制造业的流向变化；研究通用关键技

术的发展趋势，比如人工智能的进展；分析全球竞争格局，比如贸易摩擦、地区冲突等；观察宏观政策，比如政府发布的政策文件；最后，识别宏观环境中的机会和威胁。

在进行行业洞察的时候，我们需要分析行业的规模和增长趋势，判断行业是否处于衰退期；考察行业价值链及价值转移趋势，比如价值在上下游的分布和变化趋势；研究行业关键技术的发展趋势，比如移动通信领域 6G 技术对智能手机的影响；分析行业竞争格局，比如行业集中度，是自由竞争还是寡头垄断等；观察投资者的行为，判断他们是否愿意投资该行业；最后，寻找与行业相关的机会和威胁。

在进行客户洞察的时候，我们需要分析客户的采购规模和趋势，以及客户的关键需求；考察客户的价值链，包括研发、采购、制造和营销等活动；了解客户对新技术的态度，比如他们是更愿意接受新技术，还是更倾向于使用成熟稳定的技术；分析客户在其所在领域的竞争地位，比如营收排名情况；研究客户的采购策略，比如招投标规则；最后，分析客户的发展机会。

在进行竞争洞察的时候，我们需要分析竞争对手的销量和趋势；考察竞争对手的价值链，包括研发、采购、制造和营销等活动；分析竞争对手的技术战略，比如他们是否追求技术领先；评估竞争对手的核心竞争力，比如研发能力、营销能力等；研究竞争对手的竞争策略，比如他们是否扮演挑战者的角色；最后，分析如何向竞争对手学习，以及如何面对竞争对手的威胁。

在进行自我洞察的时候，我们需要审视自身产品的销量和趋势、企业的价值链和业务活动范围、技术战略、核心竞争力以及商业模式等，以帮助我们寻找市场机会。

本书第 4 章到第 8 章将会对每个洞察角度进行详细描述。

1.4.4 市场机会的管理

机会是指在特定的时机或特殊的情况下出现的有利条件，是人们实现目标、取得成功的时机。

市场机会是指在特定的市场环境或经济条件下，由市场需求、技术进步、政策变化、客户行为等多种因素共同作用而形成的，有利于企业实现增长、扩张或获得竞争优势的条件或时机。

在本书中，通过机会管理四步法，帮助企业实现对机会的管理，确保企业持续抓住市场机会，推动企业实现长期发展目标，如图 1-12 所示。

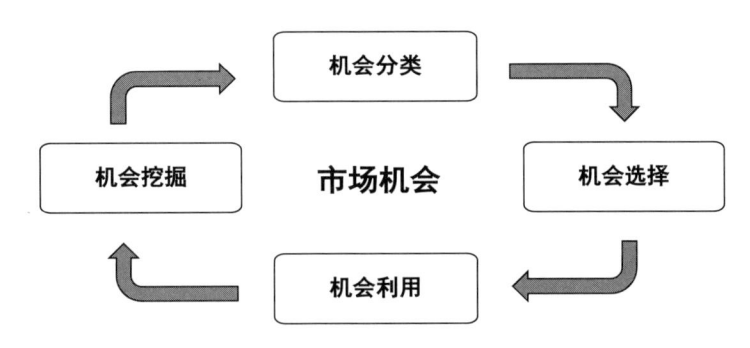

图 1-12 市场机会管理方法示意图

机会管理的四个步骤分别如下。

- **机会挖掘**：通过市场洞察，收集可能的市场机会。

- **机会分类**：对收集的市场机会进行分类，以便进行机会选择。

- **机会选择**：根据企业的资源和能力，选择合适的机会，形成业务组合。

- **机会利用**：针对选择的机会，构建相应的解决方案，完成从机会到收入的转换。

本书第 9 章将会详细描述市场机会管理的方法。

1.5 本章小结

- 市场洞察是指通过搜集市场数据，综合分析这些数据所蕴含的信息，并据此进行推理和预测，从而形成对市场的深刻理解。

- 市场洞察不是搜集市场数据和撰写报告的简单过程，而是更加注重通过这些数据形成对市场趋势和动态的准确判断。

- 市场洞察常用的模型是数据（Data）—信息（Information）—洞察（Insight）模型。

- 市场洞察的深度决定了决策的质量。

- 市场洞察的作用包括支持战略规划、支持产品规划、支持营销规划、支持销售项目。

- 市场洞察需遵循四个核心原则，即持续扫描、信息共享、以事实为基础、提炼关键结论。

- 市场洞察关键结论的形成需要满足广度、深度、高度、速度的标准。

2

市场洞察的管理

工欲善其事,必先利其器。

授人以鱼,不如授人以渔。

机制健全为事之本,体制完善是功之源。

2.1 如何管理市场洞察

在本章节，笔者将详细描述市场洞察的管理方法。先回顾 1.4.1 章节的描述，市场洞察管理的内容包括洞察组织、洞察工具和运作机制三个方面，如图 2-1 所示。

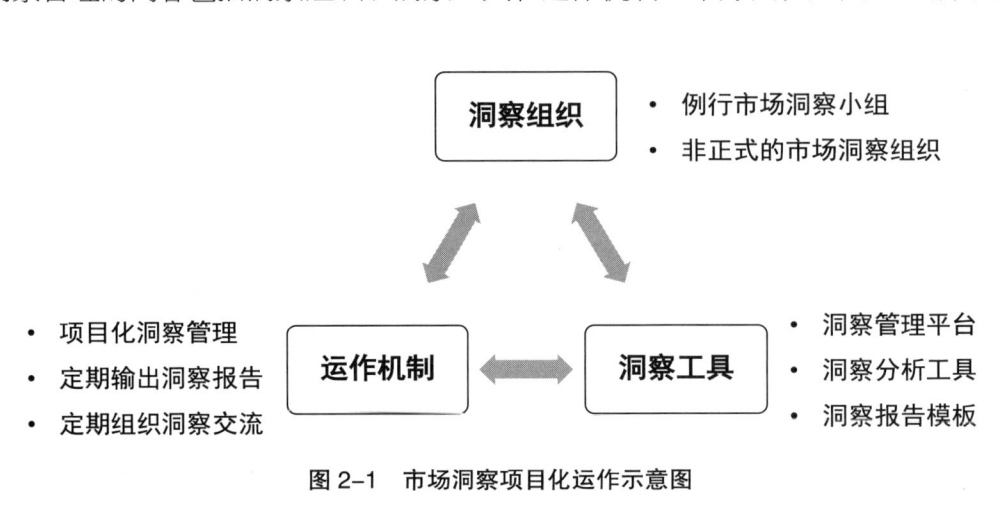

图 2-1 市场洞察项目化运作示意图

（1）市场洞察的组织

通过组建专业的市场洞察团队，对市场洞察数据和结论进行系统化管理，确保数据的持续积累，并持续提升市场洞察的能力，从而更高效地推进市场洞察工作。

（2）市场洞察的工具

开发并维护一系列市场洞察工具，包括市场洞察管理平台、市场空间分析表、竞争格局分析表、市场洞察报告模板以及基于人工智能的市场洞察分析工具等，帮助市场洞察人员提升工作效率。

（3）市场洞察的运作机制

通过采取项目化的管理方法，能够显著提升市场洞察工作的成效，确保市场洞察任务能够按时、按质、按量完成，进而为业务运营提供坚实的支撑。

以下是笔者从这三个维度出发，对市场洞察管理工作进行的详细阐述。

2.2 市场洞察的组织

组织是业务成功的基石。没有组织,一切活动都将无法开展。

为了确保市场洞察工作能够有效开展,企业内相关组织都能够积极参与,并让专业人员专注于他们专长的领域,我们需要建立一个高效且专业的组织结构。

然而,市场洞察组织和能力的构建并非一朝一夕之事,而是一个逐步发展的过程。通常,市场洞察组织和能力的构建分为四个阶段,如图 2-2 所示。

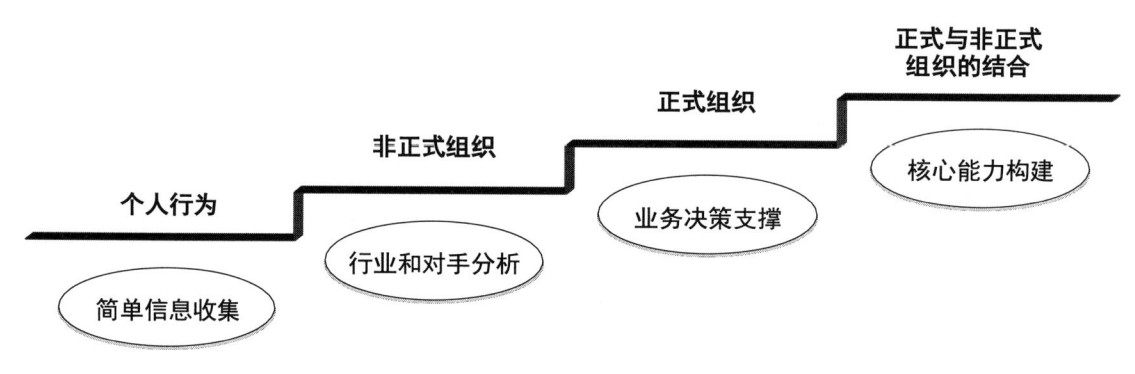

图 2-2 市场洞察组织和能力构建阶段示意图

(1) 个人行为阶段

在企业构建市场洞察组织的初期,主要任务是搜集基础信息。此时,市场洞察工作通常是个人行为,企业尚未形成正式的市场洞察组织,个人根据业务需求完成市场洞察报告。市场洞察的质量主要依赖于个人的能力和经验。在这个阶段,市场洞察工作主要采用战术性方法进行信息搜集,但分析工作相对较少,因此对决策的影响力也较弱。

（2）非正式组织阶段

随着市场洞察要求的提升，企业开始建设非正式的市场洞察组织，例如在战略规划项目中设立市场洞察小组，以完成战略规划所需的市场洞察工作。在这个阶段，由于有了一定的组织支持和赋能，市场洞察能力得到了大幅提升，对行业和竞争对手的分析也逐渐深入。但是，市场洞察工作依然以战术层面为主，尽管为决策提供了更具体的数据支持，但对企业整体决策的影响力仍然有限。

（3）正式组织阶段

随着市场洞察在企业中发挥的作用越来越大，业务对市场洞察的依赖也越来越强，企业开始成立正式的市场洞察部门。此时，市场洞察能力得到进一步增强，市场洞察工作能够有效地为业务决策提供支持。在能力上，市场洞察工作实现了战术与战略的融合，对决策的影响力显著增强，市场洞察成果成为企业决策的重要参考依据。

（4）正式与非正式组织结合阶段

通过不断积累和优化，最终，市场洞察能力成为企业的核心能力。**凡事必先洞察，没有调查就没有发言权**。此时，市场洞察工作将由正式部门与非正式部门通过紧密合作共同完成，并以战略支撑为核心。市场洞察的成果直接成为决策的重要组成部分，对企业的发展具有深远影响。

> **读者思考**
>
> 您所在的企业，目前市场洞察组织和能力的构建处于哪个阶段？

在具体的组织构成方面，市场洞察的核心组织主要有三类：市场洞察专家池、正式的市场洞察组织以及非正式的市场洞察组织。这些组织各自担负着独特的职责和任务，共同构筑了企业市场洞察的坚实基础，如图2-3所示。

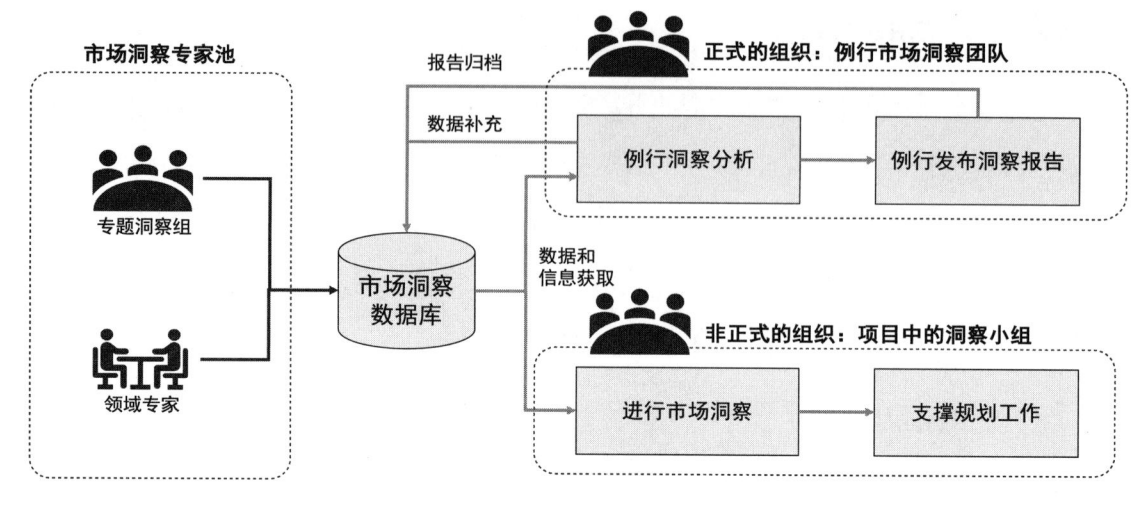

图 2-3　市场洞察相关组织示意图

（1）市场洞察专家池

市场洞察专家池是汇聚了企业各领域精英人才的智囊团。这些专家来自市场、产品、技术、财务等多个部门，拥有深厚的专业知识和丰富的实践经验。

在面临复杂的市场问题或需要深度剖析的特定议题时，例如研究中美贸易摩擦对业务的潜在影响，专家池能够迅速集结，提供权威、专业的见解和建议，为其他洞察团队提供强有力的支持，或独立开展专题洞察工作，为企业决策层提供精准的市场情报。

（2）正式的市场洞察组织

正式的市场洞察组织，例如例行市场洞察团队，肩负着日常市场监测与洞察的重任。他们通过持续跟踪市场动态、分析竞争对手行为、捕捉客户需求变化等方式，及时把握市场趋势和风向。例行市场洞察团队的工作是连续且系统的，他们定期整理、分析收集到的数据和信息，形成翔实、全面、系列化的市场洞察报告，为企业的日常运营和短期决策提供可靠依据，确保企业能够紧跟市场步伐，灵活应对市场变化。

例如，2005年华为公司成立市场策略部，专职进行竞争洞察，分析市场和竞争对手，输出"XXX是谁"系列竞争对手分析报告，用于支撑产品规划和全球市场拓展，积累"如何学习竞争对手"和"如何打击竞争对手"的方法，并在营销服体系中开展系列实践应用。

（3）非正式的市场洞察组织

非正式的市场洞察组织指的是在业务过程中临时开展市场洞察工作的小组或个人，例如战略规划部的市场洞察小组，在企业进行战略规划工作之前，完成针对当前业务方向的市场洞察任务。通过这些非正式组织开展的市场洞察，规划团队能够更精准地识别市场机遇和挑战，制定出更加贴合市场实际和企业发展需求的战略规划，从而引导企业稳健前行。

市场洞察专家池、正式的市场洞察组织与非正式的市场洞察组织并非各自独立运作，而是构成了一个紧密相连、协同作战的高效体系。

在这个体系中，数据是连接各团队的桥梁，也是提升市场洞察能力的核心。各团队之间建立了完善的数据共享机制，确保无论是市场洞察专家池的深度研究报告，还是例行市场洞察团队的日常监测数据，或者是规划团队的战略规划需求，都能实时共享与流通。

> **读者思考**
>
> 您所在的企业目前有哪些市场洞察的组织？

2.3 市场洞察的工具

选对工具，如虎添翼；用对方法，事半功倍。

为了提高市场洞察的效率和质量，企业需要开发和维护一系列高效、实用的市场洞察工具。这些工具不仅能够帮助企业更加精准地把握市场动态，还能显著提升市场洞察工作的效率。常见的市场洞察工具主要包括市场洞察管理平台、市场洞察分析工具和市场洞察报告模板等，具体如下。

（1）市场洞察管理平台

市场洞察管理平台是企业不可或缺的核心工具。它宛如一个强大的中枢系统，能够高效地管理各类市场洞察项目。此外，市场洞察管理平台还应该配备强大的数据收集和整理功能，能够自动汇总来自不同渠道的市场洞察数据，为后续的深入分析和决策提供有力支持。例如，华为公司的 uMine 市场洞察管理平台，参见本书 1.3.2 章节的说明。

（2）市场洞察分析工具

市场洞察分析表格是市场分析师的有力工具。这些表格可以整合多种经典且实用的市场洞察模型，包括 SWOT 分析、PESTEL 分析、波特五力模型等。借助这些模型，企业管理者或市场分析师能够系统地搜集和整理市场数据，并进行深入的分析与可视化呈现，从而更直观地揭示市场趋势和潜在机遇。

（3）市场洞察报告模板

市场洞察报告模板是提高洞察效率和质量的重要工具。经过精心构思和设计的模板，能够引导市场分析人员遵循既定的结构和逻辑来撰写报告，确保报告内容的全面性和条理性。这不仅有助于市场分析人员与客户进行更有效的沟通，还能树立企业在客户心目中的专业形象。

> **读者思考**
>
> 您所在的企业有哪些市场洞察相关的工具？

值得注意的是，随着人工智能技术的迅猛发展，将人工智能技术融入市场洞察领域已经成为一种趋势。通过运用人工智能技术进行数据挖掘、情感分析和预测模型构建，企业能够以前所未有的速度和精确度获得市场洞察信息。这不仅显著提高了市场洞察的效率，还为企业提供了更精确、更具前瞻性的市场决策支持，如图2-4所示。

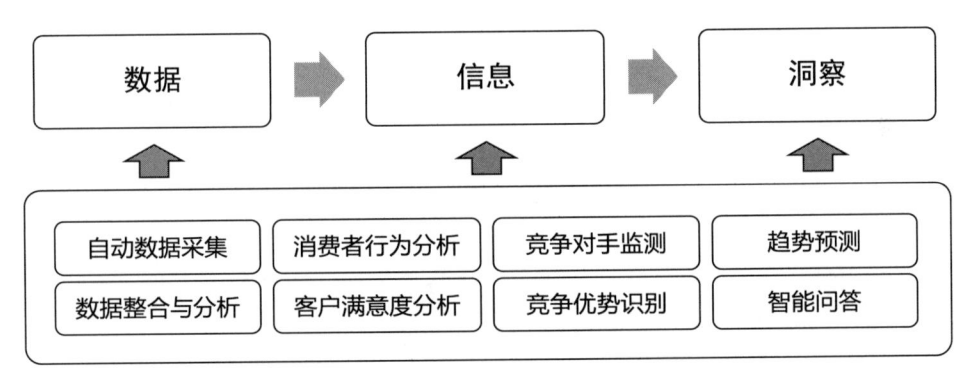

图2-4 人工智能技术在市场洞察上的应用示意图

人工智能技术能够自动采集和整合并分析来自各种渠道的大量数据，包括社交媒体动态、客户行为记录、市场趋势报告等。通过自然语言处理、机器学习算法和大语言模型等技术手段，能够深入挖掘这些数据中的潜在价值，识别客户偏好、市场趋势以及潜在的竞争格局。

例如，人工智能技术可以分析社交媒体上的用户评论，理解客户对产品的反馈和需求变化；或者利用预测模型，基于历史销售数据预测未来市场的动向；还可以利用

市场洞察

大语言模型构建企业内部知识库，帮助企业充分整合内部数据，挖掘内部数据价值，快速提供关键信息，提升市场洞察效率。

> **读者思考**
>
> 您所在的企业如何利用人工智能技术提升市场洞察效率？

2.4 市场洞察的运作机制

一切活动皆项目，项目管理铸就业务成功。

为了保证市场洞察工作能够按时、按质、按量地完成，企业可以采取项目化的运作方式来推进市场洞察工作，进而提升市场洞察的工作效率以及成果的质量。

市场洞察项目化运作主要涵盖以下三个核心步骤，如图 2-5 所示。

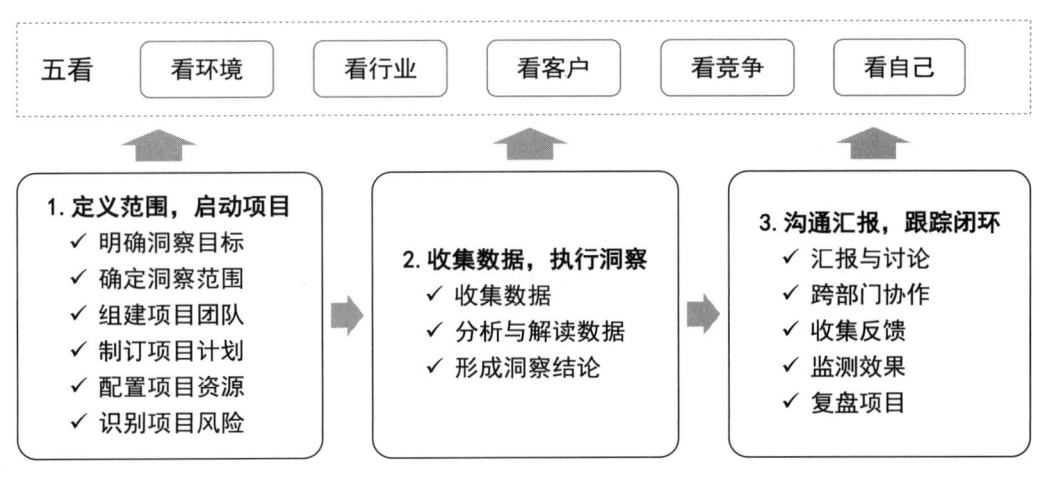

```
五看  │ 看环境 │  看行业 │  看客户 │  看竞争 │  看自己 │
           ↑                ↑                ↑
1. 定义范围，启动项目    2. 收集数据，执行洞察    3. 沟通汇报，跟踪闭环
  ✓ 明确洞察目标         ✓ 收集数据              ✓ 汇报与讨论
  ✓ 确定洞察范围         ✓ 分析与解读数据        ✓ 跨部门协作
  ✓ 组建项目团队         ✓ 形成洞察结论          ✓ 收集反馈
  ✓ 制订项目计划                                 ✓ 监测效果
  ✓ 配置项目资源                                 ✓ 复盘项目
  ✓ 识别项目风险
```

图 2-5 市场洞察项目化运作示意图

（1）定义范围，启动项目

- ✓ **明确洞察目标**：必须明确市场洞察项目的目标，例如探究特定市场的增长潜力、辨识目标客户群体的需求演变、剖析竞争对手的市场策略等。

- ✓ **确定洞察范围**：根据项目目标，明确研究的市场区域、行业领域、时间范围以及需要收集的信息类型，包括但不限于市场规模、增长率、竞争格局、客户行为等。

- √ **组建项目团队**：根据项目需求，组建跨部门的市场洞察团队，团队成员涵盖市场研究员、数据分析师、产品经理等关键角色。

- √ **制订项目计划**：明确每个阶段的关键任务、指定负责人以及设定完成时间，从而确保项目有条不紊、按时推进。

- √ **配置项目资源**：根据项目需求，合理配置人力资源、物料资源和财务资源。

- √ **识别项目风险**：识别项目执行过程中可能遭遇的风险，例如数据采集困难、资源投入不足等，并制定相应的应对策略。

（2）收集数据，执行洞察

- √ **收集数据**：在数据收集的时候，可以直接采集数据，也可以利用现有的二手数据。直接采集数据主要是指通过问卷调查、深度访谈和焦点小组等方法，直接收集市场信息。通常来说，直接收集的数据价值高，但是收集过程非常耗费时间和人力。同时，我们也可以利用行业报告和公开的二手数据，获取间接信息。

- √ **分析与解读数据**：对搜集的数据进行细致的清洗和整理，尽量确保数据的准确性和完整性。通过应用统计学方法和数据挖掘技术等，深入分析数据，以揭示市场趋势和客户偏好等关键信息。

- √ **形成洞察结论**：依据数据分析的成果，提炼出市场洞察结论，涵盖市场机遇、潜在风险以及客户需求的演变等方面。

（3）沟通汇报，跟踪闭环

- √ **汇报与讨论**：将市场洞察结论以报告、演示等多种形式呈现给企业内部的相关决策者，并进行深入讨论，确保洞察得到充分的理解和应用。在汇报的过程中，推荐采用金字塔原理进行逻辑梳理和汇报。

- √ **跨部门协作**：推动市场洞察结论在产品开发、营销管理、运营管理等各个部门广泛运用，以促进业务优化和创新。

- ✓ **收集反馈**：通过市场测试和客户反馈等手段，验证市场洞察结论的精确性，并收集来自外部市场的直接反馈。

- ✓ **监测效果**：设定关键绩效指标（KPIs），定期跟踪市场洞察应用后的业务效果，如市场份额变化、客户满意度变化等。

- ✓ **复盘项目**：项目完成后，组织团队进行回顾，总结经验教训，并提出改进建议，以便为未来的类似项目提供参考。

需要特别说明的是，由于市场始终处于不断变化之中，因此，需要构建一个长效的市场洞察机制，确保企业能够持续地进行市场洞察，迅速捕捉到市场的每一次变动，从而保持其竞争力。

举个例子，笔者曾经在某企业负责战略规划工作。在开展市场洞察工作时，负责市场洞察的同事经常会有一些抱怨，包括：

- ✓ 我们又不是销售，没有客户关系，不知道去哪里找客户；

- ✓ 竞争对手的信息都是保密的，不知道从哪里获取；

- ✓ 公司也不提供费用去购买行业数据，没有数据怎么做市场分析。

之所以出现这些问题，本质上是因为没有主动去思考和展开市场洞察工作。为了解决这些问题，我们可以采用项目化的运作方式，将市场洞察任务详细分解，明确需要解决的问题、责任人以及完成时间，并逐一加以解决，如表 2-1 所示。

表 2-1　项目化市场洞察计划表

洞察任务	洞察计划	洞察活动	洞察输出
行业专家交流	编制行业专家清单，制订专家交流计划	例行开展专家交流	例行输出行业专家沟通报告
前沿技术跟踪	编制科研机构清单，制订交流计划	跟踪机构科研进展	例行输出前沿科技报告
客户需求挖掘	编制重点客户清单，明确客户对标内容，制订客户拜访计划	按计划与客户进行例行需求对标，跟踪客户需求	例行输出未被满足的需求分析报告
竞争对手分析	编制主要竞争对手清单，明确信息收集途径，制订信息收集计划	例行收集竞争信息，并进行竞争分析	例行刷新竞争对手档案报告

首先，制定市场洞察的任务，明确市场洞察的目标对象，包括具体的行业专家清单、科研机构清单、重点客户清单、主要竞争对手清单等。

其次，制订市场洞察活动的计划。例如，针对客户需求的洞察，与销售部门进行沟通，制订客户拜访和交流计划，包括拜访的时间表、拜访的目的以及访谈大纲等。

最后，开展市场洞察活动，并定期输出相关的市场洞察报告，从而完成市场洞察任务。

2.5 本章小结

- 通过组建专业的市场洞察团队，对市场洞察数据和结论进行系统化管理，确保数据的持续积累，并持续提升市场洞察的能力，从而更高效地推进市场洞察工作。

- 开发并维护一系列市场洞察工具，包括市场洞察管理平台、市场空间分析表、竞争格局分析表、市场洞察报告模板以及基于人工智能的市场洞察分析工具等，帮助市场洞察人员提升工作效率。

- 通过采取项目化的管理方法，能够显著提升市场洞察工作的成效，确保市场洞察任务能够按时、按质、按量完成，进而为业务运营提供坚实的支撑。

3

市场洞察五步法

变化不是威胁,而应该把它看作机会。

高质量的市场洞察,必须捕捉到变化。

机会来源于变化,越大的变化带来的机会也越大。

3.1 市场洞察五步法简介

本章节将详细描述市场洞察五步法。先回顾 1.4.2 章节的描述，市场洞察五步法如图 3-1 所示，五个步骤具体如下。

（1）是什么（What）

理解现状，进行现状分析。

（2）为什么（Why）

分析驱动现状发生改变的根本原因，即动因分析。

（3）下一步（What's Next）

根据对动因的分析，进行预测与推断。

（4）会怎样（So What）

根据预测与推断，判断对企业经营产生的影响。

（5）怎么做（Now That）

根据影响分析，制定应对策略，抓住机会。

以下将从这五步出发，详细描述如何利用五步法开展市场洞察工作。

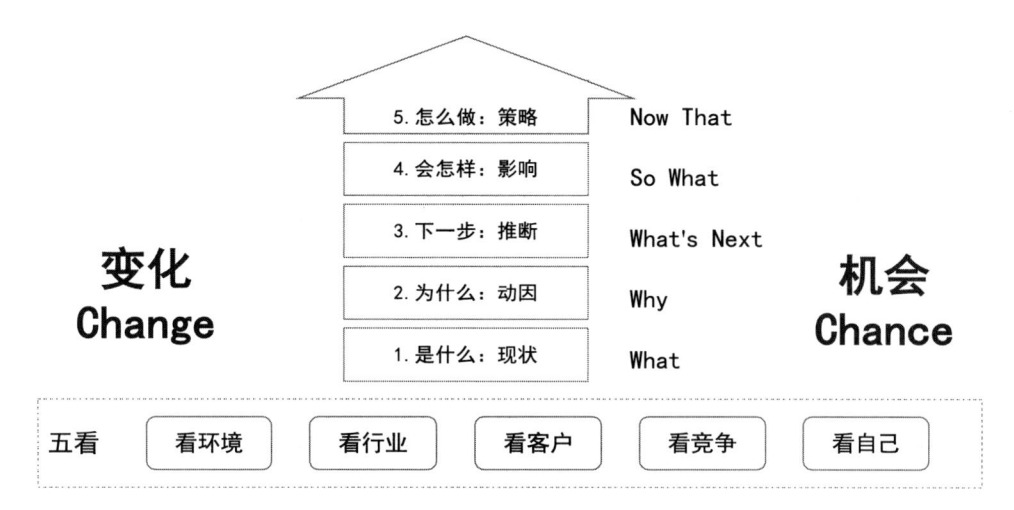

图 3-1　市场洞察五步法示意图

3.2 是什么（What）：理解现状

认清现状，是改变的第一步；知己知彼，方能百战百胜。

理解现状是市场洞察的基础，这要求我们像侦探一样，对市场的每个细节进行细致入微的观察和分析。为此，我们必须搜集大量数据，涵盖行业报告、市场调研、竞争对手分析、客户行为研究、销售数据、社交媒体趋势等各个方面。这些数据将帮助我们对市场现状有一个详尽的了解，从而洞悉市场的规模、增长趋势、竞争格局、客户偏好等关键要素。

为了更精准地把握现状，我们通常需要设计一系列关键指标，如市场空间、市场增长率等。通过分析这些指标，我们能够评估当前市场的状态。同时，通过对这些指标的趋势进行预测，我们能够进一步洞察市场的发展动向。

在企业运营中，常见的关键指标包括利润率、市场份额、市场增长率、产品品类、产品质量、新产品上市进度、客户满意度、成本价格、供应链效率、产能、生态完整度、组织结构等。

举个例子，假设我们是一家专注于低端功能手机产品的公司，销售价格低于1500元的功能手机。在理解现状的阶段，我们会搜集手机行业的整体增长数据，分析不同价位手机的市场份额，如图3-2所示。

此外，我们需要深入分析竞争对手的产品特性、定价策略以及市场推广手段。我们还可以采用问卷调查和客户访谈等方法，全面掌握消费者对于手机的需求、使用行为以及购买意向。

国内XX手机市场容量发展趋势（2017—2023年）

价格区间	2017年	2018年	2019年	2020年	2021年	2022年	2023年
0～700元	15.2%	9.3%	6.3%	4.7%	3.7%	3.2%	3.2%
700～1000元	11.8%	11.9%	11.7%	11.2%	10.2%	9.2%	7.7%
1000～1500元	18.5%	21.4%	23.1%	23.9%	24.1%	23.6%	23.1%
1500～2000元	12.1%	16.7%	18.2%	18.7%	18.5%	18.2%	18.6%
2000～3000元	24.5%	18.5%	19.5%	20.5%	21.0%	21.3%	21.6%
3000～4000元	7.7%	9.8%	10.3%	10.6%	11.1%	11.6%	11.9%
4000元以上	10.3%	12.4%	10.9%	10.4%	11.4%	12.9%	13.9%

图 3-2　手机市场规模分析

> **读者思考**
>
> 您通常用哪些指标来衡量您所在的行业？

3.3 为什么（Why）：分析动因

探寻问题之根本，方能洞悉问题之真相。

在深入研究市场现状之后，我们应采取科学的研究方法，深入挖掘现象背后的根源。这涉及对诸多因素的分析，包括外部环境的变动（如政策调整、技术革新、经济周期等）以及内部运营的挑战（如产品缺陷、营销策略不足、服务质量问题等）。

对于市场现象产生的原因或驱动力的根本性分析，我们称为动因分析。通过这种分析，我们能够更精确地掌握市场动态的规律，为接下来的市场预测和决策制定提供坚实的基础。

继续上面的例子，在分析动因的阶段，我们注意到低端功能手机（价格低于1500元）的销售额显著下降，市场份额从2017年的45.5%降至2023年的34.0%，降幅达到了11.5个百分点，如图3-3所示。

国内XX手机市场容量发展趋势（2017—2023年）

价格区间	2017年	2018年	2019年	2020年	2021年	2022年	2023年
0～700元	15.2%	9.3%	6.3%	4.7%	3.7%	3.2%	3.2%
700～1000元	11.8%	11.9%	11.7%	11.2%	10.2%	9.2%	7.7%
1000～1500元	18.5%	21.4%	23.1%	23.9%	24.1%	23.6%	23.1%
1500～2000元	12.1%	16.7%	18.2%	18.7%	18.5%	18.2%	18.6%
2000～3000元	24.5%	18.5%	19.5%	20.5%	21.0%	21.3%	21.6%
3000～4000元	7.7%	9.8%	10.3%	10.6%	11.1%	11.6%	11.9%
4000元以上	10.3%	12.4%	10.9%	10.4%	11.4%	12.9%	13.9%

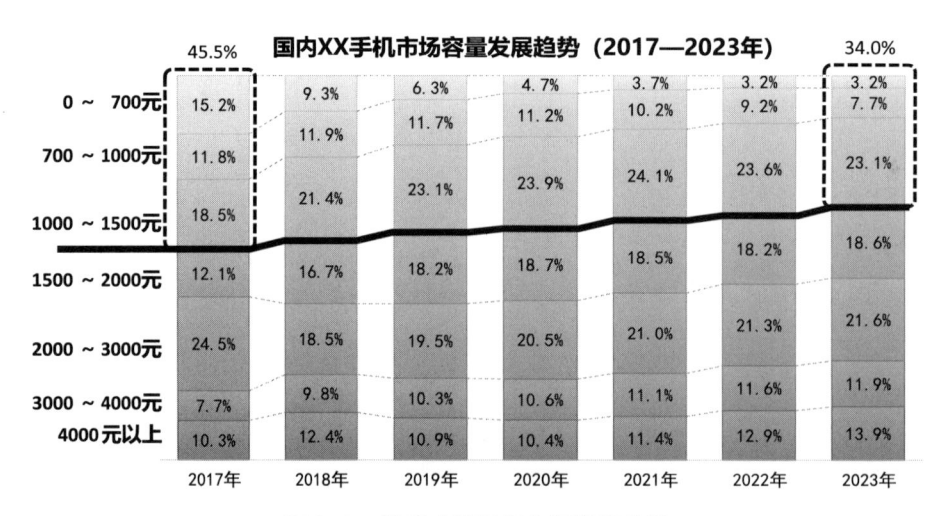

图3-3 低端功能手机市场规模分析

经过深入分析，我们识别出推动市场变革的三个根本因素：经济增长、技术创新以及产品体验的提升。这三个根本因素推动了低端功能手机销量的下滑，具体如下。

- ✓ 随着消费者收入水平的提高，人们对手机的性能、品质以及品牌价值有了更高的期待，不再仅仅满足于手机的基本通信功能，如接打电话和收发短信。

- ✓ 随着技术的飞速发展，尤其是 2G 和 3G 网络的逐步淘汰和 5G 网络的广泛部署，以及人工智能技术的不断进步，手机的更新换代速度加快，使得手机功能日益强大。这一趋势导致了低端功能手机市场的逐渐萎缩。

- ✓ 从产品体验的角度来看，智能手机制造商针对特定用户群体进行了更多优化，从而吸引了原本使用功能手机的用户。例如，越来越多的老年人开始接受并使用智能手机，智能手机逐渐取代传统的老年人专用手机。

那么，如何进行动因分析呢？

在市场洞察工作中，动因分析的方法多种多样，其中 5 Why 法是一种广为应用的探究根因的方法。5 Why 法，也称为"五问法"，它通过连续追问"为什么"来揭示导致问题产生的完整因果链。通过不断深入探究每个事件背后的原因，直至触及根本，从而识别出有效的解决方案，如图 3-4 所示。

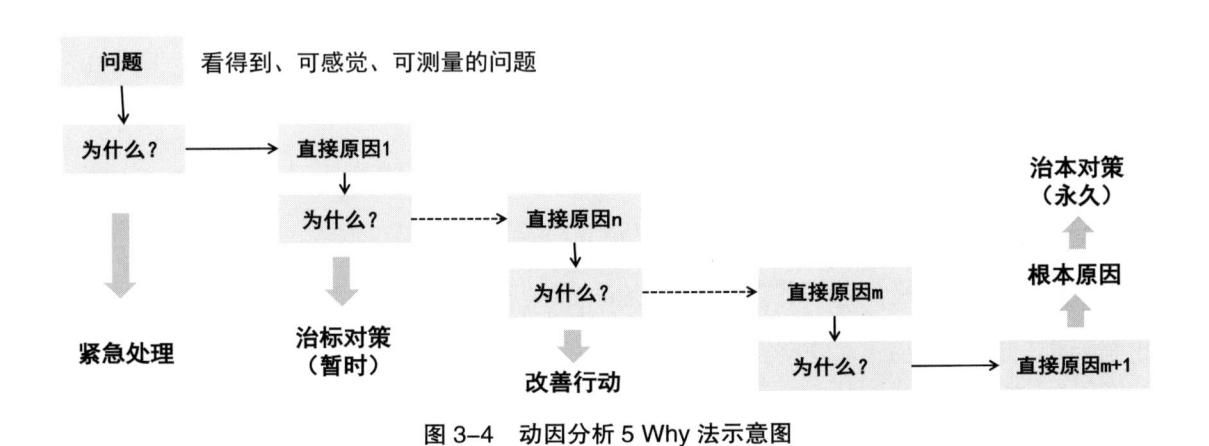

图 3-4 动因分析 5 Why 法示意图

> 💡 **读者思考**
>
> 请尝试使用 5 Why 法，分析驱动您所在的行业发生改变的根因。

那么，在企业经营过程中，有哪些驱动产品和市场格局发生改变的根本原因？

在当前的市场环境中，企业正面临着前所未有的变革浪潮。竞争日益加剧，产品生命周期不断缩短，这些变化背后隐藏着多重深刻的动因，它们共同推动着市场格局的持续演进，如图 3-5 所示。

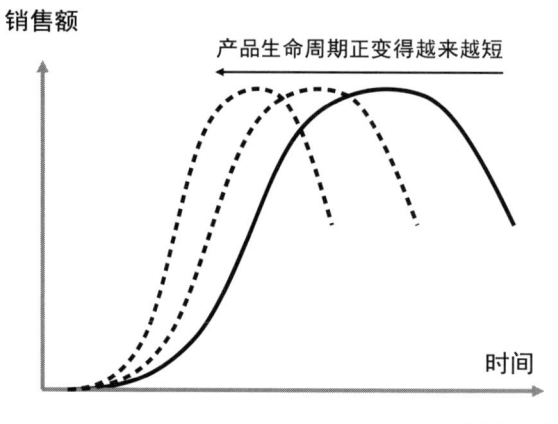

主要驱动因素：
- 客户需求的日益多样化和复杂化
- 互联网和人工智能技术的广泛普及
- 技术的持续进步和演变
- 技术获取难度的降低
- 经营策略不再仅仅依赖于规模优势

图 3-5　市场进步的驱动因素分析

（1）客户需求的日益多样化和复杂化，驱动了市场的变化

随着生活水平的提升和消费观念的演进，客户对产品的期望已超越了基本功能，转而更加重视个性化、差异化以及情感价值的实现。这种需求的多元化和复杂性迫使企业持续创新，以迎合客户日益增长的挑剔品味。同时，制造技术也由大规模标准化批量制造转向柔性制造，使得客户个性化的需求得以实现和满足。

（2）互联网和人工智能技术的广泛普及，显著地改变了客户获取信息的方式

在数字化时代背景下，客户能够轻松借助搜索引擎、社交媒体、大语言模型等多种渠道，迅速获取大量信息，从而对产品进行深入的了解和细致的比较。这种信息获取的便捷性，使得客户在选择产品时表现出更高的理性，同时也迫使企业更加重视品牌建设和口碑管理。

（3）技术的持续进步和演变，不断为市场开启新的可能性

新兴技术的不断涌现不仅促进了产品和服务的多样化，还使得企业能够以更低的成本、更高的效率来满足客户的需求。因此，企业必须紧跟技术发展的步伐，利用新技术开发新产品，提升企业运营效率，降低企业运营成本，否则很容易被市场淘汰。

（4）随着技术获取难度的降低，产品同质化现象日益严重

开源技术与共享资源的兴起，使得企业进入技术领域的门槛大幅降低，市场上因此涌现出众多相似甚至雷同的产品。在这样的环境下，企业若想脱颖而出，必须致力于创新、提升品质以及优化服务，以此构建其独特的竞争优势。

（5）企业的经营策略已不再仅仅依赖于规模优势

传统上，企业倾向于通过扩大规模来降低成本并增强竞争力。但在现今的市场环境中，规模优势已不再是决定性的制胜因素。相反，企业的灵活性、创新能力以及对市场变化的快速响应能力，已经成为成功的关键要素。

> **读者思考**
>
> 您认为驱动您所在的行业发生变化的根本原因是什么？

3.4 下一步（What's Next）：预测与推断

机会来源于变化，越大的变化带来越大的机会。

在识别出市场变化的根本驱动因素之后，我们应像先知一般，对市场的未来趋势进行预测。这要求我们运用逻辑推理、数据分析、趋势分析等技能，结合动因分析的结论，对市场的未来动向进行合理的推断。

继续上面的例子，在预测与推断阶段，我们预测低端功能手机（价格低于1500元）的销量将持续显著下降，直至最终退出市场，主要理由如下。

√ 从产品生命周期的角度来看，传统功能手机正步入生命周期的衰退阶段，将逐渐被市场所淘汰。

√ 随着2G和3G网络退网进程的加快，功能手机将无法连接网络，进而无法正常使用，也就失去了市场价值，如图3-6所示。

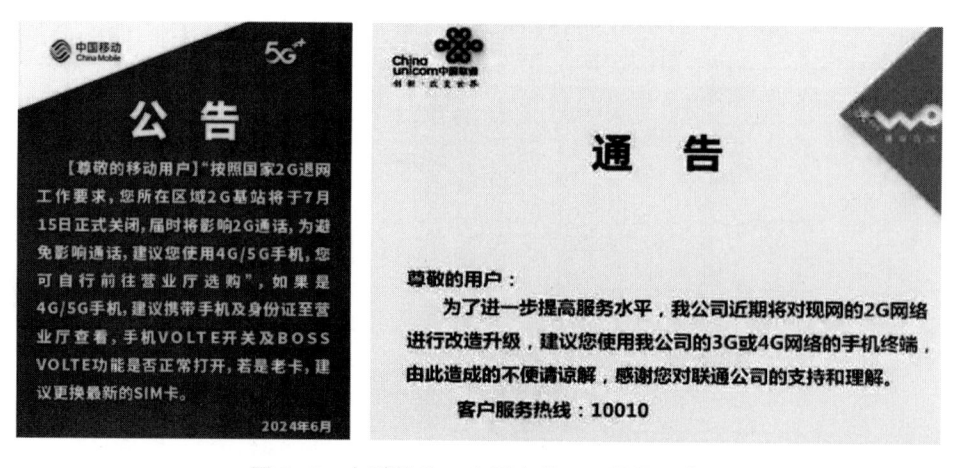

图 3-6 中国移动、中国电信 2G 退网公告

√ 随着5G等新技术的进一步成熟和成本的降低，将有更优质的替代产品来取代功能手机。

> **读者思考**
>
> 您认为您所在的行业未来的趋势会怎样？

那么，企业在市场洞察过程中，可以利用哪些方法进行预测与推断？

在进行市场洞察时，我们经常借助多种模型来预测与推断市场的未来走向。例如，通过经济周期模型来预测经济动向，利用技术炒作曲线来预测技术进步的趋势，运用产品生命周期模型来预测产品销量，此外还可以采用企业生命周期和用户生命周期等模型。这些预测模型是市场分析中不可或缺的工具。

常见的周期模型如图3-7所示。

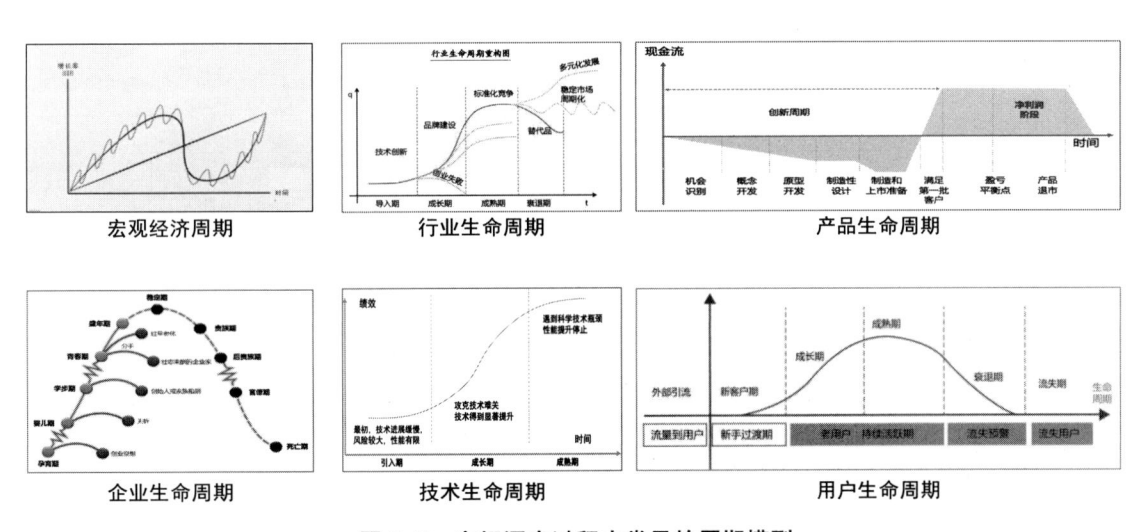

图 3-7 市场洞察过程中常见的周期模型

宏观经济周期，指的是经济活动沿着经济发展的总体趋势所经历的有规律的扩张和收缩。它可以帮助企业管理者更好地把握宏观经济环境的变动趋势，并据此调整其经营和投资策略。

行业生命周期，描述了一个行业从诞生、发展、达到顶峰直至衰落的自然演进过程。它用于帮助企业管理者更明智地决定是否进入特定行业，并在其中确定恰当的战略定位，同时，避免进入夕阳行业。

企业生命周期，描述了企业从诞生、发展、达到顶峰直至可能的衰退这一全过程。它用于帮助企业管理者准确把握企业目前所处的发展阶段，识别企业面临的关键问题和挑战，明确企业当前的重点工作，并据此制定出恰当的发展策略。

产品生命周期，涵盖了产品从准备进入市场阶段开始，经历成长、成熟直至衰退，最终被市场淘汰的整个过程。它用于指导企业管理者制定产品策略和市场营销策略，助力企业优化产品结构，增强市场竞争力，并促进资源的有效配置以及产品的持续更新换代。

用户生命周期，涵盖了从用户首次接触某个品牌或产品开始，直至最终停止使用该产品或服务的整个过程。它用于帮助企业管理者更有效地规划用户获取、留存以及激活策略，从而提升用户的满意度和忠诚度，提高用户的价值。

技术生命周期，指技术在市场或特定领域内的整个发展历程。它用于指导企业管理者制定技术战略和规划研发投入。

技术炒作曲线，是 Gartner 公司开发的描绘新兴技术从诞生到成熟阶段公众关注度演变的工具。它用于帮助企业管理者洞察新兴技术的发展趋势和成熟程度，指导研发和投资策略的制定，降低潜在风险并提升收益。

除了以上这些周期模型以外，在不同的专业领域，还有很多专业的模型可以用来进行预测，如经济学领域的供需平衡模型、金融领域的资产定价模型、芯片设计制造领域的摩尔定律、人工智能领域的各种机器学习模型以及日常生活中的一些统计规律（如二八定律）等。读者可以根据自己所在的行业去了解和学习这些模型，以便更好地进行预测。

另外，笔者还推荐读者仔细阅读刘润的《商业洞察力》一书。在书中，作者介绍了利用"系统工程"的原理搭建商业分析模型的方法，并详细阐述了用于商业分析的受阻模型、失控模型、通吃模型和锁死模型，如表3-1所示。这些模型能够帮助读者在面对复杂的商业问题时洞察本质、快速找出解决方案，非常值得读者了解和学习。

表3-1 《商业洞察力》中的商业分析模型

分类	模型	模型解释
受阻模型	公地悲剧	如果双方的收益都是建立在抢夺有限的公共资源上，就会导致双方收益最终都降为零的悲剧
	成长上限	如果快速增长触发了一个抑制增长的调节回路，增长就会减缓、停顿，甚至出现下滑
	投资不足	如果快速增长导致研发、生产、投资等能力被忽视，就会进一步增强减缓、停顿、下滑的态势，甚至导致衰败
失控模型	舍本逐末	如果我们采取一个治标方案解决问题，就会离治本方案越来越远
	饮鸩止渴	如果我们采取一个带有严重副作用的方案解决问题，就会出现情况越来越恶化的结果
	意外之敌	如果我们的行为误伤到盟友，就会导致双方的对抗，然后两败俱伤
通吃模型	富者愈富	如果双方在一个资源有限的系统中激活了增强回路，就会导致富者愈富、穷者愈穷
锁死模型	恶性竞争	如果双方都以超过对手为目标，就会把竞争推到谁都不想看到的激烈程度
	目标侵蚀	如果我们通过降低目标来完成难以实现的目标，就会导致目标越来越低，得过且过

> **读者思考**
>
> 您通常用哪些模型来预测您所在的行业？通过这些模型，您认为行业将发生怎样的变化？

最后，我们来说一说预测的注意事项。通过对华为、思科、爱立信、IBM等公司的市场洞察报告进行分析，关于预测工作，我们可以得到以下一些启发。

√ 预测要基于自身的业务活动范围和目标。没有结合自身实际情况的预测，是无法有效指导业务决策的。

√ 预测应以量化分析为主（像解数学题），以定性描述为辅（像做语文题）。通过数学建模，得出有参考意义的数据；通过定性描述，明确大致方向和趋势。

- √ 预测要面向未来，具有牵引性。以市场空间预测为例，通常需要包括长期、中期、短期预测。长期为3～5年，中期为1～2年，短期为1年以内。

- √ 只有持续进行市场洞察，才能够及时、准确地进行预测，并借此扩大企业的影响力，提升企业的竞争力。

3.5 会怎样（So What）：判断影响

预见未来趋势，深入分析影响，方能精准施策，事半功倍。

根据我们对市场未来走向的预测，我们需要采取战略家的视角，评估这些预测对企业运营、财务状况、品牌形象、市场份额等方面可能产生的影响，以及这些影响所伴随的挑战与机遇。

继续上面的例子，在判断影响的阶段，我们对低端功能手机市场的发展趋势进行了深入分析，并评估了其对我们的公司可能产生的影响。我们认识到，若不采取行动进行产品升级和转型，公司将面临严峻的生存挑战。因此，为了确保公司的持续发展和经营，我们必须探索新的增长路径，积极研发并推出创新产品。

> **读者思考**
>
> 您认为行业未来的变化会给您的企业带来什么影响？

3.6 怎么做（Now That）：制定应对策略

未雨绸缪，方能从容应对；制定良策，方能稳操胜券。

在市场洞察的最后，我们需要根据先前的分析，结合企业的实际情况与目标，制定切实可行的应对策略和行动计划，并付诸实施。这些策略和计划应涵盖调整产品策略、优化营销策略、提高服务质量、强化技术研发等方面。此外，我们还需要建立一套有效的监控和评估体系，确保这些策略和计划能够得到有效执行。

继续上面的例子，为了保证公司能够"活下去"，我们需要进行产品升级和转型。为此，在制定应对策略的阶段，我们确立了以下策略。

√ 减少对功能手机研发的投入，释放资源，以回收成本。

√ 加大新产品开发力度，推出智能手机产品。

√ 建立并优化营销策略，重塑品牌形象，以适应智能手机市场的营销需求。

通过这些策略的实施，我们期望能够在智能手机市场中取得更大的成功。应对策略分析如表 3-2 所示。

表 3-2 应对策略分析

编号	影响和关键差距	根因分析	改善建议	责任人与时间
1	业绩收入下滑	功能手机的市场接受度逐渐下滑	关停并转功能手机产品线，释放资源	产品负责人 2025 年 12 月
2	缺乏新产品	没有开拓智能手机市场	加强新产品开发，快速推出智能手机	产品负责人 2025 年 12 月
3	品牌形象老化	没有进行品牌升级	优化营销策略，调整品牌定位	营销负责人 2025 年 12 月

> **读者思考**
>
> 参照表 3-2，面对行业变化给企业带来的影响，您将如何应对？

3.7 本章小结

市场洞察五步法的五个步骤分别如下。

- 是什么（What）：理解现状，进行现状分析。

- 为什么（Why）：分析驱动现状发生改变的根本原因，即动因分析。

- 下一步（What's Next）：根据对动因的分析，进行预测与推断。

- 会怎样（So What）：根据预测与推断，判断对企业经营产生的影响。

- 怎么做（Now That）：根据影响分析，制定应对策略，抓住机会。

4

环境洞察：顺应宏观趋势

不责于人，但求于势。

好风凭借力，送我上青云。

智者顺时而谋，愚者逆时而动。

4.1 什么是环境洞察

在企业运营过程中，宏观环境具有非常重要的作用。"皮之不存，毛将焉附？"宏观环境的任何变化都会对企业的经营和成长产生深远的影响。

在本章节，我们将从经济周期、产业价值链、通用关键技术、宏观竞争格局和宏观政策这五个维度为读者提供分析宏观环境的工具和视角。

具体分析过程如图 4-1 所示。

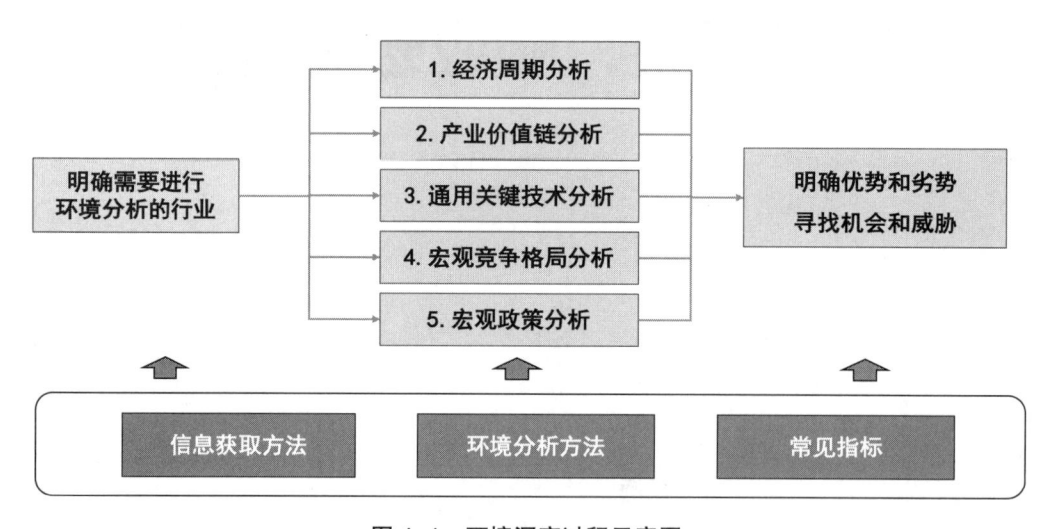

图 4-1 环境洞察过程示意图

首先，在进行宏观环境洞察前，要明确进行环境洞察的具体行业。相同的宏观环境对不同行业的影响是不同的，例如，疫情对制造业、健康和防疫产业产生了不同的影响。因此，在进行环境洞察之前，需要明确目标行业，这样才能有的放矢地进行深入分析。

其次，对宏观环境进行一系列深入的分析，具体如下。

- ✓ **经济周期分析**：深入分析当前的经济周期，判断当前的经济环境整体处于复苏、繁荣、衰退还是萧条阶段，并评估宏观经济状况对相关行业可能产生的具体影响。例如，面对当前的经济形势，企业如何进行经营决策。

- ✓ **产业价值链分析**：对全球产业链进行细致的剖析，全面梳理从原材料供应到最终产品到达客户手中的全过程，评估全球产业链转移趋势，从而为业务运作提供指导。例如，随着国产替代的进一步深化，其对企业经营将会产生怎样的影响。

- ✓ **通用关键技术分析**：研究各行业广泛采用的通用关键技术及其发展趋势，分析关键技术的进步可能给行业带来的创新机会和风险。例如，数字化转型会给企业和行业带来怎样的影响。

- ✓ **宏观竞争格局分析**：分析国家、产业之间的竞争格局。例如，贸易壁垒、技术封锁、地区冲突等竞争情况会对行业产生怎样的影响。

- ✓ **宏观政策分析**：分析行业相关调控政策，抓住政策机会，避免政策风险。例如，利用国家提供的专项基金开展业务等。

再次，通过这些分析，寻找宏观环境正在发生的变化，从而帮助企业发现市场中的机遇与潜在威胁。同时，通过识别企业的优势与劣势，并深入了解企业的核心竞争力，帮助企业做出更明智的决策。

最后，为了支持这些分析，还需要采用一系列具体的方法、工具和常见指标。例如，利用 PESTEL 工具进行环境分析，通过相关网站获取环境数据等。

4.2 分析宏观经济周期，确定投资策略

4.2.1 什么是经济周期

经济周期是历史的脉搏，每次跳动都预示着新的机遇和挑战。

由于技术的发展、信贷政策的调整、投资者心态的变化、经济政策的牵引以及自然灾害等多种因素，经济会产生波动性，这种波动性可以用经济周期来描述。

经济周期对制定经营策略具有决定性的影响，顺势而为才更容易获得成功。作为企业的管理者或投资者，需要深刻理解经济周期的特点，从而掌握市场动态、优化资产配置、制定合适的经营策略。

宏观经济周期一般可分为四个阶段：复苏期、繁荣期、衰退期和萧条期。每个阶段都展现出特有的经济特征和市场行为，为企业家或投资者带来不同的机遇与挑战，如图4-2所示。

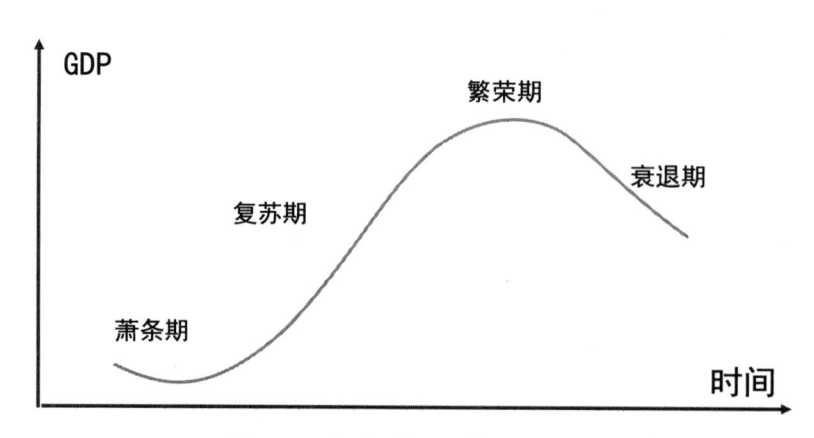

图4-2 宏观经济周期模型示意图

（1）复苏期

随着经济活动的逐渐复苏，企业盈利状况逐步改善，客户信心也随之增强。

在经济复苏时期，企业应该积极开拓新市场、扩大生产规模、引进优秀人才、收购优质资产，以把握经济复苏带来的增长机遇。

（2）繁荣期

随着经济增长达到顶峰，企业的盈利能力显著增强，市场上洋溢着乐观的氛围。

在经济繁荣时期，企业可以适当扩大生产规模和增加研发投入。同时，应更加保持谨慎，避免为了追求过高的营收而过度投资，给企业带来经营风险。

（3）衰退期

随着经济增长的减缓，企业盈利出现下降，失业率也随之攀升。

在经济衰退时期，企业应该控制新项目的启动、优化产能、降低成本、积极储备现金流，以应对可能出现的市场波动。

（4）萧条期

经济活动缩减，企业普遍亏损，大量企业倒闭，市场信心低落。

在经济萧条时期，企业应该积极开拓新兴市场，加强合作，提升企业的抗风险能力。同时，还可以全力开发新产品，大幅削减成本，提高企业的生存能力。在本书的4.2.4章节，介绍了日本知名实业家稻盛和夫提出的萧条期五项生存策略，供读者参考。

> 💡 **读者思考**
>
> 您认为当前经济处于哪个时期？五年以后将处于哪个时期？

4.2.2 常见的经济周期理论

根据驱动经济波动的因素和持续时间的不同，通常可以识别出三种主要的经济周期，它们分别是基钦周期、朱格拉周期和康德拉季耶夫周期，如表4-1所示。

表4-1 常见的经济周期模型

经济周期	别名	周期持续时间	驱动因素
基钦周期	存货周期/短波周期	3～4年	存货水平
朱格拉周期	中周期/设备投资周期	7～11年	设备更新和资本投资
康德拉季耶夫周期	长波周期	50～60年	技术和产业革命

（1）基钦周期

基钦周期由英国经济学家约瑟夫·基钦于1923年首次提出。这一周期由生产存货的变动所驱动，通常持续3～4年，故又称作存货周期或短波周期。

基钦周期反映的是市场经济中因厂商生产过剩而形成存货，进而减少生产的现象。 当生产过剩导致厂商积累大量存货时，生产活动会相应减少，从而引发经济的下行波动；反之，存货水平的下降促使厂商增加生产，进而推动经济上行波动。

举个例子，很多生产型设备制造商，比如华为公司，在很多地区的销售业绩都会面临"大小年"的现象，即两年产品销量特别好，接下来两年产品销量下滑。这个现象正是基钦周期所导致的。客户在采购的库存未使用完之前，不会有大规模的采购需求。

（2）朱格拉周期

朱格拉周期是法国经济学家克里门特·朱格拉于1862年提出的概念，通常被视为一种大约持续7～11年的经济周期，亦称作中周期或设备投资周期。

朱格拉周期反映了设备更新和资本投资对经济活动的推动作用。 在经济繁荣时期，投资活动显著增加，市场生机勃勃，企业盈利丰厚；反之，在经济衰退时期，投资活动减少，市场需求缩减，企业盈利减少。

例如，光伏产业大约 3 年经历一个小周期（即基钦周期），5~6 年经历一个大周期（即朱格拉周期）。

（3）康德拉季耶夫周期

康德拉季耶夫周期由苏联经济学家尼古拉·康德拉季耶夫于 1925 年提出，描述的是市场经济体系中大约以 50~60 年为周期的长期经济波动，又称作长波周期。

康德拉季耶夫周期特别强调了技术创新和产业结构变革等长期因素对经济增长的影响。在这一周期的上升期，技术革新极大地促进了生产力的飞跃，带来经济的繁荣；反之，在这一周期的下降期，可能会遭遇经济萧条和技术发展的停滞。

由于康德拉季耶夫周期太长，所以很多人难以直接感受到。历史上主要经历了五次康德拉季耶夫周期，分别是由蒸汽机技术、铁路技术、电气化技术、电子技术和互联网技术这五个革命性技术推动的，均实现了经济的大飞跃，如图 4-3 所示。

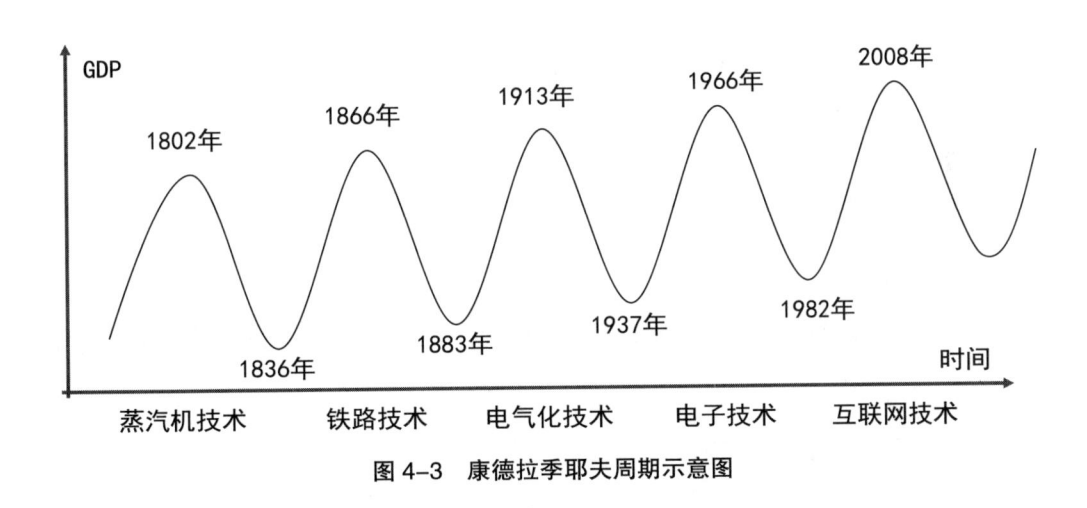

图 4-3 康德拉季耶夫周期示意图

笔者认为下一次康德拉季耶夫周期将会是由人工智能技术驱动的经济周期，而且很快就会来临。同时，在新的经济周期中，谁能够率先掌握人工智能技术的核心优势，谁就能够占得先机，引领未来的经济发展趋势。所以，各科技大国都在积极储备人工智能相关的技术和人才资源。

> **读者思考**
>
> 对于您所在的企业而言,这三类经济周期对企业经营会产生怎样的影响?

4.2.3　企业如何面对经济周期

把握经济周期,就是把握经济发展的脉搏;顺势而为,方能事半功倍。

经济的波动对企业的经营产生了诸多负面影响。比如收入的波动,在繁荣期销售收入高速增长,而在衰退期销售收入又大幅下滑,导致企业很难做出合理的经营规划和预算。又如资产利用率的不稳定,在繁荣期不得不加班加点、扩大生产,而在萧条期又无事可做、资产闲置。

为了减轻经济周期的冲击,企业可以采取两种基本策略。

第一,企业可以通过跨行业分散投资来分散风险,从而降低经济波动的影响。以经济周期中的民众投资为例,在经济繁荣时期,民众倾向于投资股市,而在经济衰退时期,则更倾向于购买黄金。因此,企业借鉴这种思路,同时持有股票和黄金可以比较好地对冲经济周期的波动。

第二,企业可以在经济下行期加强能力建设,在经济上行期则积极拓展业务以获取超额利润。具体来说,在经济衰退时期,资产价格通常会显著下降,此时是收购优质资产、加强能力建设的好时机;而在经济复苏时期,则应专注于开展经营活动以赚取利润,因为此时资产价格也在上升,不宜进行大规模收购。

举个例子。

大约在 2000 年,全球互联网行业遭遇了一场剧烈的泡沫破裂,这场危机迅速波及整个 IT 领域,导致该行业陷入长期的萧条。许多曾经辉煌的企业因资金链断裂和市场需求急剧下降,不得不面对倒闭的厄运。然而,在这样的逆境中,华为公司不仅没有削减开支，反而大幅提升了研发人员的薪酬，以吸引和保留更多的杰出人才。同时，华为公司还加强了对 3G 技术的研发，投入了大量的人力、物力和财力。经过持续的努力，华为公司成功推出了具有自主知识产权的 3G 解决方案。该方案在技术上达到了国际先进水平，并在成本控制上展现了显著优势。凭借这一创新产品，华为公司迅速在市场上占据了有利位置，赢得了众多客户的青睐。最终，在这一轮全球 IT 行业的低迷期中，华为公司不仅生存下来，而且获得了巨大的成功，成为行业的领头羊。

> **读者思考**
>
> 您所在的企业是如何面对经济周期的？

为了更有效地应对经济周期的波动，企业在经营上需要具备以下能力。

（1）灵活调整经营策略

在经济繁荣时期，企业应把握时机，扩大生产规模并增加市场份额；而在经济衰退时期，企业则应削减开支，优化资源配置，确保现金流的稳定性。

以华为公司为例，在 21 世纪伊始通信行业蓬勃发展的时候，华为公司敏锐地捕捉到了这一机遇，不仅扩大了生产规模，还通过并购和合作等策略迅速提升了市场份额，特别是在欧洲市场进行了拓展，成为英国最大的电信运营商沃达丰的供应商，这也成为华为公司在这一时期的关键成就。

2008 年国际金融危机后，华为公司迅速调整其经营策略，削减非核心业务的开支，出售非核心资产（如 H3C），并保持了现金流的稳定。通过强化内部管理，提升运营效率，华为公司成功地度过了经济的寒冬。

（2）加强财务管理

在财务方面，需要建立并维护一个健全的财务管理体系，通过该体系确保财务数据的精确性和透明度。合理规划资金的使用，有效降低财务风险，并提升资金的使用效率。此外，还需要保持一定量的应急资金储备，用于应对突如其来的经济挑战。

例如，华为公司构建了一套严格的财务管理体系，其集成财经服务（IFS）在业界享有盛誉，确保了财务数据的准确性和透明度。华为公司精心规划资金的使用，并利用多元化的融资渠道来降低财务风险，同时积累了充足的应急资金。在面对国际金融危机等突发经济事件时，华为公司凭借其强大的财务储备，稳定了市场信心，并保持了业务的持续增长。

（3）注重产品创新与研发

企业应持续推出创新产品或对现有产品进行升级，以适应市场需求的演变。同时，应增加研发投资，突破和掌握关键核心技术，从而提升产品竞争力。

以华为公司为例，无论是从3G到5G的通信技术演进，还是在智能手机、云计算、人工智能等领域的战略部署，华为公司都致力于不断推出创新产品或对现有产品进行升级，以适应市场需求的演变。

（4）优化供应链管理

企业应与供应商建立长期稳定的合作伙伴关系，确保原材料供应的稳定性和可靠性。同时，通过优化库存管理，降低库存成本并提升库存周转率。

例如，华为公司通过建设分层分级的供应商管理体系，与全球数千家供应商维持着长期稳定的合作关系，这确保了华为公司原材料供应的稳定性和可靠性，避免了因经济不稳定带来的供应问题。

（5）加强市场营销与品牌建设

企业应通过制定有效的市场营销策略，提升品牌知名度和市场占有率。通过密切关注消费需求的演变，迅速调整营销策略和产品定位，确保企业能够灵活应对经济环境的变化。

例如，华为公司实施了全球化的品牌战略，通过赞助国际体育赛事和建立海外研发中心等举措，显著提升了其品牌影响力。同时，华为公司对客户需求的变化保持高度敏感，特别是针对年轻用户群体，推出了更加时尚和智能化的产品线，如荣耀、麦芒等。通过这些及时的策略调整和产品定位更新，华为公司赢得了市场的广泛认可。

（6）提升员工素质与凝聚力

企业应强化员工培训，提升其专业技能与整体素质。构建积极的企业文化，以增强员工的归属感和团队凝聚力。

例如，华为公司建立了一套全面的培训体系，涵盖新员工入职培训、专业技能提升以及领导力发展计划等，持续促进员工的成长和素质提升。同时，华为公司推行"以客户为中心，以奋斗者为本"的企业文化理念，并通过股权激励、员工关怀等多元化措施，进一步提升员工的归属感和增强团队的向心力，帮助企业应对经济周期的波动。

（7）建立多元化经营与风险管理能力

为减少对单一产品或市场的依赖，企业应考虑实施多元化经营策略。同时，还需要建立一套完善的风险管理体系，以便及时发现并应对各种潜在风险。

例如，华为公司不仅在通信领域持续创新和提升，还积极进军消费者业务、企业业务等多个领域，有效减少了对单一产品或市场的依赖，分散了风险。此外，华为公司构建了一套全面的风险管理体系，涵盖风险识别、评估、监控和应对等关键环节，确保企业能够迅速识别并应对潜在风险。详细内容可参考卞志汉、廖杰熙所著的《华为风险管理》一书。

（8）利用政策与法规优势

企业应密切关注政府政策和法规的动态，合理利用政策优势，降低企业成本并提升竞争力。

例如，华为公司紧密跟踪国内外政策和法规的变动，积极融入国家"新基建"战略，借助政策优势促进 5G、人工智能等前沿技术的发展，对抗经济周期的波动。

（9）制定长期发展规划

企业应制定长期发展规划，明确企业未来的发展方向和目标。同时，应根据经济周期的变化，适时调整发展规划，确保企业的可持续发展。

例如，华为公司制定了清晰的长期发展战略，明确了未来的发展方向和目标。无论是"云管端"战略，还是"1+8+N"全场景智慧生活战略，都体现了华为公司对未来趋势的深刻洞察和前瞻性布局。同时，华为公司根据经济周期的变化，适时调整发展规划，确保企业在不同的经济环境下都能保持稳健的发展态势。

> **读者思考**
>
> 面对经济周期的波动，您所在的企业在经营策略上采取了哪些行动？

4.2.4　如何度过大萧条时代

经济萧条不是终点，而是转型与创新的契机。信心比黄金更宝贵。

既然经济周期是不受企业控制的，是无法避免的，那么，企业的管理者该如何面对和度过经济萧条时期呢？

1973 年，全球遭遇石油危机，经济陷入萧条，市场需求大幅下降。日本京瓷集团也受到了严重影响，订单骤减，公司面临严峻的挑战。为了应对经济周期的萧条阶段，日本知名实业家稻盛和夫提出了五项生存策略，**包括全员营销、全力开发新产品、彻底削减成本、维持高生产率和构建伙伴型人际关系**。通过实施五项生存策略，京瓷集团不仅在经济萧条时期保持了稳定发展，还在经济复苏时实现了新的飞跃。

五项生存策略简要描述如下。

（1）全员营销

在经济萧条时期，全体员工都应成为推销员，包括平时没有营销经验的间接部门员工。在企业日常经营过程中，各部门员工常常迸发出优秀的构想、创意和点子。通过将这些创意呈现给客户，能够激发客户的潜在需求，帮助企业创造商机、拿到订单，从而度过经济萧条时期。

（2）全力开发新产品

经济萧条时期往往是产品创新的最佳时机。在日常繁忙的工作中，我们往往缺乏时间去研发新产品。然而，在经济萧条时期，由于业务下滑，很多员工不再那么繁忙，这正是积极开发新产品的好时机。同时，新产品开发需要技术、营销、生产等各个部门积极投入，共同协作，以促进产品的创新与完善。

（3）彻底削减成本

在经济萧条时期，企业订单数量和产品单价都在下降，但市场竞争日益加剧。在这种情况下，企业必须通过提高人员工作效率、优化生产流程、减少浪费等措施，全面降低运营成本，确保成本降低的幅度超过价格下降的幅度。这样才能确保在经济萧条时期仍能保持一定的利润水平，为经济复苏时的快速发展奠定基础。

（4）维持高生产率

在经济萧条时期，生产现场仅保留最核心、数量最少的员工，并确保员工的生产效率不降低，同时保持员工的健康和积极状态，避免他们因无事可做而产生过多的负面情绪。对于非必需的人员，应将其从生产线上撤下来，安排他们进行集中学习或参与车间整理等工作，为经济复苏做好充分准备。

（5）构建伙伴型人际关系

劳资关系是企业经营中最为关键的要素之一。只有劳资双方相互协助、相互支持，构建一种伙伴关系，共同致力于企业的发展，才能提升企业的竞争力。在经济萧条时期，企业更需要加强与员工的沟通，赢得员工的信任和忠诚，与员工携手克服困难，从而顺利度过萧条期。

> **读者思考**
>
> 稻盛和夫提出的五项生存策略对您有什么启发？

4.3 识别宏观价值转移，抓住市场机会

价值不会凭空消失，只会从一种形式转变为另一种形式，从一个区域流向另一个区域，从一个行业转移到另一个行业，从一个企业流向另一个企业。

在经济活动的进程中，由于技术的进步、客户偏好的变化、商业模式的更新和政策的驱动，价值会在价值链的各个环节动态转移。这种转移不仅反映了市场供需关系的演变，也展示了企业战略调整和技术进步对价值创造与分配所产生的影响。

本章节将从业务的经营区域和经营模式两个维度，简要介绍价值转移趋势，具体内容如下。

4.3.1 从经营区域看价值转移，布局新兴市场

经营区域是指企业开展业务活动的地理范围，涵盖本地市场、国内市场、国际市场乃至全球市场。

在当今全球经济一体化的背景下，科技进步、成本结构变化、市场需求演变以及国际贸易环境的调整等因素促使企业不再局限于在某一特定地域开展生产活动。相反，企业会根据全球资源配置最优化的原则，将价值链的不同环节布局到最具竞争力的地区。

例如，亚洲是全世界重要的制造业中心，德国在制造业和科技创新方面具有卓越的成就，英国在金融服务和创意产业方面具有强大的竞争力，美国在科技创新和金融服务方面处于全球领先地位，加拿大、非洲大陆、南美洲则拥有丰富的自然资源。

但是，随着全球贸易摩擦的不断升级，全球产业链正面临深刻的动态调整，这些变化会影响企业的资源配置、生产效率以及市场格局。例如，华为公司在2025年提出将不再追求"全球化"，而是转向"黑土地"模式。因此，企业必须持续关注全球产业链的动态变化，并积极拓展新兴市场。

对于中国的企业来说，目前主要有三类价值转移趋势，即国产替代（从海外向国内转移）、企业出海（从国内向海外转移）和西部大开发（从沿海发达地区向西部转移）。

（1）国产替代

国产替代就是用本国研发的产品或技术来替代从国外进口的产品或技术，以减少对外依赖，提升国内产业的竞争力。

以智能手机制造为例，在2011年以前，华为智能手机的处理器（CPU）主要来自美国的高通，显示屏主要来自韩国的三星，摄像头主要来自日本的索尼。随着中美贸易摩擦的加剧以及国产替代的兴起，华为智能手机的零部件基本实现了国产化，如处理器（CPU）采用了自研的麒麟芯片，显示屏主要来自京东方，摄像头则主要来自舜宇光学和欧菲光等国内企业。2025年，华为公司更是提出启动"备胎计划2.0"，将联合国内2000家企业重构半导体、工业软件等关键领域的生态系统，目标是在2028年实现全产业链自主化率超过70%。

随着宏观环境从以往的全球化合作逐渐向东西半球化竞争转变，国际市场的竞争格局发生了深刻的变化。在这一背景下，国产替代成了不可逆转的大趋势。对于企业而言，如果能够聚焦于那些被国外"卡脖子"的关键技术项目，投入足够的资源和精力，努力攻克技术难关，打破国外技术的垄断，顺利实现国产平替，那么企业就有可能创造出非常大的市场价值和需求，为企业的长远发展奠定坚实的基础。

（2）企业出海

企业出海是指企业将业务拓展到海外市场，寻求新的商业机遇与发展途径，以拓宽市场覆盖面，提升品牌影响力。

以小米公司为例，自成立以来，小米公司就积极寻求全球化发展。小米公司首先在东南亚、印度等新兴市场进行布局，通过线上线下的渠道拓展，快速占领了这些市场。随后，小米公司进一步拓展到欧洲、北美洲等发达市场，实现了全球化的市场覆盖。此外，小米公司还在越南、印度、印度尼西亚、阿根廷等国家和地区布局了制造基地，这有助于小米公司更好地满足当地市场需求，提升产品的竞争力。

随着国内市场竞争的进一步加剧，企业面临着前所未有的挑战与压力。在此背景下，国家"一带一路"倡议的提出与实施，为企业拓展海外市场提供了新的机遇和方向。在国家政策的牵引和支持下，企业出海将成为未来发展的主流趋势。通过出海，企业不仅能够规避国内市场的激烈竞争，还能开拓更广阔的国际市场，助力企业实现跨越式发展，提升国际竞争力。

（3）西部大开发

西部大开发是指国家通过一系列政策措施，促进中国西部地区的经济社会发展。

提到西部大开发，必须提到"东数西算"工程。该工程在全国范围内布局了8个算力枢纽节点和10个国家数据中心集群，以满足全社会急剧增长的算力需求，同时解决东部发达地区土地、能源等资源日趋紧张，无法大规模建设数据中心的问题。

中国西部地区有着巨大的市场潜力、丰富的自然资源和显著的成本优势，加之国家政策的持续支持和引导，从而为企业提供了难得的发展机遇。因此，企业可以积极参与西部大开发战略，抓住西部地区产业升级与转型的历史性机遇，扩大自身的业务版图，为西部地区的经济发展注入新的活力。

> **读者思考**
>
> 参照表4-2，从经营区域角度分析您所在的行业存在怎样的价值转移趋势。

表 4-2　从经营区域角度分析价值转移趋势

编号	价值转移趋势	带来的机会和挑战
1	国产替代：从海外向国内转移	
2	企业出海：从国内向海外转移	
3	西部大开发：从沿海发达地区向西部转移	

4.3.2　从经营模式看价值转移，布局未来产业

经营模式是指企业整合其资源、流程和能力以创造和传递价值的方式。它包括了企业的业务模型、盈利模式、供应链管理以及客户关系管理等多个方面。

随着技术的不断进步和客户需求的持续变化，从经营模式看，价值转移在各个行业频繁发生，例如：

√ 在零售领域，价值正逐渐从传统的超市转移到网络电子商场；

√ 在咖啡行业，价值的重心正从堂食转向外卖服务；

√ 在出行行业，价值正从传统的出租车服务转移到互联网打车和共享出行服务；

√ 在摄影领域，价值已经从传统的胶片相机转移到数码相机和智能手机。

企业需要定期审视其经营模式的可持续性，并积极寻求新的商业模式以适应市场动态和技术创新。在阿德里安·J. 斯莱沃茨基所著的《价值转移：竞争前的战略思考》一书中，作者从经营者的视角出发，归纳了七种普遍存在的价值转移模式，具体如下。

（1）价值朝多维度转移

价值朝多维度转移，指企业从单一业务经营向多元化业务经营转变。随着企业的成长壮大，现有的细分市场已不能满足企业的经营要求，此时，大部分企业会选择多元化经营，从而进一步增加企业的营业收入，实现新的突破。

例如，华为公司创立之初，主要业务是面向运营商的程控交换机销售，但随着公司的发展，目前已经拓展到消费电子、新能源汽车（相关领域或技术）、物联网、光

伏逆变器、数据中心等多项业务领域。

（2）价值朝多种经营方式转移

价值朝多种经营方式转移，指从单一经营模式转变为多种业务模式的混合经营。随着社会的进步，单一的经营模式通常不能保证企业获得经营成功，此时，企业需要采用新的经营模式，这些经营模式涉及新的价值主张、报价方式、盈利策略、交易策略、营销策略等。

例如，华为公司早期主要采用设备销售的经营模式，为了满足客户的需求，后续逐渐采用了更多经营模式，包括设备租赁、分期付款、与客户合伙经营分享利润、采用订阅模式销售软件等，从而给客户提供了更多的选择空间，降低了客户的运营成本，帮助客户获得成功。

（3）价值朝创新方向转移

企业只有具备创新的技术和产品，才能持续赢得竞争，获得市场成功。

以通信网络为例，它已从传统的电话网络逐步演变为互联网、移动互联网、工业互联网以及人工智能网络。在这个演变的过程中，未能跟上潮流、实现创新的企业，基本上都已经被淘汰了。

（4）行业朝不盈利的方向转移

在竞争的市场中，很多小企业由于运营成本低，通常会采用价格战、"农村包围城市"等策略，逐步蚕食中高端市场，使市场呈现出"劣币驱逐良币"的现象，导致市场竞争加剧，行业盈利水平下降。面对竞争，大中型企业通常会被迫采取削减成本等经营策略，这同样会拉低行业盈利水平，最终导致整个行业的盈利能力持续降低，直至接近或达到社会平均盈利水平。

以通信行业为例，20世纪90年代初期，用户安装电话需支付初装费以及双向通话费；而如今，用户要获得移动通信服务，仅需花8元购买包月套餐，且接听电话不收取任何额外费用。根据国信证券的统计，中国移动平均每月每用户贡献的收入（ARPU）

从 2001 年的 141 元 / 户 / 月下降到 2020 年的 47.4 元 / 户 / 月，如图 4-4 所示。

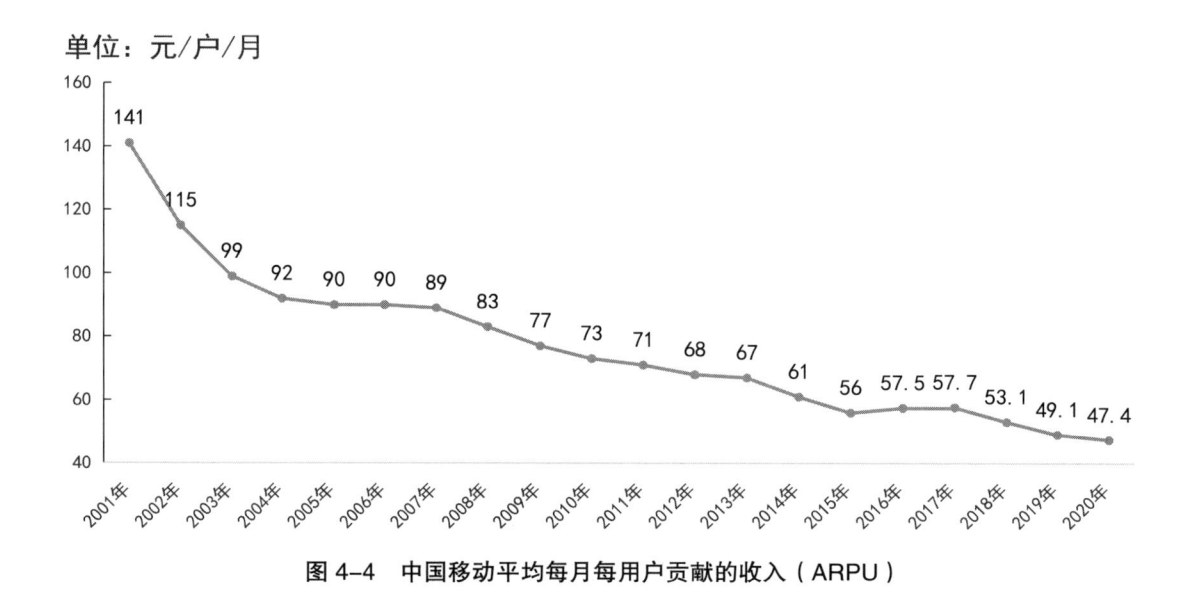

单位：元/户/月

年份	ARPU
2001年	141
2002年	115
2003年	99
2004年	92
2005年	90
2006年	90
2007年	89
2008年	83
2009年	77
2010年	73
2011年	71
2012年	68
2013年	67
2014年	61
2015年	56
2016年	57.5
2017年	57.7
2018年	53.1
2019年	49.1
2020年	47.4

图 4-4　中国移动平均每月每用户贡献的收入（ARPU）

（5）从一体化到专业化的转变

从一体化到专业化的转变，指从封闭的一体化解决方案演变为专业化产品组合的生态系统。

以计算机的发展为例，其从封闭的一体化大型计算机，发展为小型计算机，最终演变为专业硬件、操作系统与专业软件相组合的生态系统，如图 4-5 所示。

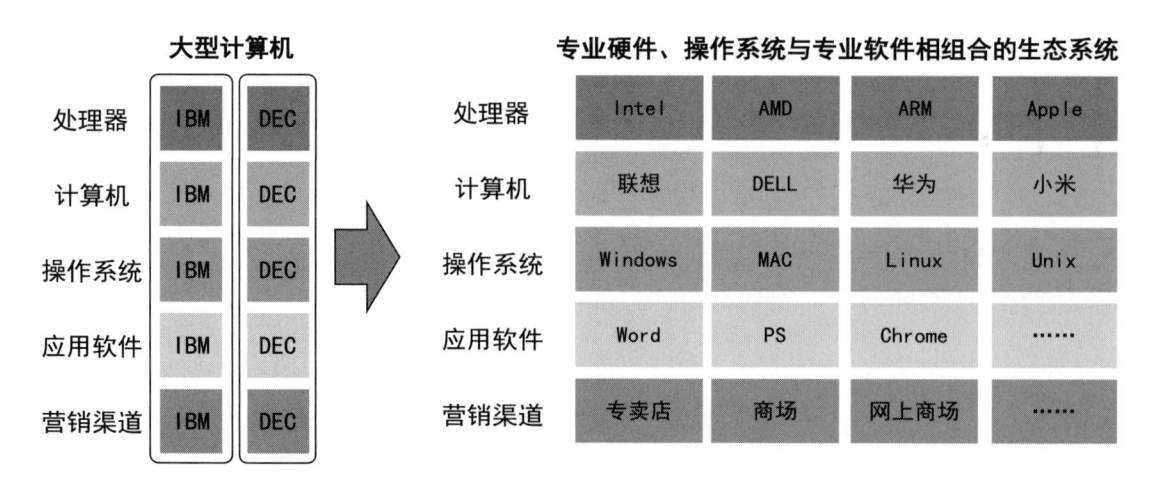

大型计算机				专业硬件、操作系统与专业软件相组合的生态系统				
处理器	IBM	DEC	→	处理器	Intel	AMD	ARM	Apple
计算机	IBM	DEC		计算机	联想	DELL	华为	小米
操作系统	IBM	DEC		操作系统	Windows	MAC	Linux	Unix
应用软件	IBM	DEC		应用软件	Word	PS	Chrome	……
营销渠道	IBM	DEC		营销渠道	专卖店	商场	网上商场	……

图 4-5　从一体化到专业化的转变示意图

（6）从传统销售转向低成本分销

通过优化销售策略，降低营销费用和管理成本，并加速库存周转，企业能够持续提升市场份额和市场价值。

例如，零售行业已从传统的柜台销售方式，转变为超市零售、线上电商以及直播带货等多种新兴销售方式。

（7）从传统销售转向高位经营

从传统销售转向高位经营，指从单纯的供应商转变为客户的战略合作伙伴，从而帮助企业降低成本，提高交易效率，并实现长期合作。

以华为公司为例，它已从仅销售交换机的代理商，发展成为电信运营商提供全面解决方案的合作伙伴，帮助客户解决业务难题。通过这种方式，华为公司成功地从供应商的角色转变为与客户保持长期战略合作的合作伙伴。

> **读者思考**
>
> 参照表4-3，从经营模式角度分析您所在的行业存在怎样的价值转移趋势。

表4-3 从经营模式角度分析价值转移趋势

编号	价值转移趋势	带来的机会和挑战
1	价值朝多维度转移	
2	价值朝多种经营方式转移	
3	价值朝创新方向转移	
4	行业朝不盈利的方向转移	
5	从一体化到专业化的转变	
6	从传统销售转向低成本分销	
7	从传统销售转向高位经营	

4.3.3 打破供应链，挖掘隐性利润

在价值转移的过程中，洞察先机者往往能够占据主动地位，获取更大的收益。

为了打破传统思维模式，并突破传统供应链的局限，阿德里安·J.斯莱沃茨基在其著作《价值转移：竞争前的战略思考》中总结了企业可以采取的五项应对价值转移的行动，具体如下。

（1）把握客户的习惯，不要自以为是

深入探究并持续跟踪客户的真实需求，准确把握客户的消费习惯，以避免依据主观臆测做出决策。通过市场调研、客户反馈等多种途径搜集信息，确保产品和服务能够精准满足客户的期望，以便在竞争激烈的市场中脱颖而出。

（2）调整企业的信息来源

突破传统信息获取渠道的限制，积极探寻多样化的信息来源，包括但不限于参加行业会议、关注新兴媒体、与竞争对手进行交流等途径，以拓宽视野，及时捕捉市场动态和技术进步趋势，为企业的决策提供更全面和精确的信息。

（3）不拘一格地跨行业招聘人才

跨越行业壁垒，吸引来自多元领域的专才加盟企业。此举不仅能为企业带来新的思维模式和创新火花，还能推动知识与技能的跨领域融合，从而提升企业的整体竞争力和适应性。

（4）分析现有经营策略失效的原因

一旦察觉到某项经营策略未能达成预期的目标，就应迅速展开深入分析，以识别问题根源。通过审视市场环境的变动、竞争对手策略的调整以及客户需求的变化等多方面的因素，及时调整经营策略，确保企业持续且稳健地发展。

（5）与风险投资家进行研讨

与经验丰富的风险投资家深入交流，能够获得关于行业趋势、市场机会、潜在风险等方面的独特见解。此外，风险投资家的专业建议和指导有助于企业优化资源配置，提升运营效率，从而为企业的长期发展奠定坚实基础。

> **读者思考**
>
> 面对价值转移趋势，您所在的企业采取了哪些行动？

4.4 跟踪通用关键技术的发展，拥抱变化

科学技术是第一生产力，创新是引领发展的第一动力。

在这个日新月异的时代，技术的迅猛发展正以前所未有的力量重塑着各个行业和领域，例如：

- √ 颠覆方便面市场的产品，并非其他方便食品，如饼干，而是外卖和预制菜；
- √ 取代数码相机的产品，并非拥有更佳成像效果的相机，而是智能手机；
- √ 实体店的衰落，并非由商场和超市引起，而是由于电商和直播带货的崛起；
- √ DVD 的淘汰，并非因为容量更大的蓝光 DVD 的出现，而是因为流媒体在线直播的普及；
- √ 传统书店面临的挑战，并非线上书店的发展，而是电子书的兴起；
- √ 数字电视面临的威胁，并非 IPTV 的发展，而是移动视频的流行。

不胜枚举的案例证明了这一点。在这个瞬息万变的时代，能够率先掌握并应用新技术的企业，无疑将在市场竞争中占据有利地位。为了保持竞争优势，企业必须持续关注市场动态，尤其是那些通用关键技术的演进。

本章节将探讨如何运用技术生命周期理论和技术炒作曲线来分析关键技术，并指导企业制定相应的战略对策。

4.4.1 技术生命周期理论

简而言之,技术生命周期理论描述了技术从诞生到消亡的整个过程,这一过程可以细分为几个特定阶段,每个阶段都有其独有的特征和规律性。

这些阶段通常包括技术的引入期、成长期以及成熟期,如图 4-6 所示。

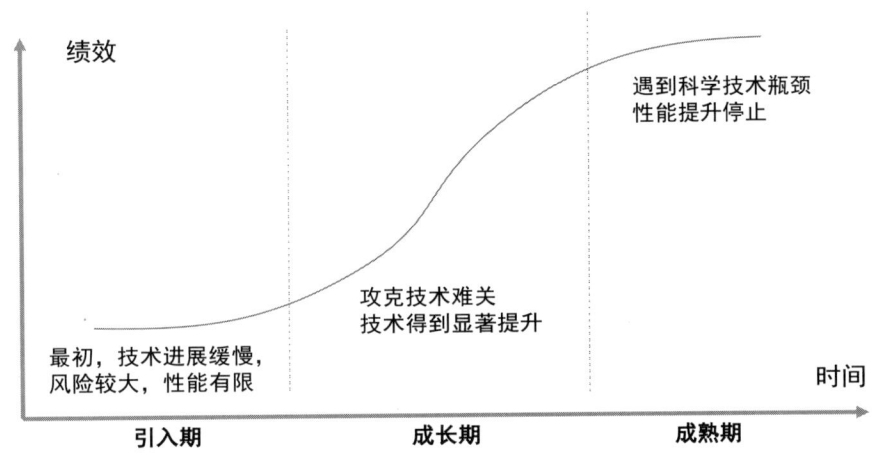

图 4-6 技术生命周期示意图

技术生命周期各个阶段的特点如表 4-4 所示。

表 4-4 技术生命周期各个阶段的特点

阶段	技术成熟度	技术性能	应用数量	技术价值
引入期	不成熟	性能较弱	寥寥无几	潜力巨大
成长期	逐步成熟	性能大幅提升	快速应用	收益明显
成熟期	成熟且稳定	性能提升缓慢	全面渗透	基本要求

引入期:在技术发展的早期阶段,技术尚未达到成熟状态,市场上的应用实例寥寥无几。这一时期的技术通常具有不确定性、性能有限,但它蕴藏着巨大的成长潜力。

成长期:随着技术的持续完善和市场的逐步接受,技术步入了快速成长期。在这个阶段,技术的性能得到大幅提升,应用领域迅速拓展,市场需求急剧上升,企业开始获得显著的经济收益。同时,技术的迭代速度加快,市场竞争变得愈发激烈。

成熟期：随着技术的长期发展与完善，它逐渐达到了一个稳定状态，并进入了成熟阶段。在这一时期，技术性能提升缓慢，甚至停滞不前，但是该技术已经广泛渗透至各个行业，市场接近饱和状态，增长速度开始减缓。此时，企业必须更加重视技术创新和差异化竞争策略，以保持其在市场中的地位。

以智能手机技术的发展为例，我们可以清晰地观察到技术生命周期的演变轨迹。

在技术的引入期，智能手机技术尚处于初步探索阶段，市场上仅存在寥寥几款产品，且这些产品的体验一般、功能相对有限，主要厂家是摩托罗拉和多普达。

随着技术的持续进步和市场的广泛接受，特别是 iPhone 的出现和 Android 操作系统的普及，智能手机技术迅速过渡到成长期，众多制造商竞相推出新产品，市场竞争变得异常激烈，主要厂家包括苹果、三星、华为、中兴、小米、HTC 等，还有一大批不知名的小厂商。

如今，智能手机技术已经进入成熟期，市场接近饱和状态，各大厂商开始依靠技术创新和差异化竞争策略来争夺市场份额，市场集中度非常高，中国市场上主要的品牌是华为、荣耀、小米、OPPO、vivo、苹果等。

> **读者思考**
>
> 参照表 4-5，您认为当前有哪些通用关键技术，分别处于哪个阶段？

表 4-5　通用关键技术分析表

编号	关键技术	关键技术生命周期	带来的机会和挑战
1	人工智能	引入期 / 成长期 / 成熟期	
2	大数据		
3	云计算		
4	物联网		
5	区块链		
6	机器人		
7	社交网络		
8	5G 网络		

4.4.2 技术炒作曲线

技术炒作曲线（Hype Cycle）是 Gartner 公司于 1995 年首次采用的一种分析模型，用于分析和预测各种新技术的成熟演变速度及要达到成熟所需的时间。该曲线已成为科技领域的一个重要风向标，每次推出都会得到业界的高度关注，如图 4-7 所示。

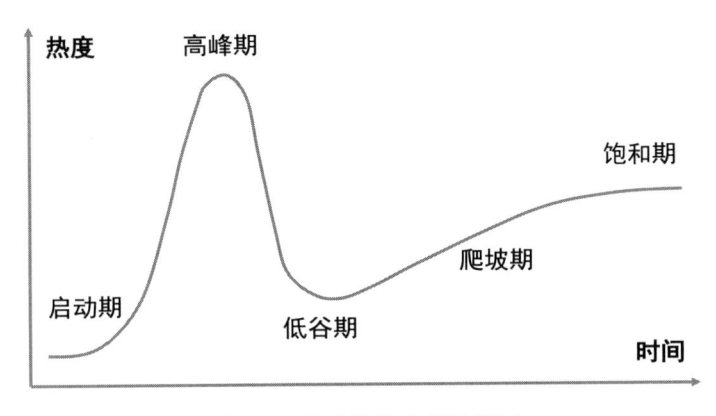

图 4-7 技术炒作曲线示意图

技术炒作曲线各个阶段的特点如下。

（1）概念的萌芽期（启动期）

萌芽期是一个从无到有的创新过程，这一时期的技术往往不够完善，但它们新颖的概念能吸引众多媒体和行业的目光。

在这个阶段，随着媒体的广泛报道和不断渲染，新技术的知名度会迅速攀升。然而，由于技术尚未完全成熟，其缺陷、问题以及局限性也会逐渐暴露，这往往导致失败的案例数量超过成功的案例。

（2）期望值高峰期（高峰期）

在这个时期，大量"韭菜"涌现，人们的期望值达到顶峰，这通常导致大多数人无法独立判断，而是随波逐流。

在这一阶段，公众对新技术表现出过度的关注，并期待它能带来一系列成功的故事。然而，现实往往伴随着许多失败的案例。面对失败，一些企业可能会采取补救措施，但大多数企业选择袖手旁观。

（3）破灭的黑暗期（低谷期）

随着泡沫的破灭，新的概念开始受到质疑。

在经历了早期阶段之后，一些技术被证实缺乏市场潜力，许多曾经被过度炒作的企业退出了市场。那些幸存下来的技术，经过了深入且有针对性的多方面测试，市场对其应用范围和局限性有了更加客观的认识。那些成功并能够持续发展的商业模式，正在逐步壮大。

（4）顿悟的爬坡期（爬坡期）

经历低谷期后，许多企业在这一阶段选择放弃，但是，部分企业坚持了下来。此时，概念开始寻求实际应用，产品开始进入市场。

在这个时期，相关技术已经历了从炒作到低谷的过程，变得更加成熟，其商业潜力也逐渐被挖掘。尽管媒体的关注度可能有所下降，但仍有少数企业不放弃，持续改进技术，并推动其实现更广泛的应用。

（5）竞争的饱和期（饱和期）

随着人们逐渐认识到新兴事物的独特价值，越来越多的参与者涌入市场，竞争变得日益激烈，直至形成寡头垄断的局面。

在这一时期，新技术所带来的利益和具有的潜力得到了市场的真正认可，技术被广泛采纳，并且进入了高度成熟的阶段。支撑这种商业模式的工具和方法论经过多代发展，也已经变得极为成熟。

技术炒作曲线不仅为企业的管理者和投资者提供了洞悉新技术成熟度和市场接受程度的途径，而且为决策制定提供了关键的参考依据。通过密切观察技术炒作曲线的各个阶段，企业的管理者和投资者能够更精准地把握市场动向和机遇，从而减少投资风险。

企业的管理者可以通过访问 Gartner 公司的网站，获取相关领域最新的技术炒作曲线，也可以根据自己的判断绘制特定领域的技术炒作曲线。

以人工智能技术为例，根据 Gartner 公司于 2024 年发布的人工智能技术炒作曲线报告，我们可以对人工智能技术进行深入分析，如图 4-8 所示。

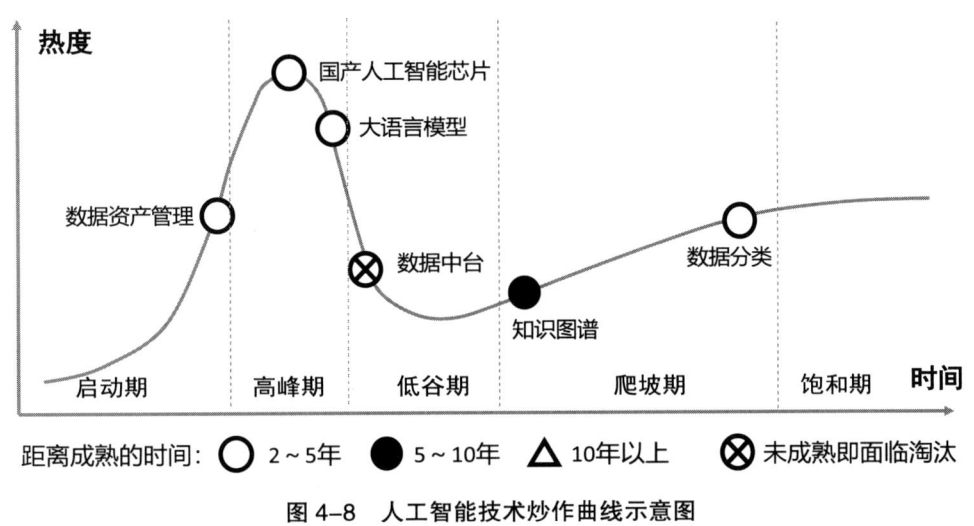

图 4-8　人工智能技术炒作曲线示意图

从图 4-8 中可以清晰地观察到，国产人工智能芯片和大语言模型正处于技术发展的高峰期，吸引了市场的广泛关注。这些技术不仅获得了业界的广泛认可，其未来的发展前景也普遍被看好，预计在未来 2～5 年内将逐渐成熟。尽管如此，它们仍然面临着不少挑战，预计在接下来的一段时间内可能会走入低谷，届时可能会有众多企业退出竞争。因此，企业必须提前做好充分的风险评估和准备。

与此同时，知识图谱技术正处于爬坡期，这标志着它已经走出了低谷，正在稳定地向前发展，并展现出巨大的潜力。预计在未来 5～10 年的时间里，知识图谱技术有望逐步成熟。对于那些计划采用知识图谱技术的企业而言，现在是一个非常合适的时机。

然而，数据中台技术的发展现状则显得较为严峻。它目前处于低谷期，并且面临着"未成熟即面临淘汰"的风险。这暗示该技术可能遭遇了发展瓶颈，或者正面临激烈的市场竞争，迫切需要更多的创新和突破来改变当前的不利局面。因此，建议大多数企业在现阶段慎重考虑采用这项技术。

> **读者思考**
>
> 您所在的企业采用的关键技术处于技术炒作曲线的哪个阶段？

4.4.3 企业如何利用通用关键技术

颠覆微信的绝非另一个即时通信应用，取代 iPhone 的也不可能是另一款智能手机。

真正的颠覆性力量源自那些敢于拥抱新技术、不断创新，并始终走在时代前沿的突破性应用与产品。

随着新技术的不断演进，企业需要有效应对由此带来的挑战与机遇。为此，企业需要持续关注技术发展的最新动态，并将这些新技术整合到自身的运营之中。以下是从研发、营销、制造、服务、财务、管理和决策等多个角度，描述企业应对新技术的常见策略。

（1）产品研发方面

企业需要有稳定的研发预算，确保新技术研究和开发的持续进行。通过与高等院校、研究机构以及其他企业建立战略合作伙伴关系，共同开发新技术，实现资源共享，从而降低研发风险。采用众包、开源软件等开放式创新方法，以加快新技术的研发进程和应用推广。

例如，华为公司每年投入巨额资金用于研发，其研发支出占年收入的比例长期保持在 10% 以上，并在全球建立了众多研发中心。稳定的研发投入能够保证华为公司持续获得技术突破。同时，华为公司积极投身于开源社区，成功构建了高斯数据库、鸿蒙操作系统等开源项目。

（2）品牌营销方面

企业可以借助社交媒体、搜索引擎优化（SEO）、电子邮件营销等数字营销技术，提升营销效率，扩大品牌的影响力和市场份额。

以华为公司为例，其通过花粉俱乐部等互动平台，鼓励用户分享他们的使用体验和提出宝贵的改进建议，成功增强了用户的参与感和对品牌的忠诚度。

（3）生产制造方面

企业可以通过引入物联网、大数据、人工智能等前沿数字化技术，积极采纳柔性制造系统，进行企业数字化转型，提升生产效率和产品质量。

例如，华为公司很早就引入了自动化立体仓库和自动化生产测试平台，显著提升了生产效率。2019年任正非接受央视采访时曾透露，华为公司20秒钟就能生产一部手机，几乎无需太多人力。

（4）客户服务方面

企业可以利用人工智能技术，挖掘客户的痛点，提供定制化的解决方案，以满足客户的需求，提高客户的满意度和忠诚度。

以华为公司为例，其通过建设客户360系统，收集客户信息。然后利用标杆分析、趋势分析等方法，挖掘客户的痛点，并根据客户的痛点自动输出解决方案，大幅提升销售和客户服务的效率。

（5）财务管理方面

企业可以利用人工智能等新技术，构建财务管理系统，提升财务管理效率，还可以构建风险预警体系，评估项目的风险，以降低投资失败的可能性。

以华为公司为例，其通过在财务部门引入人工智能与数字化技术，自主开发了费用报销系统（SSE），使得员工能够随时进行报销，显著提升了财务部门的工作效率。

（6）员工管理方面

企业可以利用人工智能系统，建立一个完善的知识管理平台，用以搜集、整理和分享与新技术相关的知识与经验，从而推动组织内部的学习与成长，帮助企业快速适应新的发展需求。

（7）业务决策方面

企业可以充分利用人工智能和大数据等数字化技术，收集并分析市场、客户、竞争对手等多方面的信息，为决策提供坚实的科学基础。同时，构建高效的快速决策机制，缩短决策周期，提升决策的效率。

例如，华为公司通过打造业务智能（BI）系统，助力管理层做出更有效的决策。

> **读者思考**
>
> 您所在的企业如何看待人工智能技术，并采取了哪些举措？

4.4.4　当前热门的关键技术：数字化技术

目前，数字化技术无疑是焦点所在，它引领着数字化转型的浪潮，重塑着我们生活的每一个细微之处。

什么是数字化转型呢？

根据国际数据公司（IDC）的定义，数字化转型是指运用数字化技术和能力，推动组织商业模式的创新以及商业生态系统的全面重构。其核心目标是促进企业实现业务的转型、创新和增长。其中，数字化技术涵盖了云计算、大数据、移动通信、互联网、人工智能、物联网、机器人以及区块链等技术。

在众多数字化技术中，笔者对人工智能技术尤为关注。笔者认为，人工智能技术一定会如同当年的互联网革命一样，对各行各业产生颠覆性的影响。**在人工智能技术飞速发展的当下，每一个行业都值得用人工智能技术重做一遍**。人工智能技术对各行业的影响如表4-6所示。

表 4-6　人工智能技术对各行业的影响

行业	未使用人工智能技术前	使用人工智能技术后
医疗保健	依赖医生的经验和直觉进行诊断，可能存在误诊或漏诊	AI 辅助诊断提高准确性；提供个性化治疗方案；健康聊天机器人提供便捷咨询
金融	依赖人工分析市场趋势，投资顾问服务成本高	自动化投资顾问降低门槛；欺诈检测更精准；提高风险管理能力
法律	律师需手动查阅大量案例，文件起草耗时长	AI 快速分析案例；自动生成法律文件；提高效率和准确性
零售	供应链管理依赖人工预测，营销活动缺乏个性化	AI 预测分析优化库存和物流；个性化营销提高转化率；智能自动化提升运营效率
制造	生产线依赖人工操作，质量控制和故障预测难度大	机器人执行复杂任务；预测性维护减少停机；提高生产效率和灵活性
交通运输	交通拥堵和事故频发，车辆调度和管理效率低	无人驾驶车辆提高安全性；交通管理优化减少拥堵；提高运输效率
客户服务	人工客服处理查询速度慢，客户满意度低	聊天机器人快速响应客户查询；智能自动化提高处理效率；提升客户满意度
教育	教学方式"一刀切"，难以满足学生的个性化需求	AI 提供个性化学习计划；智能辅导提高学习效果；促进教育公平
影视	后期制作耗时长，成本高	AI 快速生成高质量图像和视频；降低制作成本；提高创作效率
农业	农业生产依赖经验，资源利用效率不高	AI 实现精准农业；提高作物产量和质量；智能灌溉和监测提升生产效率
网络安全	依赖人工检测恶意软件，反应速度慢	AI 实时检测网络攻击；提供主动防御策略；增强网络安全防护能力

读者思考

人工智能技术会给您所在的行业带来哪些影响？

4.5 基于 PESTEL 方法，全方位分析环境

在进行宏观经济分析时，我们可以采用很多模型和工具，包括 PEST（政治、经济、社会、技术）、PESTEL（政治、经济、社会、技术、环境、法律）、PESTLIED（政治、经济、社会、技术、法律、国际、环境、人口）、STEEPLEI（社会、技术、经济、环境、政策、法律、道德、国际）等。

其中，PESTEL 方法是常用的工具之一，该方法通过评估政治（Political）、经济（Economic）、社会（Social）、技术（Technological）、环境（Environmental）和法律（Legal）这六大关键因素，识别外部环境可能对企业产生的影响，以及这些影响如何为企业带来机遇或构成挑战。

通过 PESTEL 分析，企业能够全面审视影响其运营的外部因素，并据此制定更为稳健的战略决策，具体如下。

P 代表政治因素（Political），涉及政府政策、法律法规以及政治稳定性等方面。例如，针对新能源汽车，政府推出了一系列旨在促进新能源汽车发展的激励措施，包括购车补贴和税收优惠等。

E 代表经济因素（Economic），涉及经济增长、汇率波动、利率调整以及通货膨胀等多个方面。例如，随着新能源汽车价格的逐步下降，越来越多的消费者能够承担得起新能源汽车。

S 代表社会因素（Social），涵盖了人口结构、文化趋势、客户行为以及社会价值观的变迁。例如，随着消费者的环保和可持续发展意识不断增强，其对新能源汽车的接受程度也在提升。

T 代表技术因素（Technological），涉及技术创新、研发活动以及新兴技术对企业运营的影响。例如，电池技术的持续进步显著增加了新能源汽车的续航里程，并加快了充电速度。

E 代表环境因素（Environmental），涉及气候变化、自然资源的可用性以及环保法规等方面。例如，鉴于气候变化和环境污染问题日益严峻，政府和社会对减少碳排放和保护环境的需求变得迫切。新能源汽车作为清洁能源交通工具，恰与这一趋势相契合。

L 代表法律因素（Legal），涉及法律法规的变动及其对企业运营可能产生的影响。例如，世界各国政府正在陆续推出新的法律法规，旨在限制传统燃油车的生产与销售，同时积极促进新能源汽车的发展。

以人工智能（AI）行业为例，我们利用 PESTEL 分析框架对其进行初步的分析。

在政治（Political）层面，世界各国政府纷纷推出政策，大力支持人工智能产业的发展。这些政策涵盖提供研发资金、实施税收优惠和加快人才引进等措施，旨在推动技术创新和促进应用推广。

在经济（Economic）层面，全球及中国的人工智能市场持续扩大。根据前瞻产业研究院的估算，2024 年全球人工智能产业市场规模大约为 6382 亿美元。

在社会（Social）层面，随着人工智能技术的普及，客户对人工智能产品的接受度逐渐提升。例如，智能家居和智能语音助手等产品已经广泛应用于日常生活。

在技术（Technological）层面，人工智能技术在深度学习、自然语言处理、计算机视觉等领域取得了显著的进展，这些进步促进了人工智能技术的广泛应用。

在环境（Environmental）层面，人工智能技术的应用可能会导致能源消耗的增加，特别是在大规模数据中心和云计算领域。因此，如何在提升人工智能性能的同时减少能源消耗，已成为一个重要的研究课题。

在法律（Legal）层面，世界各国政府正在制定与人工智能相关的法律法规，以规范人工智能技术的发展和应用，确保其健康、可持续和负责任地发展。

> **读者思考**
>
> 参照表 4-7，使用 PESTEL 方法，对您所在的行业进行环境分析。

表 4-7　PESTEL 环境分析模板

分析维度	洞察内容描述	影响说明（机会或威胁）	应对策略
P- 政治			
E- 经济			
S- 社会			
T- 技术			
E- 环境			
L- 法律			

4.6 环境洞察常见的指标

宏观环境信息可通过多种渠道获得，包括政府机构网站、财经专业网站、大型门户网站的财经频道、经济学家论坛、咨询机构以及人工智能大语言模型等。例如，可参考国务院政府工作报告、国家统计局报告、商务部报告、工业和信息化部报告、经济学家发布的报告以及咨询机构出具的经济报告等。

在评估经济发展时，我们主要关注以下经济指标：国内生产总值（GDP）、汇率、利率、广义货币供应量（M2）、通货膨胀指数（CPI）、就业率、社会融资规模、生产者物价指数（PPI）以及采购经理人指数（PMI）。通过分析这些经济指标的变动，我们可以预测未来的经济趋势。

下面对这些常见的经济指标做一个简单介绍。

国内生产总值（GDP） 指的是在特定时期内，一个国家或地区通过运用各种生产要素所创造的所有最终商品和服务的市场总值。这一指标是衡量经济规模和增长的关键依据。GDP的上升通常与经济扩张相关联，它预示着就业机会的增多、收入水平的提升以及生活质量的改善等正面效应；相反，GDP的减少则反映出经济的收缩。

汇率又称外汇利率，指的是两种货币之间兑换的比率。具体是指一国货币与另一国货币的比率或比价。汇率的变动首先会影响到物价和进出口贸易。本国货币升值通常会抑制出口、增加进口，而本国货币贬值则会促进出口、限制进口。汇率的变动也是国际贸易中最重要的调节杠杆之一。

利率（Interest Rate） 是指一定时期内利息额与借贷资金额（本金）的比率。利率是决定企业资金成本高低的主要因素，同时也是影响企业筹资、投资决策的重要决定性因素之一。利率的变动对宏观经济均衡和资源配置有重要的导向意义。一般来说，利率下降会降低借贷成本，刺激投资和消费；而利率上升则会增加借贷成本，抑制投资和消费。

广义货币供应量（M2） 是一个国家或地区经济体系中货币存量的重要衡量指标，它包括了流通中的现金（M0）、狭义货币供应量（M1）以及各类准货币（如定期存款、储蓄存款等）。M2 的增长通常与经济增长、物价上涨等经济现象相关。若 M2 增长过快，可能引发通货膨胀风险；若增长过慢，则可能导致经济衰退。

通货膨胀指数（CPI） 是反映居民家庭一般所购买的消费商品和服务项目的价格水平变动情况的宏观经济指标。它是在特定时段内度量一组具有代表性的消费商品和服务项目的价格水平随时间而变动的相对数，用来反映居民家庭购买消费商品和服务项目的价格水平的变动情况。CPI 的上涨通常意味着通货膨胀压力增大，可能会导致货币贬值、购买力下降；而 CPI 的下降则可能表明经济通缩风险增加。

就业率 是衡量一个国家或地区劳动力市场状况的重要指标之一，它反映了劳动年龄人口中实际参与工作的人口比例。就业率的上升通常表明经济活动活跃，有助于推动 GDP 增长和社会稳定；而就业率的下降则可能意味着经济衰退或劳动力市场不景气。

社会融资规模 是指一定时期内实体经济从金融体系获得的全部资金总额，是增量概念。它反映了金融体系对实体经济的资金支持情况。社会融资规模的增长通常意味着金融体系对实体经济的支持力度加大，有助于推动经济增长；而社会融资规模的下降则可能表明金融体系对实体经济的资金支持减弱。

生产者物价指数（PPI） 是衡量工业企业产品出厂价格变动趋势和变动程度的指数，是反映某一时期生产领域价格变动情况的重要经济指标，也是制定有关经济政策和进行国民经济核算的重要依据。PPI 的上涨通常意味着生产成本上升，可能会传导至消费端，导致 CPI 上涨；而 PPI 的下降则可能表明生产成本下降，有助于降低企业负担。

采购经理人指数（PMI）是通过对采购经理的月度调查汇总出来的指数，反映了经济的变化趋势。PMI 涵盖了企业采购、生产、流通等各个环节，是国际上通用的监测宏观经济走势的先行性指数之一，具有较强的预测、预警作用。PMI 通常以 50% 作为荣枯分水线，当 PMI 大于 50% 时，说明经济在发展，而当 PMI 小于 50% 时，说明经济在衰退。PMI 的数值越高，通常意味着经济活动越活跃，经济增长动力越强。

4.7 本章小结

- 在企业运营中，宏观环境扮演着非常重要的角色。正如"唇亡齿寒"的道理，宏观环境的变动将深刻影响企业的经营和成长。

- 为了适应经济周期的波动，企业需要灵活调整经营策略，加强财务管理，注重产品创新与研发，优化供应链管理，加强市场营销与品牌建设，提升员工素质与凝聚力，建立多元化经营与风险管理能力，利用政策与法规优势，并制定长期发展规划。

- 为了应对经济周期的萧条阶段，日本著名企业家稻盛和夫提出了五项生存策略，包括全员营销、全力开发新产品、彻底削减成本、维持高生产率和构建伙伴型人际关系。

- 面对价值转移的挑战，企业需要摒弃传统思维，打破固有的供应链模式。关键行动包括：把握客户的习惯，不要自以为是；调整企业的信息来源；不拘一格地跨行业招聘人才；分析现有经营策略失效的原因；与风险投资家进行研讨。

- 人工智能技术将是下一个经济周期的主要驱动因素，一定会如同当年的互联网革命一样，对各行各业产生颠覆性的影响。

5

行业洞察：寻找蓝海市场

只有大市场，才能成就大企业。

拒绝夕阳产业，拥抱朝阳行业。

红海逆流而上，蓝海顺势而为。

5.1 什么是行业洞察

没有不好的行业，只有没做好的企业。

企业要想获得成功，就需要深入分析所处的行业。通过深入剖析行业发展态势、竞争格局等关键因素，可以洞察行业动态变化给企业带来的机遇与挑战，精准识别对企业有重大影响的趋势与潜在威胁。

具体分析过程如图 5-1 所示。

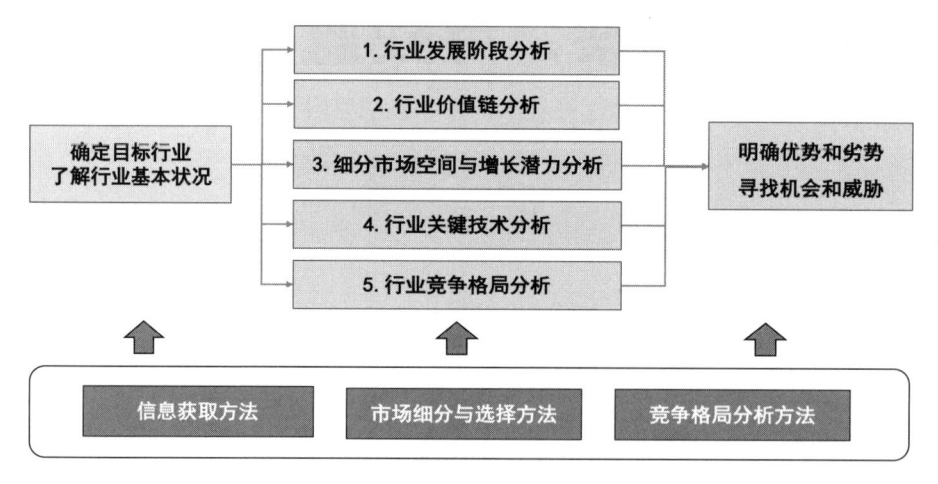

图 5-1 行业洞察过程示意图

首先，明确需要进行市场洞察的具体行业，并对行业进行初步的扫描，了解行业的基本状况。例如，对行业进行分类、了解行业的基本概念和行业术语。

其次，对行业进行一系列深入的分析，具体如下。

√ **行业发展阶段分析**：评估目标行业目前所处的发展阶段，了解行业的成熟度，预测行业未来的发展趋势。

- **✓ 行业价值链分析**：深入探究行业内的价值链，明确各个环节的价值创造和分配情况，寻找适合企业发展的环节，明确企业的定位，为客户创造价值。

- **✓ 细分市场空间与增长潜力分析**：对行业进行市场细分，分析各细分市场的规模及其增长潜力，挑选适合企业发展的细分市场精耕细作。

- **✓ 行业关键技术分析**：识别对行业有重大影响的关键技术，评估其发展趋势和应用前景，并突破和储备关键技术，构建企业的核心竞争力。

- **✓ 行业竞争格局分析**：分析行业内的竞争格局，评估行业的盈利水平，明确进入和退出行业的门槛，指导企业制定合适的竞争策略。

再次，通过这些分析，识别行业正在发生的变化，寻找适合企业发展的细分市场，帮助企业发现市场中的机遇与潜在威胁。同时，通过识别企业的优势与劣势，并深入了解企业的核心竞争力，明确企业在行业价值链中扮演的角色，帮助企业做出更明智的决策。

最后，为了支持这些分析，还需要采用一系列具体的方法、工具和常见指标。后面我们将介绍行业分析相关的方法、工具和常见指标，例如，如何进行市场细分和选择，如何利用波特五力模型分析行业竞争格局，以及如何通过相关网站获取行业数据等。

5.2 分析行业发展阶段，布局高增长行业

5.2.1 什么是行业生命周期

只有在高速发展的行业中，才能获得巨大的商业成就，实现商业成功。

在复杂多变的市场环境中，企业要想实现可持续发展，就必须具备敏锐的市场洞察能力，能够准确分析行业的发展阶段，并据此布局高增长行业。

本章节将深入探讨如何分析行业的发展阶段，以及如何在不同的阶段进行战略布局，以抓住高增长行业的机遇。行业生命周期是指一个行业从诞生、成长、成熟到衰退的全过程，它反映了行业在经济活动中的动态演变规律，如图 5-2 所示。

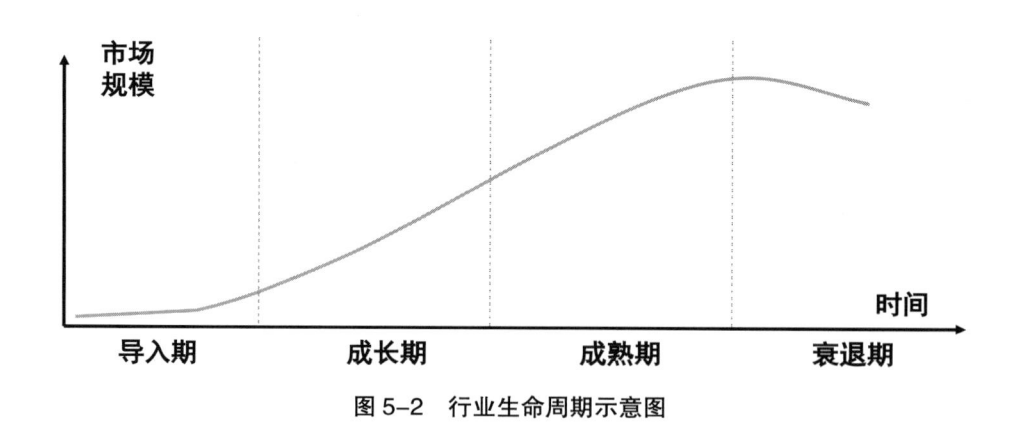

图 5-2 行业生命周期示意图

行业生命周期通常分为四个阶段：导入期（亦称幼稚期或起步期）、成长期、成熟期以及衰退期。通过分析市场增长率、竞争格局、技术创新和盈利能力这四个关键维度，我们可以洞察到行业生命周期的演变，如表 5-1 所示。

表 5-1 行业生命周期分析表

阶段	市场增长率	竞争格局	技术创新	盈利能力
导入期	增长较快	竞争者较少	技术迭代频繁	利润率较低
成长期	高速增长	竞争者增多	技术渐趋定型	盈利能力增强
成熟期	市场稳定	竞争者稳定	技术已经成熟	盈利能力稳定
衰退期	市场萎缩	竞争者减少	创新动力不足	盈利能力下降

行业生命周期遵循自然规律，每个阶段都有不同的挑战和机遇。企业需要依据自身的状况以及行业的发展趋势，灵活地调整经营策略，以便有效地应对各个阶段所面临的挑战和机遇。

> **读者思考**
>
> 您所在的行业目前处于哪个阶段？

5.2.2 如何分析行业生命周期

在进行行业生命周期分析之前，首先需要明确行业分析的基本要素，即行业生命周期阶段、关键驱动因素和关键障碍，如图 5-3 所示。通过对这三个基本要素的分析，企业能够准确地制定应对策略，从而在激烈的市场竞争中脱颖而出。

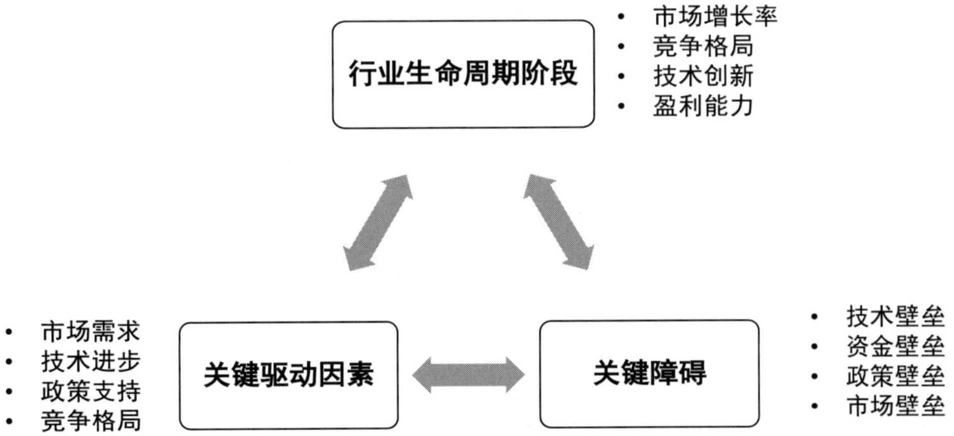

图 5-3 行业分析的三个基本要素

（1）分析行业生命周期阶段

我们可以通过分析市场增长率、竞争格局、技术创新和盈利能力这四个关键维度来评估行业所处的生命周期阶段，参见本书 5.2.1 章节。

企业需要持续监控行业动态，以便能够率先涉足那些处于导入期的行业，积极投资那些正处于成长期的行业，并且灵活调整战略，以在适当的时候退出那些已经进入衰退期的行业。

以人工智能技术为例，笔者认为其目前还处于导入期，众多科技巨头纷纷涌入这一领域，同时，每年都有大量的人工智能应用出现，包括智能家居、智能驾驶、智能助手等。因此，对于任何一家科技公司来说，都需要拥抱人工智能技术，并利用它来抢占市场先机。

（2）探讨关键驱动因素

我们可以通过市场需求、技术进步、政策支持以及竞争格局这四个维度来深入分析行业的推动力。

对于那些以技术为驱动力的行业，企业必须加强研发投资，促进技术革新和产品创新，利用技术上的优势来赢得市场份额。相对地，对于那些政策导向明显的行业，企业应密切关注政策动向，保持经营策略的灵活性，并根据政策的变化做出相应的调整。

以人工智能技术为例，其在市场需求、技术进步、政策支持以及竞争格局这四个维度都有驱动力。

- √ 从市场需求看，人工智能技术正在逐步渗透到各个行业，涉及智能客服、智能推荐、智能驾驶、智能制造等诸多应用场景，为传统行业带来了深刻的变革。而这些来自不同行业的实际需求，都驱动着人工智能技术的进步。

- √ 从技术进步看，算法的优化、算力的提升和数据的积累，推动了人工智能技术的发展。

✓ 从政策支持和竞争格局看，由于人工智能技术被视为下一次经济周期的引擎，各个国家为了抢占先机，引领未来的经济发展趋势，都纷纷颁布各种政策，大力支持和鼓励人工智能技术的发展。

（3）分析关键障碍

对于关键障碍，可以从技术壁垒、资金壁垒、政策壁垒和市场壁垒四个维度进行分析。对于有意向进入该行业的企业来说，需要识别这些壁垒并制定有效的突破策略。同时，对于已经在行业内的企业，需要考虑如何巩固这些壁垒，以防止新竞争者的涌入。

以人工智能领域为例，数据、算法和算力构成了三大核心要素，这些资源大多为大型科技公司所控制，这不仅构建了技术壁垒，也为其带来了显著的市场竞争优势。而对于希望进入人工智能领域的创新企业而言，可以通过选定特定的细分市场，降低数据、算法和算力这三大核心要素的门槛，从而通过小规模的数据和算力，利用特定的算法，开发满足细分市场需求的人工智能应用，实现市场的突破。

> **读者思考**
>
> 您所在行业的关键驱动因素和关键障碍分别是什么？

面对处于不同生命周期阶段的行业，企业需要制定明确的应对策略，以确保企业能够稳定且持久地经营。接下来，我们探讨一下在不同生命周期阶段企业应该采取的策略，如图5-4所示。

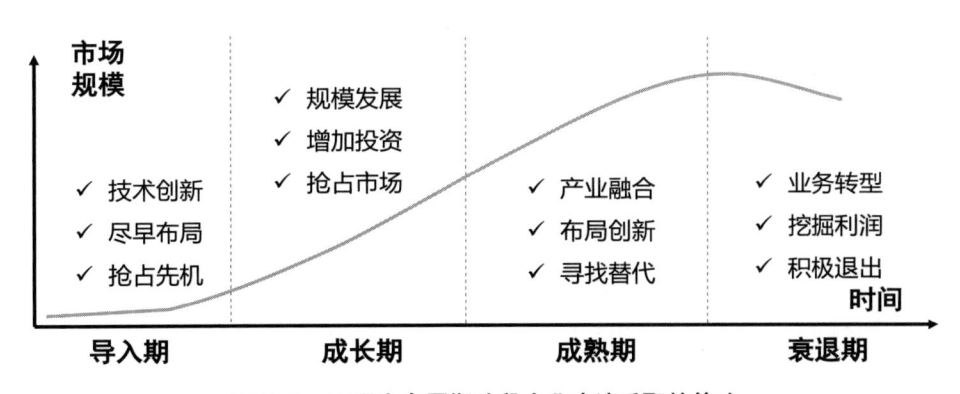

图5-4 不同生命周期阶段企业应该采取的策略

（1）处于导入期的行业

企业应尽早布局处于导入期的行业，以技术创新为驱动，以抢占市场先机。

对处于导入期的行业而言，一切都存在变数，机会多，风险也很大。**在行业的导入期，只有敢于尝试的勇者才能抢占先机**。企业需要密切跟踪行业发展趋势，积极参与市场调研，根据市场需求和技术的变化，灵活调整产品策略。通过快速响应市场需求、推出创新产品或服务，树立在行业内的领先地位。

以人工智能行业为例，笔者认为该行业目前仍处于导入期，充满了无限可能与挑战。各种新技术如雨后春笋般层出不穷，不断刷新着我们对人工智能技术的认知边界。然而，不可否认的是，人工智能技术与普通人的日常使用之间仍存在一定的差距，参与的企业目前基本处于亏损状态。尽管如此，人工智能技术的价值却极为显著，能够极大地提高企业的运营效率，推动产业升级和变革。因此，面对这一充满潜力的新兴领域，我们应该全力以赴地投入。

（2）处于成长期的行业

企业应抢先进入处于成长期的行业，迅速占领市场，扩大市场规模，避免错过机会。在行业的成长期，技术尚未定型，市场格局也未稳定，创新机会依然很多，一切皆有可能。同时，先驱们已将行业问题逐一解决，行业风险大幅降低，此时成为**进入该行业的最佳时机**。

如果企业所在的行业处于成长期，那么企业需要持续增加研发投入，提升产品质量和性能，加强市场营销，提高品牌知名度和市场份额。同时，企业可以通过与其他企业、科研机构或政府机构建立紧密的合作关系，实现资源、技术和市场机会的共享，快速扩大市场份额，实现互利共赢。

以新能源汽车行业为例，该行业近年来经历了迅猛的发展。通过深入分析市场增长率、竞争格局、技术创新以及盈利能力等多个因素，我们可以得出结论：新能源汽车行业正处于从成长期向成熟期过渡的关键阶段。因此，对于那些有志于布局高增长行业的企业而言，例如华为、小米等公司，新能源汽车行业显然是一个不容忽视的领域。企业可以采取诸如率先抢占市场、建立战略合作伙伴关系、灵活调整经营策略以及持续进行技术创新等策略，挖掘这一行业的巨大潜力。

（3）处于成熟期的行业

企业应谨慎进入处于成熟期的行业，同时努力寻找该行业的替代者。 在行业的成熟期，市场格局比较稳定，技术已经成熟，导致市场机会较少，进入的门槛较高。因此，与其在成熟市场进行内卷，不如寻找新的替代行业进行布局和创新。与其更好，不如不同。

如果企业所在的行业处于成熟期，那么企业需要提高生产效率和产品质量，降低成本，提升客户满意度和忠诚度。同时，企业还应关注行业内的兼并和收购机会，通过产业融合、资源整合和优势互补来进一步提升竞争力，做大做强。

（4）处于衰退期的行业

需要重点强调的是，企业需要避免进入处于衰退期的行业。 在一个日渐衰退的行业中，无论企业如何竭尽全力，如何优化管理、提升服务，都难以单独对抗不可逆转的衰退趋势。行业的衰退像是一股强大的逆流，而企业的努力则如同逆流中的一叶扁舟，即便拼尽全力，也难以抵挡被这股逆流裹挟、冲刷的命运。

如果企业所在的行业已经开始衰退，那么企业需要及时调整业务结构并进行转型，尽最大努力挖掘现有业务的利润，退出无利可图的业务领域。同时，密切关注新兴技术和市场趋势，寻找新的增长点。

以个人电脑（PC）行业为例，2004年，联想集团以17.5亿美元的价格收购了IBM的个人电脑（PC）业务，包括台式机和笔记本业务。收购完成后，联想集团迅速成为全球PC市场的领导者之一。根据市场调研数据，联想集团在全球PC市场的份额在收购后明显增加，并持续保持较高的增长势头。但是，随着移动互联网的兴起和客户偏好的变化，PC行业逐渐衰退，导致联想集团的核心业务受到了冲击。同时，联想集团收购 IBM 的 PC 业务占用了企业大量的资源，导致其在移动互联网、云计算、大数据、人工智能等新兴领域的投资不足，从而错失了在这些新兴领域发展的机会。

> **读者思考**
>
> 针对当前的行业阶段，您所在的企业采取了什么样的经营策略？

5.3 关注行业价值转移，在变化中找到机会

价值链是影响企业竞争力的核心要素，它连接着每一个创造价值的环节。掌握价值链的关键环节，就是掌握了企业的命脉。优化价值链，就是创造更多的价值。

价值链是一个用于描述行业或企业内部各项活动如何创造价值的概念框架。它涵盖了行业价值链、企业价值链以及流程作业链，如图5-5所示。

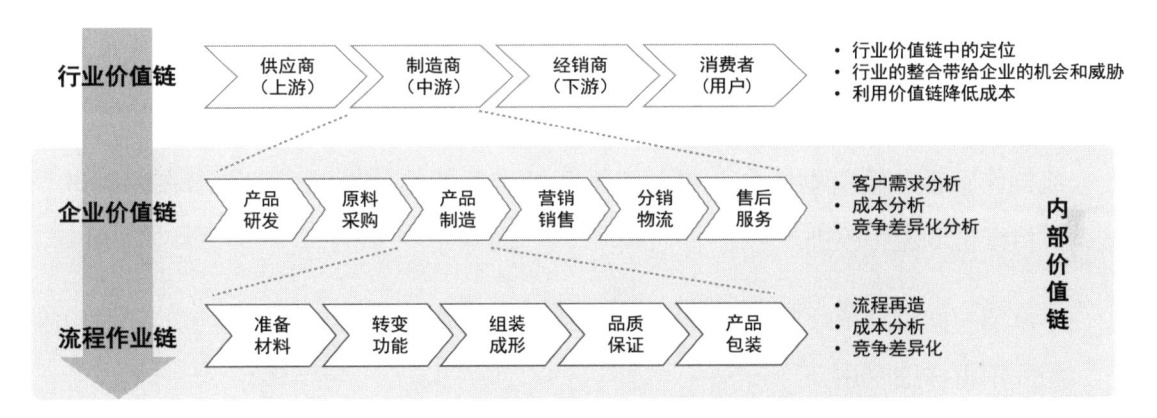

图 5-5 行业价值链、企业价值链、流程作业链示意图

（1）行业价值链

行业价值链分析是从整个行业的视角进行审视，探究从原材料的供应到最终产品的消费这一完整的流程中，各个阶段如何贡献价值以及它们之间的相互作用。

行业价值链分析框架包括了所有参与方的活动，如供应商、制造商、经销商以及消费者。通过行业价值链分析，企业能够明确自身在行业中的定位，辨识可能的合作伙伴与竞争者，并且通过整合或改善行业价值链来增强自身的竞争力。

（2）企业价值链

企业价值链特指某一企业内部的价值链，它详尽地勾勒出了企业从投入资源到产出产品或服务的全流程，清晰呈现了各个价值创造活动的次序与相互联系，涵盖产品研发、原料采购、产品制造、市场营销、售后服务等环节。

通过企业价值链分析，企业能够深入洞察自身的内部运作机制，辨识出哪些活动构成了企业的核心竞争优势，并探究如何通过优化这些活动来提升企业的总体价值。

（3）流程作业链

流程作业链是企业内部一系列相互关联的作业活动组成的链条，以实现特定目标或任务。这些活动可能涉及生产流程的各个阶段，或者企业管理的多种任务。

流程作业链分析专注于探究这些活动之间的逻辑联系、时间安排以及资源使用情况，目的是通过改善作业流程来提升效率、减少浪费和降低成本。

流程作业链分析有助于企业更深入地理解自身的运营机制，识别潜在的改进领域，并持续推动流程改进。

本章节将简要介绍行业价值转移。企业价值链和流程作业链不在本书的探讨范围内，因此不再详细阐述。

5.3.1　什么是行业价值链

行业价值链，简而言之，是指在特定行业内，从原材料供应到最终产品消费的一系列环节中，各个企业所扮演的不同角色及其承担的职能所构成的链条。它不仅包括了物质产品的生产和流通，还涉及了信息、技术、服务等非物质价值的创造和传递，如图5-6所示。

行业洞察：寻找蓝海市场

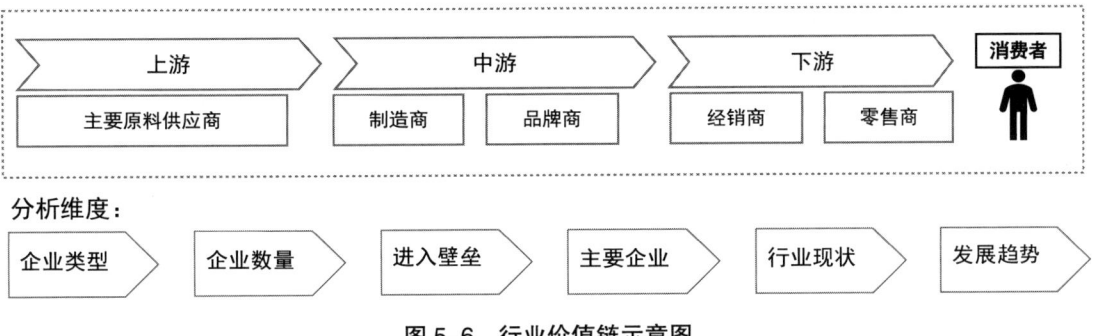

```
上游 → 中游 → 下游 → 消费者
主要原料供应商    制造商  品牌商    经销商  零售商
```

分析维度：企业类型 → 企业数量 → 进入壁垒 → 主要企业 → 行业现状 → 发展趋势

图 5-6　行业价值链示意图

在行业价值链中，每个环节都扮演着特定的角色，共同推动价值的增加。通常，我们可以将其划分为上游（涉及原材料供应和零部件制造）、中游（涉及产品设计、生产制造、组装）以及下游（涉及分销、零售、售后服务）三个主要环节。这些环节之间紧密相连，相互影响，共同构成了一个复杂的价值创造系统。在整个价值链中，每个环节都很重要，且每个环节的创新与优化都能为整个行业带来新的增长动力。

以智能手机行业为例，上游环节包括芯片制造商（如高通、联发科）、屏幕供应商（如三星显示、京东方）等，它们提供核心零部件；中游环节则由手机品牌厂商负责（如苹果、华为），涉及设计、组装以及市场推广；下游环节则包括分销商、零售商以及提供售后服务的机构。具体如图 5-7 所示。

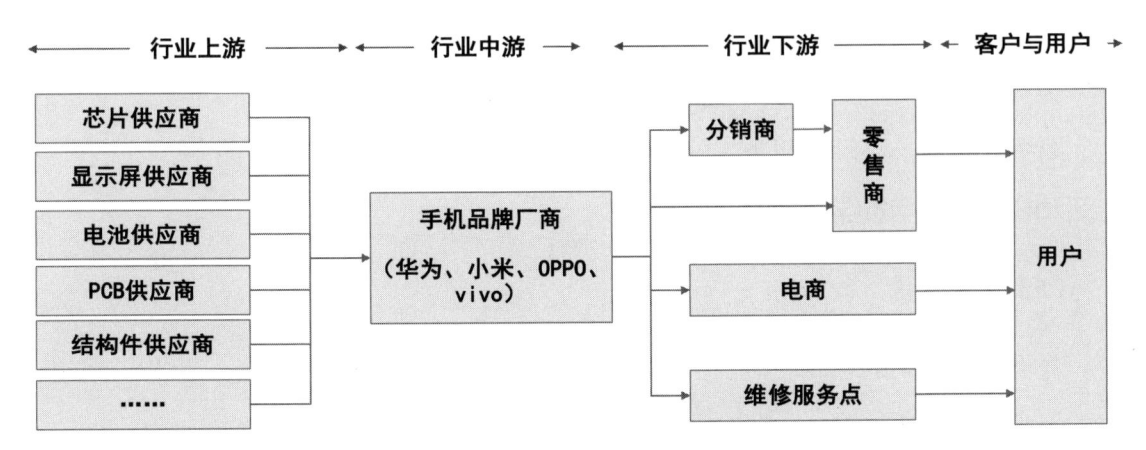

图 5-7　智能手机行业价值链示意图

在分析行业价值链时，主要的分析维度如下。

（1）企业类型

分析行业中的企业类型，包括生产商、供应商、分销商、零售商、服务提供商等。了解不同类型的企业在行业价值链中的角色和定位，以识别价值创造的关键环节。考察这些企业是大型跨国企业、中小型企业还是初创企业，因为企业规模往往决定其市场影响力、资源获取能力和创新速度。

（2）企业数量

统计行业内的企业总数，以及各环节的企业数量分布，以反映市场的竞争程度和集中度。分析企业数量的变化趋势，如是否有新企业不断进入或现有企业退出，这可能与市场吸引力、进入壁垒或行业成熟度有关。

（3）进入壁垒

评估新企业进入该行业所需克服的障碍，如技术专利、品牌忠诚度、资本要求、政府法规、分销渠道控制等。高进入壁垒可能保护现有企业免受新竞争者的威胁，而低进入壁垒则可能导致激烈的市场竞争。

（4）主要企业

识别并分析行业内的领军企业，包括其市场份额、竞争优势、产品线、创新能力、财务状况等。了解主要企业的战略动向，如并购、合作、新产品开发等，因为这些活动往往能预示行业未来的发展方向。

（5）行业现状

分析当前市场的总体规模、增长率、竞争格局、客户需求趋势等。评估行业的技术发展水平、成本结构、利润空间以及受经济周期、政策变化等因素影响的程度。

（6）发展趋势

预测行业未来的发展方向，包括技术进步、产品创新、市场扩张、客户行为变化等可能带来的机遇和挑战。分析新兴趋势如何影响行业价值链的各个环节，以及企业如何适应这些变化以保持竞争力。考虑外部环境因素，如可持续发展要求、数字化转型、全球化趋势等对行业价值链的长期影响。

> **读者思考**
>
> 参照表 5-2，分析您所在行业的价值链。

表 5-2 行业价值链分析表

行业价值链	产品或服务	主要企业	盈利能力	进入壁垒	存在的机会
上游					
中游					
下游					

5.3.2　什么导致了行业价值转移

行业价值转移，是市场规律的必然结果，是旧有格局的打破，也是新生态的构建。

随着技术的不断进步、竞争的日益激烈以及企业规模的变动，许多企业不再满足于当前的经营状况。在这种情况下，企业往往会寻求向新的领域，或者向产业链的上下游拓展业务，从而导致行业的价值从价值链的一个环节转移到另一个环节。

行业价值转移的常见原因如图 5-8 所示。

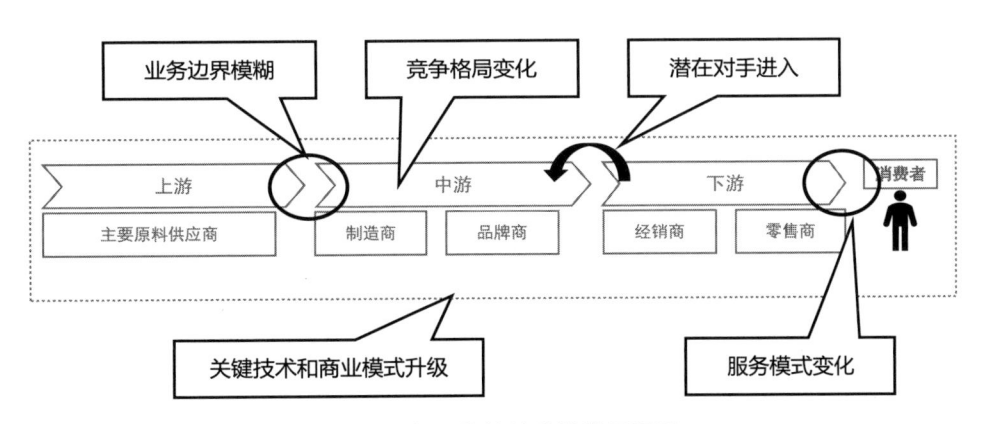

图 5-8　行业价值转移的常见原因

（1）业务边界模糊

随着技术的不断进步和市场的持续拓展，行业边界变得日益模糊，跨界经营已经成为一种普遍现象。

以京东为例，京东早期主要专注于线上零售业务。随着京东积累起大量的订单数据，以及对这些数据的深入分析，京东能够比生产厂家更准确地把握消费者的喜好。于是，京东推出了"京东京造"品牌，开始自主设计和生产商品，从零售商成功转型为品牌商。

（2）竞争格局变化

随着市场环境的持续演变，行业竞争日益加剧。为了维持竞争力，企业必须不断进行创新并优化产品，以吸引更多的客户，从而导致行业内的竞争格局发生变化。

以零售业为例，在中国，淘宝开创了网络零售的先河，实现了网络购物。京东紧随其后，通过产品自营和自建物流体系，保证了产品质量和购物的时效性，从而吸引了大量追求高品质产品的消费者。而现在，拼多多通过"砍一刀"等创新营销方式，为消费者带来了更实惠的产品，使得许多追求性价比的消费者转向了拼多多。这些创新手段使得行业的价值在这些企业间不断流转，从未停歇。

（3）潜在对手进入

随着全球化进程的加速和新竞争者的不断涌现，市场竞争愈发激烈。这些新竞争者可能来自不同的行业领域，给现有的市场格局带来冲击。

以小米公司为例，它起初在智能手机业务领域深耕细作，凭借创新的技术和性价比极高的产品赢得了广大消费者的喜爱。然而，近年来小米公司并未满足于现有的成就，而是积极寻求新的增长点，将业务拓展到了电动车市场，并迅速崛起，成为该领域一股不可忽视的新兴力量。

（4）服务模式变化

随着客户需求的变化，客户服务渠道和方式不断升级，服务模式也处在持续创新之中。企业必须借助服务模式的创新来增强客户体验和提升价值。

以餐饮业为例，众多企业纷纷推出外卖和预制菜服务，以满足消费者对便捷与快速餐饮解决方案日益增长的需求。这一变化导致餐饮服务方式从现场制作逐渐转变为预制菜加工，价值也从传统的餐饮门店转移到预制菜供应商。

（5）关键技术升级

随着新一代技术的涌现，行业经历了深刻的变革。企业必须紧随技术发展的步伐，运用这些新技术来提升产品性能和服务品质。

以手机行业为例，通信技术从 2G 逐步发展到 5G，屏幕从黑白屏过渡到彩色屏，进而演变为柔性屏、折叠屏等新型显示屏，手机的功能也从最初的简单通话扩展到了游戏、阅读、导航、视频播放等多元化功能。当然，手机品牌的领军者也经历了变迁，从早期的摩托罗拉，到后来的诺基亚，再到如今的苹果、三星和华为。在这期间，有许多企业因为未能紧跟技术发展的步伐而逐渐被淘汰。

（6）商业模式升级

随着互联网技术的广泛应用、人工智能技术的飞速发展，新的商业模式应运而生。企业必须适应这些新兴的商业模式，以便更有效地满足客户的需求。

以零售业为例，其商业模式从最早的实体店销售，发展到网络电商零售，再发展到直播带货，这些创新的商业模式借助互联网平台实现实时销售，吸引了众多消费者的关注。它们不仅改变了企业的销售策略，还为消费者提供了更加丰富的购物选择。

> 💡 **读者思考**
>
> 参考表 5-3，分析您所在的行业有哪些原因会导致价值发生转移。

表 5-3　行业价值转移分析表

编号	价值转移的原因	存在的机会和威胁
1	业务边界模糊	
2	竞争格局变化	
3	潜在对手进入	
4	服务模式变化	
5	关键技术升级	
6	商业模式升级	

5.3.3　如何应对行业价值转移趋势

行业价值转移是企业转型的契机，把握行业价值转移的趋势，就是把握了企业未来发展的命脉。

在审视行业价值转移的过程中，我们可以从关键障碍、战略控制点以及利润分布这三个维度进行分析，以应对行业价值转移的趋势。这样可以确保企业克服关键障碍，成功融入目标价值链环节，并且实现利润的充分获取，如图 5-9 所示。

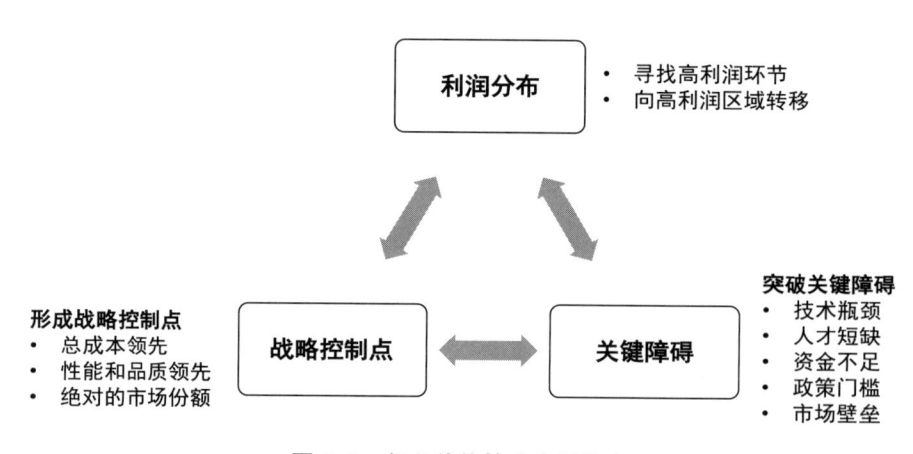

图 5-9　行业价值转移分析维度

（1）关键障碍

在行业价值转移的过程中，企业可能会遭遇一系列关键障碍。这些障碍既可能源自企业内部，也可能源自外部环境。

企业内部的关键障碍可能涉及技术瓶颈、人才匮乏、管理不善等问题。为了突破这些障碍，企业必须持续增加研发投入，建设高质量的人才队伍，并改进内部管理流程。而外部环境中的关键障碍可能包括政策法规的约束、市场竞争的激化、客户需求的转变等。为了有效应对这些障碍，企业需要密切关注市场趋势和政策法规的变动，并及时调整自身的经营战略和资源配置。此外，企业还应加强与政府、行业协会、客户等利益相关方的交流与合作，共同促进行业的持续健康发展。

以电信运营行业为例，由于无线频谱资源是有限的，并且受到严格管控，所以如果企业想开展移动通信运营业务，最关键的障碍便是获取无线频谱资源。如果无法获得无线频谱资源，那么企业将无法开展移动通信运营业务，只能无奈地选择放弃。

（2）战略控制点

战略控制点是企业难以构建且难以被模仿或超越的中长期竞争优势。这些控制点可能体现为成本优势、性能与品质的领先地位、绝对的市场份额，甚至包括专利技术和行业标准等。战略控制点是企业实现长期、持续盈利的核心。

在行业价值转移的过程中，企业需要不断探索和建立新的战略控制点。这需要企业能够迅速识别市场和客户需求的变化，并据此调整其经营策略和资源配置。

以在线电商为例，在线电商行业的最大战略控制点是用户规模。因此，如果一个企业想要进入在线电商行业，首先要解决的是用户获取问题。拼多多通过"砍一刀"策略，激励用户积极邀请亲朋好友加入，从而迅速积累了大量用户。而直播带货则是借助短视频平台庞大的用户群体，促进了商品的销售。企业若想进入新的行业，就必须清晰了解行业的门槛，并构建属于自己的战略控制点。

（3）利润分布

企业进行价值转移的另一主要目的是寻找高利润区域，并向这些区域进行转移。同时，鉴于众多企业都在拓展其业务范围，这自然会引起利润分布的相应变动。在行业价值转移的过程中，利润有可能从某些环节流向其他环节，或者从某些企业转移到其他企业。

以制造业为例，随着技术的不断进步和客户需求的变化，利润可能正从传统的制造环节转移到产品研发、品牌建设、市场营销等高附加值的环节。这要求企业不断优化自身的业务结构，更多地将资源投入到这些高附加值的环节中，以达到利润最大化的目标。

（4）行业价值转移趋势举例

以汽车行业为例，近年来，行业价值转移趋势尤为明显。随着电动汽车和自动驾驶技术的蓬勃发展，传统汽车制造业的价值链正在经历深刻的变革。

一方面，电池、电机驱动系统等关键零部件的生产环节正逐渐从发达国家转移到具有成本优势和技术实力的新兴市场，例如中国已经成为全球最大的电动汽车电池生产基地之一。另一方面，汽车设计、软件开发、数据服务等高端环节的重要性日益凸显，跨国车企纷纷增加在这些领域的投资，以构建差异化的竞争优势。

> **读者思考**
>
> 您所在的行业，价值链哪个环节的利润最高？向价值链上中下游转移的过程中，分别有哪些关键障碍？

5.4 细分和选择目标市场,寻找蓝海机会

5.4.1 什么是市场细分

市场细分(Market Segmentation)是指将一个广阔的市场根据客户需求的差异性、相似性或其他特定标准,细分为若干个具有共同特征的子市场或客户群体。这些子市场或客户群体在需求、偏好、购买行为、习惯等方面表现出一致性,同时与其他子市场或客户群体之间存在显著差异。

在消费者业务(ToC)领域,通常依据地理位置、人口统计特征、价格敏感度以及品牌忠诚度等维度来进行市场细分。而在商业客户(ToB)领域,市场细分则更多采用行业、客户规模、产品以及区域四个维度,如图5-10所示。

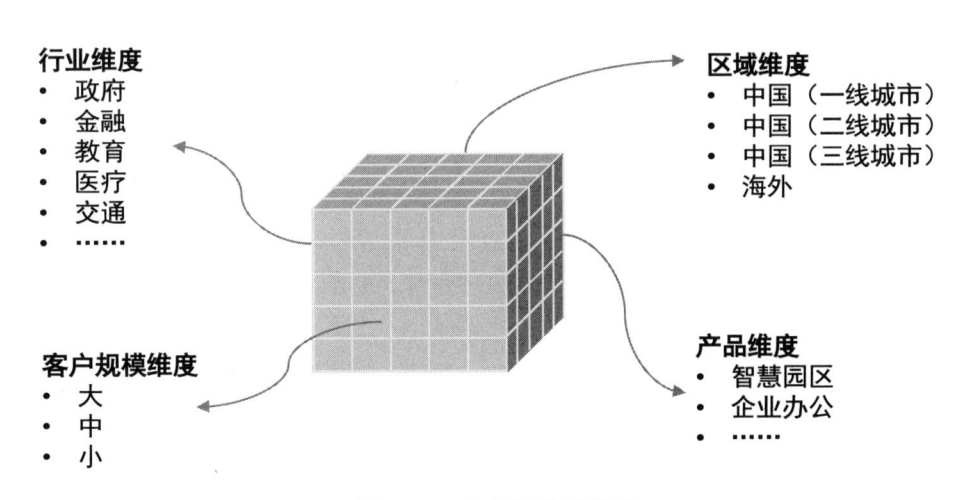

行业维度
- 政府
- 金融
- 教育
- 医疗
- 交通
- ……

区域维度
- 中国(一线城市)
- 中国(二线城市)
- 中国(三线城市)
- 海外

客户规模维度
- 大
- 中
- 小

产品维度
- 智慧园区
- 企业办公
- ……

图 5-10 市场细分示意图

5.4.2 为什么需要进行市场细分

企业无法生产出一款能够满足所有用户需求、让每个人都为之兴奋的产品。

为何要进行市场细分？答案显而易见。萝卜青菜，各有所爱；人生百态，各取所需。企业只有瞄准特定的细分市场，理解客户的业务场景，深入分析该市场用户的核心需求，才能设计出真正打动客户的产品。**好产品的唯一标准是为目标客户创造价值，而不是拥有更多更丰富的功能。**

举个例子，即便是一款电池续航强劲、接口丰富多样、功能完备、游戏性能卓越的手机，也可能无法吸引顾客，甚至会遭到客户无情的抛弃，因为客户不愿意为如此厚重、丑陋的手机买单。然而，若针对特定市场开发手机，如游戏手机、音乐手机，帮助客户解决最关心的问题，为客户提供价值，那么就有可能打造出爆款，实现产品热销，如图 5-11 所示。

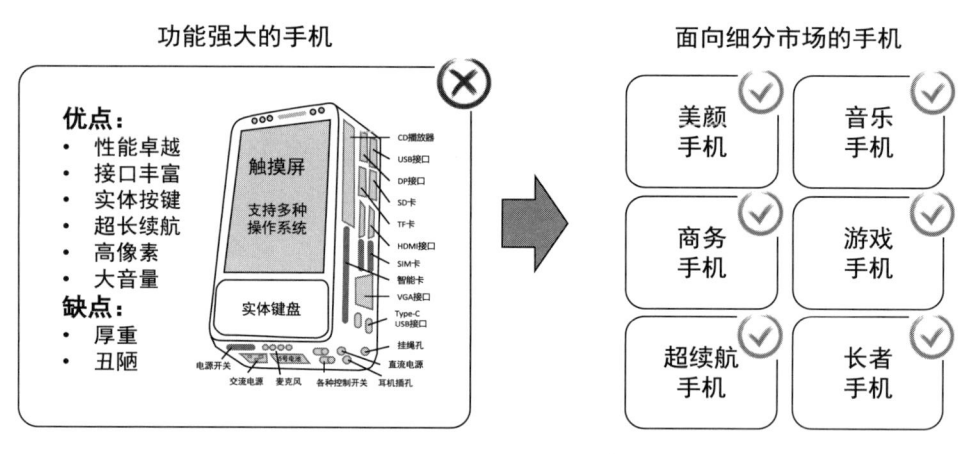

图 5-11 手机细分市场示意图

通过市场细分，针对特定细分市场的用户群体，开发出满足其需求的产品，是企业得以生存的关键。

通过市场细分，企业能够更精准地锁定目标消费群体，进而制定出更具针对性的营销策略和产品推广方案，提升营销效率；能够依据各个细分市场的独特特征和需求，有针对性地分配资源；能够深入地洞察客户的需求与偏好，提供更加定制化的产品和服务，提升顾客的满意度和忠诚度。同时，企业可以将风险分散至多个细分市场，实现风险隔离和对冲。即便某一细分市场遭遇波动或面临风险，企业也可以迅速调整其策略，降低整体经营风险。

5.4.3 如何进行市场细分

市场细分不是简单的分类，而是对客户需求深层次的理解与满足。

如何进行市场细分？通常可以分为三大步和七小步。关于市场细分的操作细节，可以参考笔者所著的《从战略制定到产品上市——集成产品开发（IPD）应用实践》。本书对这部分内容只做一个简单介绍，如图5-12所示。

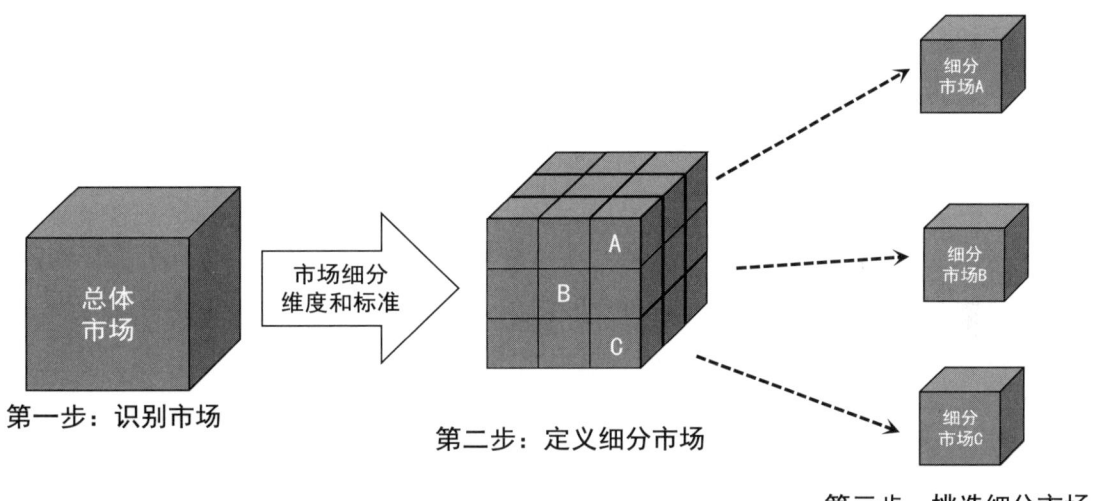

图 5-12 市场细分过程示意图

三大步七小步市场细分方法简单介绍如下。

（1）识别市场

①**构建市场细分框架标准**，如客户维度和产品维度。

②**确定谁会购买**：从客户维度进行市场细分。

③**确定购买什么**：从产品维度进行市场细分。

市场细分框架标准构成了对市场进行细分的规则和标准。根据市场细分的维度，我们可以构建出相应的市场细分框架标准，例如，依据客户、区域、产品类型等维度对市场进行细致划分。依据这些框架标准，市场得以被进一步细分。

值得注意的是，针对不同的行业特性，各个企业所设计的市场细分框架标准也会存在差异，因此并不存在一种普遍适用的标准答案。

（2）定义细分市场

④**确定谁购买什么**：通过细分维度的组合，进一步对市场进行细分。

⑤**确定为什么要购买**：分析细分市场追求的利益，从价值维度进行细分。

对于每一个"初步确定的细分市场"，需要确定并列出能够促使客户购买、企业能够提供、能够满足客户需求的主要属性。

（3）挑选细分市场，并测试细分市场的价值和可行性

⑥**确定主要的细分市场**：挑选最具潜力的细分市场，并对细分市场进行描述。

⑦**验证细分市场的可行性**：判断细分市场是否有效。

通常，细分市场是否有效的判断标准为是否具有独特性、重要性、可衡量性、持久性、可识别性，具体如下。

- √ **独特性**：具有足够的独特性，如在成本、资金、客户购买准则、购买行为等方面具有独特性。这些特性能够保证细分市场有足够的壁垒，阻止竞争对手进入细分市场。

- √ **重要性**：足够重要，满足客户的刚需，能够为客户和企业带来巨大价值。

- √ **可衡量性**：在市场份额、销售收入及增长率等方面都是可衡量的。

- √ **持久性**：足够持久，不会在实现潜在的利润前就消失，值得投入。

- √ **可识别性**：能够直接找到客户群体，可以通过明确的营销手段进行营销。

例如,"战略咨询服务"就是一个有效的细分市场。

✓ 它具有独特性,只有专业的战略咨询顾问才能提供此类咨询服务。

✓ 其重要性不言而喻,因为战略直接关系到企业的存亡与未来发展,战略咨询服务能够为客户创造巨大的价值。

✓ 其规模可量化,智链咨询数据显示,截至2024年11月,中国战略咨询服务市场的规模已达到约564亿元,并且呈现出稳定的增长趋势。

✓ 其持久性显而易见,只要企业持续运营,对战略咨询服务的需求就会一直存在。

✓ 战略咨询服务具有显而易见的客户群体,可以按企业营业规模进行划分。同时,战略咨询服务还有明确的服务内容和交付成果,能够被清晰地识别。

> 💡 **读者思考**
>
> 您所在的行业采用什么样的市场细分框架标准比较合适?

5.4.4 如何挑选和分析细分市场

广阔的市场空间和良好的成长性是成就伟大企业的前提;只有大市场,才能成就大企业。

为了实现商业成功,我们通常依据市场潜力、竞争能力和财务回报这三个关键维度来挑选细分市场,如图5-13所示。

✓ **市场潜力**指一个特定细分市场在未来可能达到的市场规模、增长速度以及盈利水平等。

✓ **竞争能力**则描述了企业在某一特定市场领域相较于其对手所拥有的优势,只有在拥有相对优势的情况下,企业才更容易获得成功。这些优势涉及产品质量、总体成本、品牌影响力、技术创新能力等多个维度。

图 5-13 细分市场挑选示意图

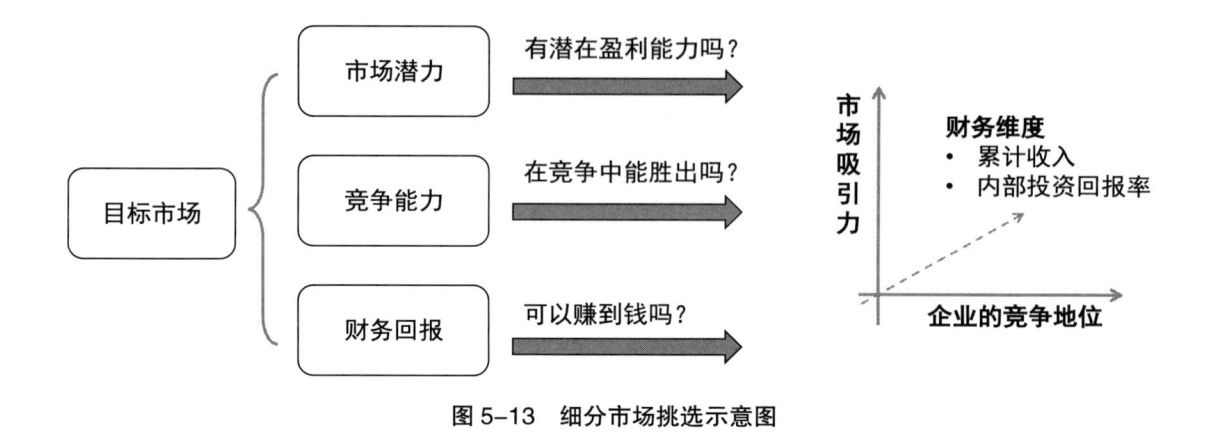

- ✓ **财务回报**则着眼于企业进入并经营特定市场所能实现的经济收益,衡量指标包括盈利水平、投资收益率以及现金流量状况等。

基于这三个维度,我们建立了两个分析方法,即战略地位分析(Strategy Positioning Analysis,SPAN)和财务分析(Financial Analysis,FAN)。

- ✓ **战略地位分析(SPAN)**:主要通过竞争地位和市场吸引力这两个关键维度来分析细分市场,以确保定位到那些"竞争地位显著"且"市场潜力巨大"的细分市场。

- ✓ **财务分析(FAN)**:主要通过累计收入和内部投资回报率这两个关键维度对细分市场进行深入分析,以确保能够锁定那些"累计收入高"且"内部投资回报率大"的市场,从而避免陷入收入虽多但盈利微薄,或者回报率虽高但市场规模有限的窘境。

下面将详细介绍战略地位分析(SPAN)和财务分析(FAN)。

(1)战略地位分析(SPAN)

战略地位分析(SPAN)是从竞争地位和市场吸引力两个维度出发,对每个细分市场进行深入分析,以帮助企业识别那些既具有竞争优势又拥有高市场吸引力的细分市场,如图 5-14 所示。

战略地位分析（SPAN）

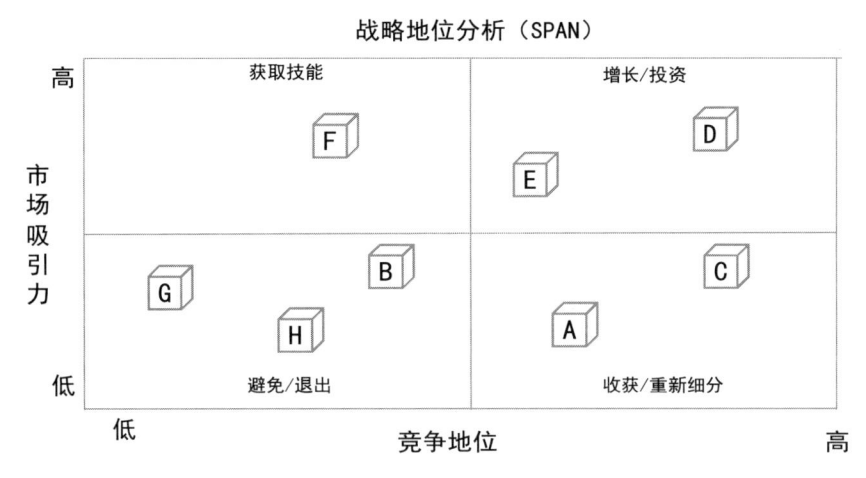

图 5-14 战略地位分析（SPAN）示意图

其中，市场吸引力主要涵盖了市场规模、市场增长率以及盈利能力这几个关键方面；至于竞争地位的评估，则可以借助 $APPEALS 方法或关键成功要素法（Critical Success Factors，CSF），关于这两种方法的详尽说明请参阅本书 7.3 章节。

战略地位分析（SPAN）主要是帮助企业明确在每个细分市场中应采取何种宏观战略定位。通常情况下，企业可以考虑以下四种战略定位。

①增长和投资战略

针对有吸引力、企业具有明显竞争优势、往往能够持续盈利的细分市场，企业需要持续增加投资来维持这一优势，同时还需要考虑如何阻止新竞争者加入。

主要策略包括：

√ 拓展分销渠道，将这些有吸引力的细分市场拓展至更广阔的市场领域；

√ 增加生产和投资，同时严格控制成本，以实现规模经济带来的利润增长；

√ 增加研发投资，以确立产品或服务的差异化优势；

√ 加强营销工作，涉及定价策略、促销活动以及销售推广等，以增强市场竞争力。

②获取技能战略

针对有吸引力，但企业的竞争优势往往不够强大，通常还未实现盈利的细分市场，企业需要考虑如何提升这些细分市场的盈利能力。

主要策略包括：

√ 在确立更稳固的竞争地位之前，限制分销网络的扩张，并严格控制成本；

√ 在生产、研发和人力资源方面进行投资，以构建起竞争优势；

√ 在市场方面采取积极策略，如通过合理定价和促销活动来增加市场份额。

③收获和重新细分战略

针对缺乏吸引力，但得益于企业强大的竞争优势，依然能够实现盈利的细分市场，企业需要提升这些细分市场的盈利水平。

主要策略包括：

√ 保持现有的分销模式，同时限制营销活动，以减少营销费用的支出；

√ 提升生产运作的效率，包括充分利用产能和控制成本；

√ 研发活动应专注于降低成本。

④避免和退出战略

针对缺乏吸引力、企业的竞争优势也不明显、往往面临亏损的细分市场，企业应该考虑如何退出。

主要策略包括：

√ 尽可能削减或终止产能、研发开支、营销活动以及运营资本投入，降低成本；

√ 把握最后的盈利机会，尽最大可能攫取利润，不必过分关注市场份额；

√ 将资源重新分配至其他更有潜力的市场细分领域。

（2）财务分析（FAN）

财务分析（FAN）是对各个细分市场进行详尽的财务评估，细致分析每个市场的累计收入与投资回报率，以确定哪些细分市场最符合企业的战略定位，如图5-15所示。

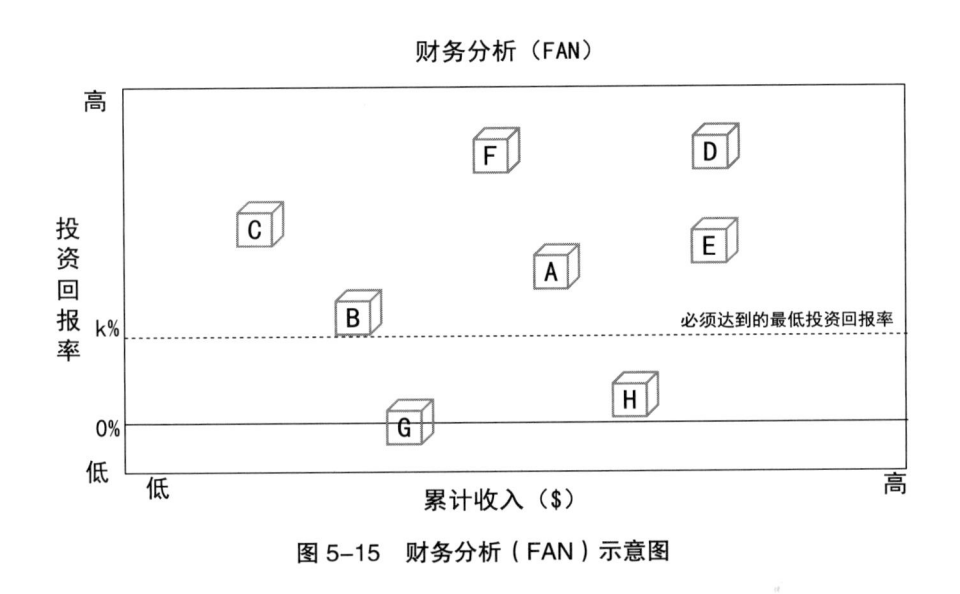

图 5-15 财务分析（FAN）示意图

累计收入（$） 是根据每个产品包的收益以及每个细分市场的预期收益来计算的。这一指标能够反映企业在特定市场领域运营所产生的经营性现金流量。较高的累计收入通常意味着更充沛的现金流。

投资回报率 代表了细分市场的内部收益率（IRR），是衡量企业在特定市场领域经营效益的重要指标。企业通常会设定一个最低投资回报率标准，只有当细分市场达到或超过这一标准时，才认为该市场是值得投资的。

通过战略地位分析（SPAN）和财务分析（FAN）相结合，可以获得关于每个市场细分领域的全面的财务评估、市场吸引力评估以及竞争地位分析。这些分析有助于企业识别并选择那些最符合其发展战略的市场细分领域。

举个例子，假如我们现在正投身于智能手机的研发领域，为了不与智能手机大厂正面竞争，我们决定为行业客户定制智能手机，帮助行业客户创造价值。为此，我们采用行业维度对市场进行细分,包括能源、公安、运营商、养老、教育等行业。由此,我们会得到一系列细分市场,并给出初步的细分市场策略,具体如下:

- √ 主攻能源、公安行业,开发三防、保密、防爆类智能手机;
- √ 尝试进入运营商行业,即根据运营商的要求研发智能手机;
- √ 跟踪养老、教育行业,尝试开发老年人智能手机、智能手表、智能学生卡等产品。

然后,通过战略地位分析(SPAN)和财务分析(FAN)相结合,获得关于每个市场细分领域的全面的财务评估、市场吸引力评估以及竞争地位分析,最终得到一张智能手机细分市场战略地位和财务分析表,如表5-4所示。

表5-4 智能手机细分市场战略地位和财务分析表

所选的细分市场	战略方向	所需投资	财务定位	战略地位	竞争地位	市场份额目标
能源行业	开发新产品	500万元	高利润	改进	业界最佳	0%～30%
公安行业	开发新产品	500万元	高利润	改进	业界最佳	0%～30%
运营商行业	开发新产品	300万元	盈亏平衡	改进	业界持平	0%～20%
养老行业	开发新产品	100万元	盈亏平衡	改进	业界持平	0%～10%
教育行业	开发新产品	100万元	盈亏平衡	改进	业界持平	0%～10%

> 读者思考
>
> 您所在企业的目标细分市场在SPAN和FAN示意图中的哪个位置?

5.4.5 如何估算市场空间

对市场空间的估算,只需要模糊的正确,不需要精确的错误。

在进行市场洞察时,需要理解市场空间的概念及其计算方法。这里涵盖了四个核心概念：总市场空间、可参与市场空间、目标市场空间以及销售收入。我们将对其进行简单介绍，如图5-16所示。

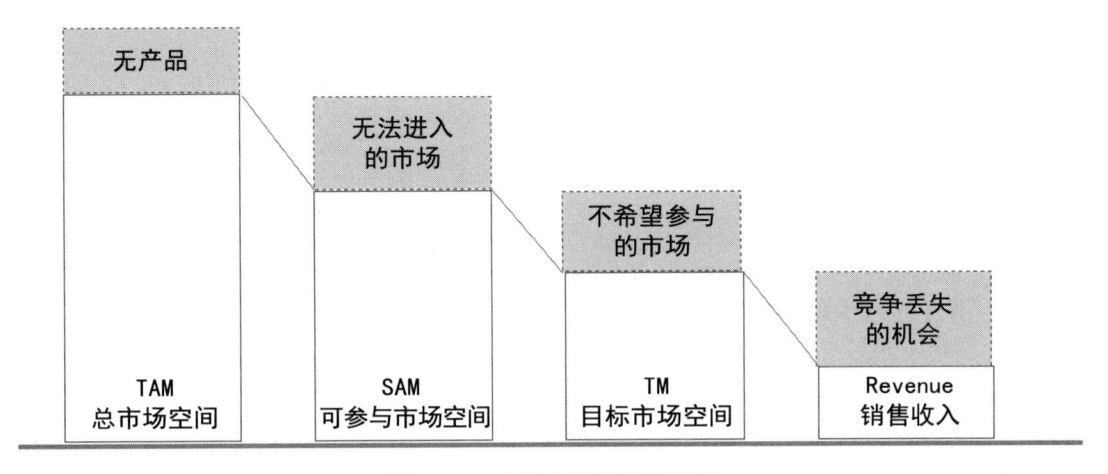

图 5-16 市场空间概念示意图

（1）总市场空间（Total Addressable Market，TAM）

总市场空间是指企业所规划的产品或服务在市场中可能达到的最大需求量，即在所有可能的价格水平下，该产品或服务能够被消费的总量。

总市场空间反映了市场的总体规模和潜在的容量。以智能手机为例，智能手机的总市场空间涵盖了所有潜在的智能手机需求量，但不包括非智能手机或其他智能设备的需求量。

（2）可参与市场空间（Serviceable Available Market，SAM）

可参与市场空间是指企业在评估自身资源、能力以及竞争环境等因素后，能够实际进入并参与竞争的市场范围。它是总市场空间中企业能够实际接触和利用的那部分。

以国内一家智能手机制造商为例，由于贸易壁垒的存在，其无法向海外市场销售智能手机，因此，其可参与市场空间即为国内智能手机市场的范围。

（3）目标市场空间（Target Market，TM）

目标市场空间是指企业在市场细分之后，依据自身的市场定位和产品特性，所选定的、作为主要营销活动对象的客户群体所在的市场领域。

以国内一家智能手机制造商为例，其专注于国内高端商务智能手机市场，那么这一特定的市场便构成了其目标市场。相对地，低端智能手机市场或特定使用场景的手机市场则不属于其目标市场范围。

（4）销售收入（Revenue）

销售收入指的是企业在特定时期内通过出售产品或提供服务所累积的货币收入以及非货币性资产的总和。

> **读者思考**
>
> 您所在企业的总体市场空间、可参与市场空间、目标市场空间分别包括哪些范围？

如何进行市场空间的计算？

计算市场空间的方法主要有两种，即自顶向下（Top-Down）的空间分析方法和自底向上（Bottom-Up）的空间分析方法，如图5-17所示。

（1）自顶向下（Top-Down）的空间分析方法

该方法首先构建一个全局市场框架，然后通过一系列筛选机制对全局数据进行精简，直至提炼出一个"净"市场规模和预测数据。

这种方法的优势在于能够从宏观角度全面审视市场规模和趋势，通过数据的整合，综合考虑多种因素，从而获得一个较为全面的市场估计。

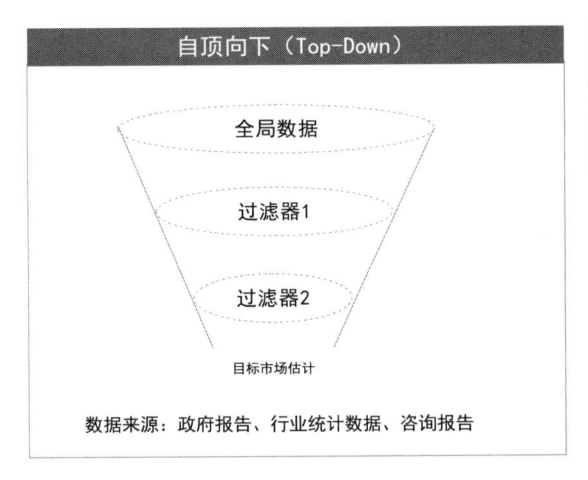

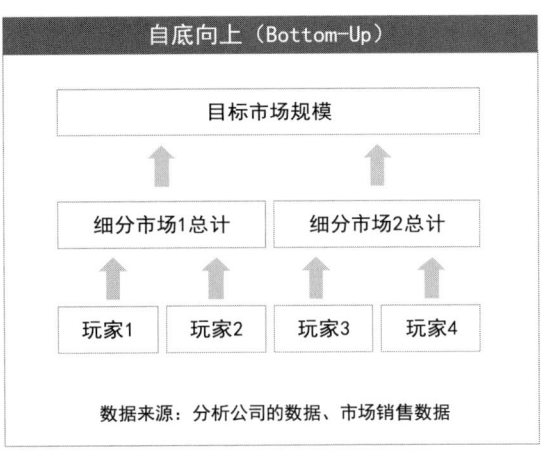

图 5-17　市场空间计算方法示意图

然而，它也存在潜在的缺点，即在数据精简的过程中可能会遗漏一些细节信息，这可能会影响数据的精确性。此外，筛选机制的设计和数据精简过程本身也相对复杂。

举例来说，通过分析一个国家的人口统计数据和平均旅游频率，我们可以估算出该国的总旅游人次，即总旅游人次等于国家人口总量乘以人均旅游次数。以我国为例，计算方法如图 5-18 所示。

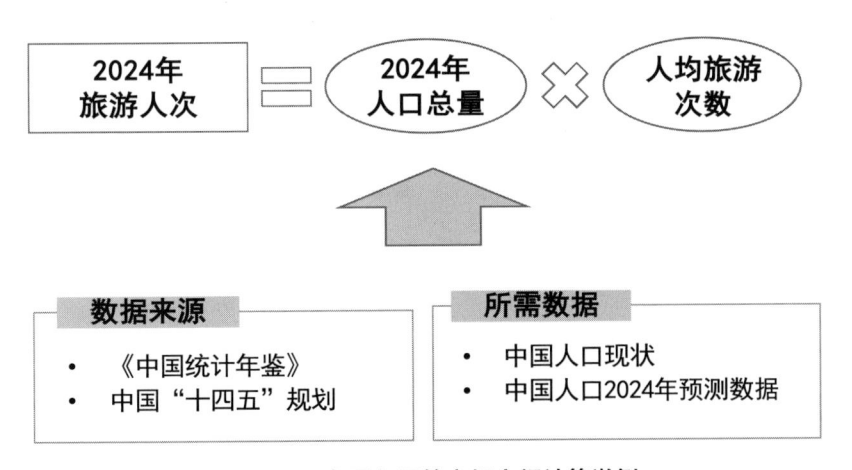

图 5-18　自顶向下的市场空间计算举例

（2）自底向上（Bottom-Up）的空间分析方法

该方法需要搜集市场内各个参与者（或不同区域）的数据，并将这些数据整合起来，从而计算出市场的总体规模。

这种方法的主要优势在于能够获得详尽且具体的数据，从而提升数据的精确性。此外，由于每个参与者的数据都是可追溯和可验证的，因而增强了分析过程的透明度。

然而，数据收集的过程可能相当复杂和艰难，尤其是在市场分布广泛，或者参与者有很强的数据保密意识的情况下，将很难完整地采集数据。通常，我们会选择市场中具有代表性的企业（或区域）进行估算。当然，如果样本选择不恰当，可能会导致估算结果出现偏差。

举例来说，在估算便利店的市场空间时，可以将便利店按照商业地段进行分类，然后根据不同地段的便利店营业额和店铺数量来推算出整个市场的规模，如图 5-19 所示。

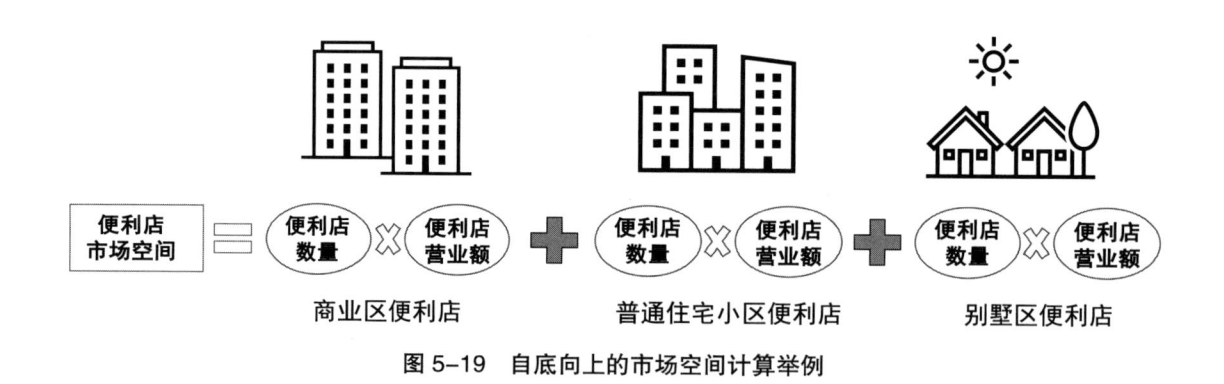

便利店市场空间 = 便利店数量 × 便利店营业额（商业区便利店） + 便利店数量 × 便利店营业额（普通住宅小区便利店） + 便利店数量 × 便利店营业额（别墅区便利店）

图 5-19　自底向上的市场空间计算举例

> **读者思考**
>
> 针对您所在企业的目标细分市场，采用哪种方式进行市场空间估计更合适？

5.4.6 如何进行市场预测

预测是决策的基础，没有预测就没有科学的决策。

市场预测是基于对历史数据的分析，结合市场的动态，预测未来特定时期内的业务发展趋势，从而帮助企业制定更为合理和有效的业务战略。根据预测时间跨度的长短，可以将市场预测细分为长期预测、中期预测和短期预测，如图5-20所示。

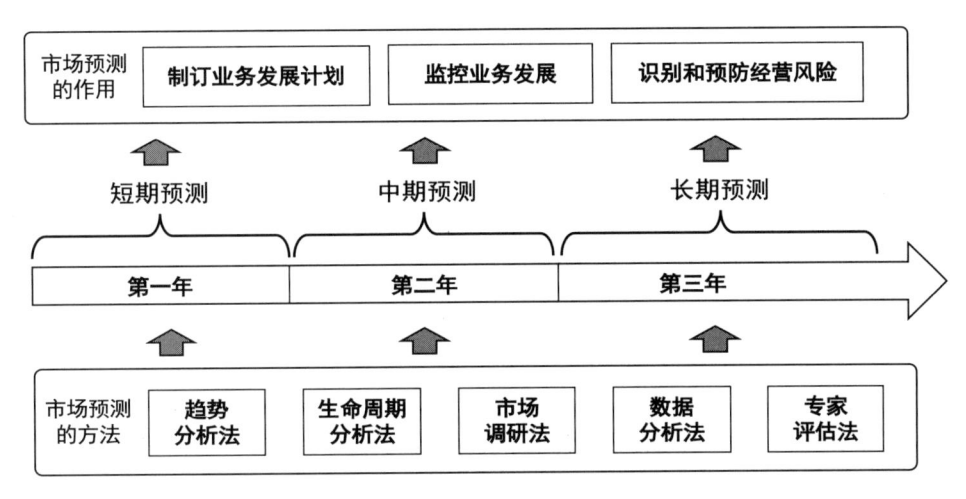

图5-20 市场预测的分类、方法和作用

（1）长期预测

长期预测的时间跨度通常为三年或更长时间，其目的是对未来市场和行业的发展趋势进行大致预测，帮助企业明确发展方向，为企业的长期规划和战略决策提供依据。

在进行长期预测时，需要综合考量市场、经济、社会、技术等多方面因素的影响，以确保企业能够制定出更加合理和有效的长期规划及发展战略。

（2）中期预测

中期预测的时间跨度通常为一年左右，主要目的是对企业的年度业务发展进行预测，以便企业能够编制相应的年度计划和预算。

在进行中期预测时，需要考虑市场销售机会、企业经营状况以及竞争环境等关键因素，以确保企业能够编制出更加合理和有效的年度计划和预算。

（3）短期预测

短期预测的时间跨度通常不超过一年，目的在于对未来数月或一个季度的业务发展趋势进行精准预测，以便监控业务的实时动态并及时调整经营策略。

在进行短期预测时，需要密切关注市场动态、客户需求以及销售和交付的进展等关键因素，从而帮助企业根据市场的变化及时调整经营策略，确保达成年度计划。

> **读者思考**
> 您所在的企业进行了哪些市场预测？

常见的市场预测方法如下。

（1）趋势分析法

趋势分析法是通过深入分析过往数据和业务历史趋势来预测业务未来的走向。趋势分析法主要包括简单移动平均法、加权移动平均法和指数平滑法等。

（2）生命周期分析法

生命周期分析法是通过判断产品的生命周期来预测产品未来的发展趋势。产品生命周期通常分为四个阶段：导入期、成长期、成熟期和衰退期。通过深入分析产品当前所处的生命周期阶段，预测其未来的发展趋势。

（3）市场调研法

市场调研法是指通过问卷调查、用户访谈等手段，深入探究客户的需求与偏好，同时分析竞争对手的状况，从而对未来的业务发展趋势进行预测。

（4）数据分析法

数据分析法是指通过深入的数据分析，揭示业务增长的模式和趋势，并据此预测业务的未来走向。数据分析法主要包括回归分析和时间序列分析等多种方法。

（5）专家评估法

专家评估法是指通过向专家征询对业务发展的评估与预测意见，从而获得可信的预测结果。

> **读者思考**
> 您所在的企业在市场预测过程中采用了哪些方法？

通过市场预测，企业能够更好地把握未来的业务发展趋势，从而制定出更加合理且有效的业务发展策略，提升企业的竞争力和市场地位。市场预测的主要作用如下。

（1）制订业务发展计划

通过中长期市场预测，企业可以了解未来的业务发展趋势和市场需求，包括市场趋势、企业经营情况、竞争情况等，从而制订更加合理和有效的业务发展计划。

（2）监控业务发展

通过短期市场预测，可以监控企业未来的业务发展情况，及时发现业务发展中的问题，并采取相应的措施进行解决，适时调整经营策略，提高企业的经营效率和盈利能力。

（3）识别和预防经营风险

通过市场预测，企业可以识别未来的业务发展风险，从而提前规划各项风险管理措施，制定更加合理和有效的风险管理策略，降低企业面临的风险。

> **读者思考**
>
> 除了上述作用以外，您认为市场预测还有哪些作用？

举个例子，通过深入分析国内手机产品的市场容量，如图 5-21 所示，我们可以清楚地观察到市场在各个价位段所呈现的趋势。

国内XX手机市场容量发展趋势（2017—2023年）

价位段	2017年	2018年	2019年	2020年	2021年	2022年	2023年
0 ~ 700元	15.2%	9.3%	6.3%	4.7%	3.7%	3.2%	3.2%
700 ~ 1000元	11.8%	11.9%	11.7%	11.2%	10.2%	9.2%	7.7%
1000 ~ 1500元	18.5%	21.4%	23.1%	23.9%	24.1%	23.6%	23.1%
1500 ~ 2000元	12.1%	16.7%	18.2%	18.7%	18.5%	18.2%	18.6%
2000 ~ 3000元	24.5%	18.5%	19.5%	20.5%	21.0%	21.3%	21.6%
3000 ~ 4000元	7.7%	9.8%	10.3%	10.6%	11.1%	11.6%	11.9%
4000元以上	10.3%	12.4%	10.9%	10.4%	11.4%	12.9%	13.9%

图 5-21 手机市场规模分析

（1）高端市场的增长尤为显著

3000 元以上价位段手机的市场占有率从 2017 年的 18% 稳步攀升至 2023 年的 25.8%。这一数据不仅说明高端手机市场在持续扩大，更深刻地反映出消费者对高端机型的需求正日益增加。这种增长可能源于消费者收入水平的提升，这使得他们对手机的性能、品质以及品牌影响力有了更高的追求。随着科技的进步和消费者需求的升级，高端手机市场正逐渐成为手机行业的核心竞争领域。

（2）中端市场展现出相对稳定的态势

1000～3000元价位段手机的市场占有率整体保持稳定，且基本保持在60%以上的较高水平。这充分说明，尽管中端手机市场面临着激烈的竞争，但消费者对于这一价位段的手机依然保持着旺盛的需求。中端手机市场的稳定性，不仅体现了其在市场中的重要地位，也反映了消费者对性价比的普遍追求。

（3）低端市场呈现出较大的波动性

1000元以下价位段手机的市场占有率从2017年的27%显著下降至2023年的10.9%。这一数据清晰地表明，低端手机市场正在逐渐萎缩。随着消费者收入水平的提升和手机技术的不断进步，越来越多的人开始倾向于购买价格更高但性能更好的手机。

（4）分析结论

基于上述分析，我们可以得出一个明确的结论：越来越多的消费者开始接受并倾向于购买高价位手机。这一趋势不仅体现了消费者需求的升级和变化，也给手机研发企业带来了新的挑战和机遇。因此，手机研发企业应该紧跟市场趋势，及时调整研发重心，重点布局高端手机的开发。通过不断创新和提升产品品质，满足消费者日益增长的需求，从而在激烈的市场竞争中脱颖而出。

5.5 跟踪行业关键技术，构建企业核心竞争力

5.5.1 什么是行业关键技术

使用落后的技术，打造不出先进的产品。

什么是技术？根据世界知识产权组织的定义，技术是制造一种产品的系统知识，缺乏这些知识，将无法制造出产品或提供服务。

例如，制造液晶显示屏的知识是一种技术，利用这种知识，可以设计和制造出各种形状和尺寸的液晶显示屏，并用于各种设备。如果不具备制造液晶显示屏的知识，即使有充足的资金，也不能设计和制造出液晶显示屏。

技术是构建企业竞争力的关键。通常，我们可以通过建立技术沙盘、收集行业技术、评估行业技术、应用行业技术这几个步骤来实现这一目标，如图5-22所示。

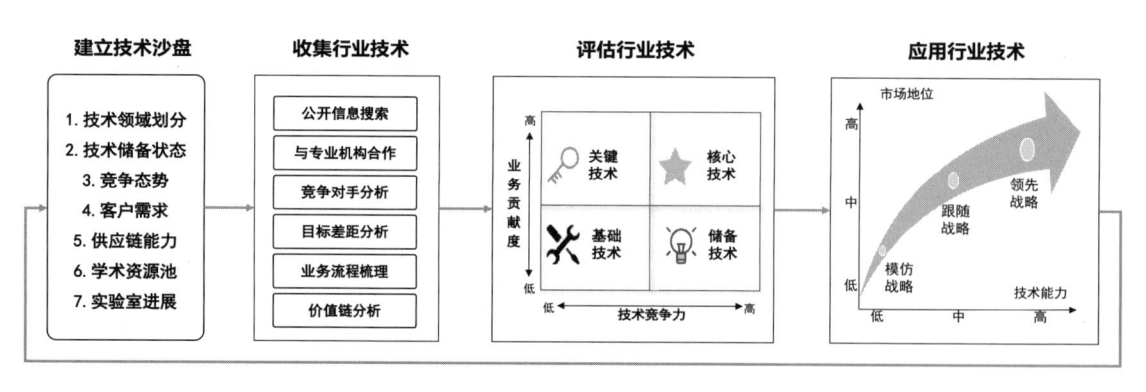

图 5-22 常见的行业技术洞察方法

在下面的章节，我们将详细探讨如何收集、评估和应用行业关键技术，帮助企业构建核心竞争力。

5.5.2 如何收集行业关键技术

对于行业中正在涌现的新技术，我们可以通过公开信息搜索、与专业机构合作、竞争对手分析、目标差距分析、业务流程梳理和价值链分析等方法来收集相关信息，了解行业最新的技术进展，如图 5-23 所示。

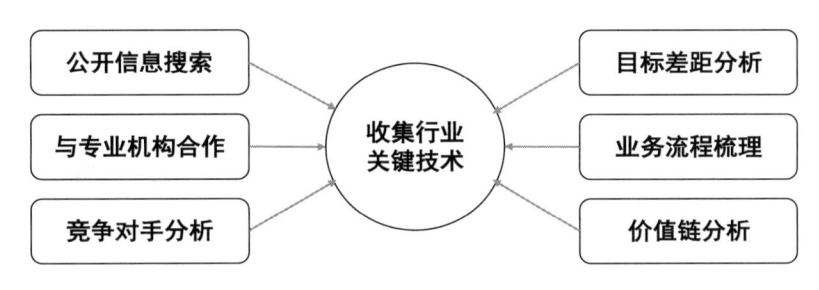

图 5-23 常见的行业关键技术收集方法

（1）公开信息搜索是获取最新技术趋势的重要手段

企业可以广泛搜集互联网上的各类信息，包括新闻报道、行业论坛、专业博客等，这之中往往蕴含着技术发展的最新动态。同时，行业协会发布的行业报告、政策解读，也能为企业把握技术方向提供有力支持。此外，深入钻研学术期刊中的研究成果，探索前沿科技，以及查询专利库中的最新专利申请，都有助于企业洞察技术创新的热点和趋势。

（2）与专业机构合作是获取深层次技术洞察的有效途径

通过与高校、科研院所、咨询机构紧密合作，企业可以实时追踪最新的科研成果，了解技术发展的前沿动态。

例如，与咨询机构 Gartner 公司合作，通过分析 Gartner 公司发布的技术成熟度曲线，可以清晰地看到各项技术的发展阶段、市场潜力以及未来趋势，为技术决策提供有力依据。类似的还有 Thoughtworks 公司的技术雷达，技术雷达是 Thoughtworks 公司每半年发布一次的技术趋势报告，由 Thoughtworks 公司的 21 名高级技术专家组成的技术咨询委员会（TAB）编写。TAB 的这些专家定期讨论 Thoughtworks 公司的全球技术战略以及对行业有重大影响的技术趋势，并据此撰写技术雷达报告。

（3）竞争对手分析是跟踪技术进展不可或缺的一环

企业可以通过密切关注竞争对手的研究方向，特别是头部厂商和初创企业的技术创新，从而识别最新的技术应用进展。

例如，笔者在深信服公司工作的时候，通过竞争对手分析发现国外一些初创企业已成功利用人工智能技术进行销售线索挖掘，如 Gainsight、Salesforce，这项技术能够显著提升客户关系管理系统（CRM）的效能，进而提高企业销售效率。于是，通过内部创新基金，立项了一款基于人工智能的客户关系管理系统（AI-CRM），帮助公司提升销售效率。

（4）目标差距分析帮助企业明确技术发展方向

通过梳理产品特性所依托的关键技术和核心技术，对比自身技术水平与行业领先水平，进行目标差距和竞争差距分析，企业可以清晰地找到技术研究的重点和方向。

以空调生产企业为例，如果企业的目标是实现每晚 1 度电的能耗标准，而当前技术仅能做到每晚 2 度电，那么，通过目标差距分析，企业就需要考虑技术层面还要做哪些研究和改进，以达成"每晚仅需 1 度电"的目标，从而推动技术的不断进步和产品的持续优化。

（5）从业务流程和价值链两个角度分解技术要素

通过梳理企业的业务流程和价值链，深入分析每一个业务流程和价值链的每一个环节需要使用的关键技术，并分析当前的技术差距，从而更好地寻找关键技术，避免关键技术遗漏，如图 5-24 所示。

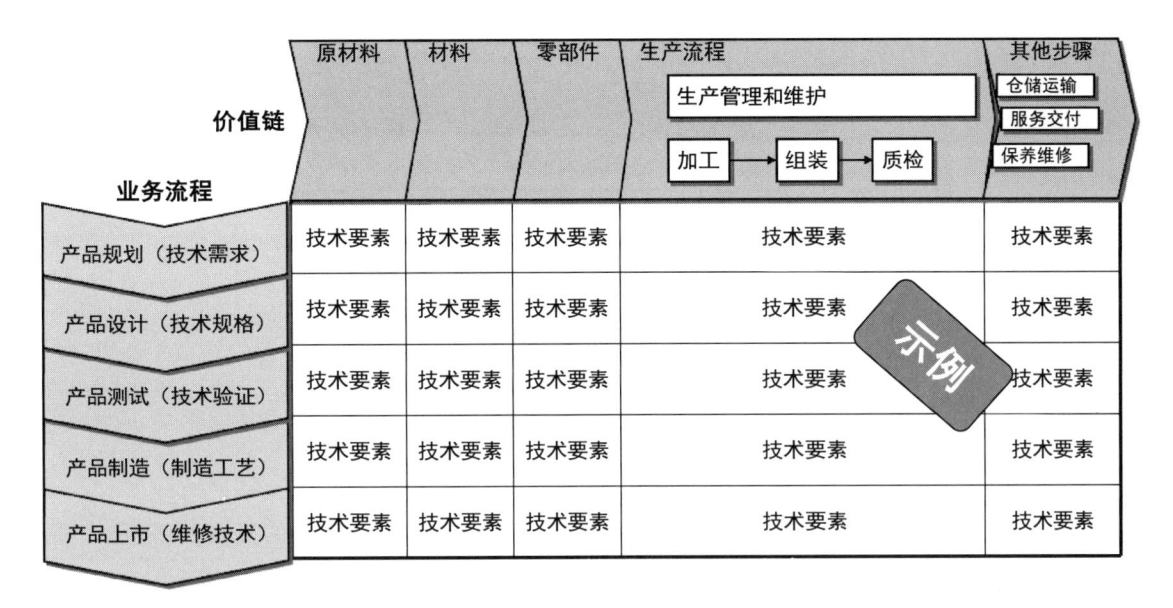

价值链 业务流程	原材料	材料	零部件	生产流程 生产管理和维护 加工 → 组装 → 质检	其他步骤 仓储运输 服务交付 保养维修
产品规划（技术需求）	技术要素	技术要素	技术要素	技术要素	技术要素
产品设计（技术规格）	技术要素	技术要素	技术要素	技术要素	技术要素
产品测试（技术验证）	技术要素	技术要素	技术要素	技术要素	技术要素
产品制造（制造工艺）	技术要素	技术要素	技术要素	技术要素	技术要素
产品上市（维修技术）	技术要素	技术要素	技术要素	技术要素	技术要素

图 5-24　从业务流程和价值链两个角度分解技术要素示意图

> **读者思考**
>
> 您所在的企业通过哪些方式收集行业关键技术？

5.5.3　如何评估行业关键技术

突破核心技术，储备先进技术，引领技术革新，奠定行业地位。

为了更精准地评估技术的价值，本书借鉴细分市场战略地位分析（SPAN）方法，引入了技术战略地位分析（T-SPAN）方法，如图 5-25 所示。通过运用技术战略地位分析（T-SPAN）方法，确定每项技术的战略地位，并据此制定相应的技术开发策略。

技术战略地位分析（T-SPAN）方法通过业务贡献度和技术竞争力两个维度对每一项技术进行评估，并根据评估结果对技术进行分类，具体如下。

图 5-25　技术战略地位分析（T-SPAN）示意图

（1）业务贡献度

业务贡献度主要衡量技术对企业整体业务及市场竞争力的影响，它涵盖了多个方面。

一是技术引领的市场规模，即技术能够开拓并引领的市场大小，这直接关系到企业能否通过该技术扩大市场份额。

二是技术领域的竞争格局，这反映了企业在该技术领域中的竞争地位以及竞争对手的实力。

三是技术的战略价值和影响力，这着眼于技术对企业长期战略目标及竞争优势的塑造作用。

（2）技术竞争力

技术竞争力侧重于评估技术本身的特性和优势，包含三个关键要素。

一是技术壁垒和门槛的高低，这决定了技术的独特性和难以被复制的程度，高壁垒意味着企业在该技术领域拥有更强的竞争优势。

二是技术资源的丰富性，这反映了企业在技术研发、专利储备、人才队伍建设等方面的投入和积累。

三是技术实现的可行性，即技术在实际应用中的可操作性和成熟度，这直接关系到技术能否顺利转化为产品或服务，为企业带来实际效益。

> **读者思考**
>
> 对于您所在的企业而言，除了业务贡献度和技术竞争力外，还可以通过哪些维度来评估技术的价值？

在技术战略地位分析（T-SPAN）方法中，通过业务贡献度和技术竞争力这两个维度，可以将技术分为四种类型，即核心技术、储备技术、关键技术和基础技术。

（1）核心技术

核心技术是指在特定时期内能够显著领先于竞争对手并为企业带来独特竞争优势的专有技术。这些技术往往基于企业深厚的自主知识产权积累而开发，具备高度的独有性、强烈的竞争性、难以被替代的特性以及极高的市场价值。它们不仅是企业技术创新的集中体现，更是企业在市场竞争中立于不败之地的重要法宝。

（2）储备技术

储备技术是指企业已经取得相当程度的领先和竞争优势，但应用场景和市场需求尚未完全成熟的技术。对于这类技术，企业需要持续投入资源进行培育和发展，并等待合适的市场时机。储备技术的积累不仅有助于企业拓展未来的业务领域，还有助于企业在技术变革中抢占先机。

（3）关键技术

关键技术是指在产品开发的整个流程中，那些占据举足轻重地位或处于关键路径上的技术。这些技术虽然不一定具备独有性或领先性，但对于产品的成功至关重要。企业可以通过自主研发来掌握这些技术，也可以通过与合作伙伴的战略合作来获取，以确保产品开发的顺利进行和市场竞争力的提升。

（4）基础技术

基础技术包括那些已经形成统一行业标准的通用技术，以及存在多种可替代路径的一般技术。这些技术虽然不具备独特的竞争优势，但它们构成了企业技术体系的基础，对于企业的日常运营和产品开发具有很大影响。企业应重视基础技术的积累和维护，确保技术体系的稳健和可持续发展。

举个例子。

假如我们正投身于智能手机的研发领域，为了获取前沿且实用的技术信息，我们采取了多种途径。

- √ 通过对公开资料的广泛搜索，深入挖掘了行业内的技术报告、专利文献以及市场分析报告。
- √ 对竞争对手的产品进行了深入细致的分析，了解产品功能、技术架构以及用户体验，从中汲取灵感和经验。
- √ 积极与供应商进行沟通交流，了解其最新的技术成果和供应能力，为我们的研发工作提供有力的支持。
- √ 与多所高校和研究机构建立了合作关系，共同开展技术研发和创新，借助高校和研究机构的科研力量和人才资源，提升我们的技术实力。

由此，我们收集到了一系列技术。然后，我们运用技术战略地位分析（T-SPAN）方法，对这些技术进行了全面的评估。根据这些技术对业务的贡献度以及它们自身的竞争力，我们进行了细致的打分和排序，最终得到了一张智能手机技术清单，如表5-5所示。

表5-5 智能手机技术清单举例

编号	技术名称	应用状态	技术成熟度	T-SPAN分类
1	北斗定位技术	已商用	成长期	关键技术
2	柔性显示技术	已商用	成长期	储备技术

续表

编号	技术名称	应用状态	技术成熟度	T-SPAN 分类
3	自然语言识别技术	已商用	成长期	核心技术
4	大语言模型技术	开发中	成熟期	储备技术
5	5G 通信技术	已商用	成熟期	核心技术
6	6G 通信技术	开发中	引入期	核心技术

同时，我们还可以分析一下技术的演进趋势，分析的维度可以包括预计成熟时间、经济价值、性能改善、应用领域等，以更好地指导企业完成技术规划，如表 5-6 所示。

表 5-6　智能手机技术演进趋势举例

编号	技术分类	当前技术	下一代技术	预计成熟时间
1	定位技术	北斗定位	下一代北斗定位	2024 年
2	显示技术	柔性屏	透明屏	2025 年
3	人工智能技术	自然语言识别	大语言模型	2026 年
4	通信技术	5G	6G	2029 年
5	Wi-Fi 技术	Wi-Fi 6	Wi-Fi 7	2025 年

> **读者思考**
>
> 参照表 5-5，分析您所在的企业拥有哪些核心技术和储备技术。

5.5.4　如何应用行业关键技术

技术和市场并不对立，只有携手并进方能更有实力。

如何获得和应用行业关键技术，这在国内是一个非常有争议的话题。一个著名的案例就是联想集团的"贸工技"和华为公司的"技工贸"之争，如图 5-26 所示。

联想集团的策略是"贸工技"。就是先通过贸易积累资金和经验，然后逐步发展工业生产和技术研发。"贸工技"策略让联想集团在短时间内迅速崛起，成为国内 PC 市场的领导者。在该策略下，资金回笼快，市场响应也灵活。

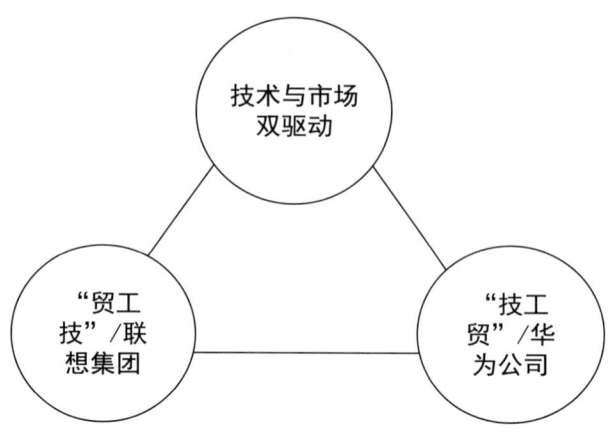

图 5-26 "贸工技"与"技工贸"之争示意图

华为公司的策略是"技工贸"。华为公司坚信只有掌握了核心技术，才能在市场上站稳脚跟。"技工贸"策略让华为公司在通信技术领域取得了举世瞩目的成就。从 2G 到 5G，华为公司一步步走来，不仅打破了国际巨头的垄断，还成为全球通信行业的领头羊。

那么，到底哪种策略是正确的？笔者认为是没有标准答案的。

首先，技术的获取需要契合企业的技术战略定位。

从技术战略的角度出发，技术的获取与有效应用，必须紧密贴合企业的技术战略定位。企业应当全面审视自身的技术能力基础、市场地位以及长远发展的总体战略，以此为依据确定技术战略定位，如图 5-27 所示。

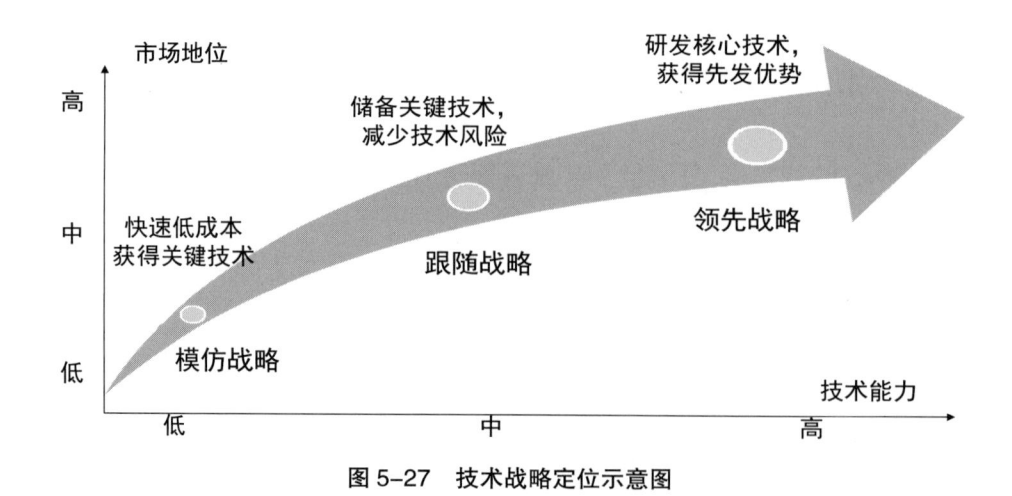

图 5-27 技术战略定位示意图

对于那些采取模仿战略定位的企业而言，它们或许在技术积累上尚显薄弱，此时，"贸工技"策略便成为明智之选，即通过贸易积累资金，逐步引入和消化技术，再逐步提升自身的技术能力。

而对于那些采取领先战略定位的企业而言，它们已具备较强的技术实力和研发能力，因此，"技工贸"策略更为贴切，即先通过技术研发和创新掌握核心技术，获得先发优势，再以此为基础推动产品和服务的贸易，进一步巩固和增强市场优势。

其次，技术战略需要符合企业发展现状。

对于众多技术能力储备不足的中小企业来说，生存与发展是首要任务。"贸工技"策略为它们提供了一条可行的路径：通过贸易活动积累资金和市场经验，逐步向技术领域转型，最终实现技术的自主掌握和应用，确保企业在激烈的市场竞争中稳步前行。

而对于技术初创企业或已成功壮大的企业来说，它们更加注重对核心技术的掌控力。"技工贸"策略能够帮助它们深化技术研发，不断突破技术瓶颈，掌握行业前沿技术，从而构筑起难以被超越的竞争优势。

最后，在条件允许的情况下，企业应追求市场与技术双驱动的发展模式。

一方面，通过深入了解市场需求，精准把握客户痛点，不断创新产品和服务，以满足客户的多元化需求，为客户创造更大的价值，从而推动企业快速发展壮大。

另一方面，通过持续加大技术研发投入，掌握核心技术，构建稳固的技术壁垒，提升企业的核心竞争力。

市场与技术双轮驱动，相辅相成，共同推动企业向更高层次迈进。

> 💡 **读者思考**
>
> 您所在的企业，当前的技术战略是什么？

5.6 明确行业竞争格局，避免进入红海市场

5.6.1 分析行业竞争格局，识别行业盈利能力

竞争是社会发展的必然，有竞争才有进步。

行业竞争格局是指在特定行业或市场中，各个企业之间的竞争态势和相互关系。通过分析行业竞争格局，能够帮助企业识别行业的进入壁垒和竞争的激烈程度，评估行业潜在盈利能力，从而更好地指导企业选择合适的竞争策略，避免进入获利能力差的红海市场。

为了全面地评估行业竞争格局，我们通常会从竞争层次、竞争地位、反应模式、竞争强度、市场格局五个关键维度入手，如图 5-28 所示。

竞争层次	竞争地位	反应模式	竞争强度	市场格局
• 创新竞争 • 品牌竞争 • 产品竞争 • 成本竞争	• 领导者 • 挑战者 • 追随者 • 补缺者	• 从容型 • 选择型 • 凶狠型 • 随机型	• 恶性竞争 • 强竞争 • 弱竞争 • 良性竞争	• 完全垄断市场 • 完全寡头垄断市场 • 不完全寡头垄断市场 • 垄断竞争市场 • 完全竞争市场

图 5-28 行业竞争格局分析示意图

（1）竞争层次明确行业主要竞争焦点

通过对竞争层次的分析，帮助企业明确当前行业竞争的焦点，从而指导企业采取

合适的产品开发策略。

例如，如果行业目前处于成本竞争状态，那么，对于企业来说，要么参与价格战，尽最大可能削减成本，要么通过创新创造新的品类，引导行业向更高层次竞争。

通常，行业的竞争层次包括：

√ 创新竞争，聚焦于产品和技术的创新比拼，行业潜在盈利能力高；

√ 品牌竞争，通过建立品牌形象，维持顾客忠诚度，以赢得竞争；

√ 产品竞争，聚焦于产品本身的性能、质量及特色，行业潜在盈利能力一般；

√ 成本竞争，强调成本控制与价格优势，行业潜在盈利能力差。

（2）竞争地位决定了竞争对手在市场中的影响力

通过对竞争地位的分析，帮助企业识别市场中关键玩家的影响力，进一步明确自身的竞争定位，从而指导企业制定合适的竞争战略。

竞争者常见的竞争地位包括：

√ 领导者，通常占据市场主导地位，拥有显著的市场份额与品牌影响力；

√ 挑战者，积极寻求突破，试图撼动领导者的地位，拥有一定的品牌影响力；

√ 追随者，紧跟市场趋势，力求在稳定中实现发展；

√ 补缺者，专注于满足细分市场的需求，寻找独特的生存空间。

（3）反应模式反映了竞争对手在面对竞争压力时的应对策略

竞争对手会根据自身的实力和竞争地位选择合适的反应模式。企业通过对竞争对手反应模式的分析，可以了解竞争对手面对竞争时的态度和策略，从而采取合适的应对策略。如果竞争对手选择的是凶狠型反应模式，那么，企业为了占领市场也只能选择速战速决。

面对竞争压力，企业常见的反应模式包括：

√ 从容型，企业能够冷静分析，制定长远规划；

√ 选择型，企业根据市场变化灵活调整策略；

√ 凶狠型，企业倾向于采取激烈手段，迅速抢占市场份额；

√ 随机型，企业可能缺乏明确的竞争策略，更多依赖市场机遇。

（4）竞争强度帮助企业预测行业获利能力

通过对竞争强度的分析，帮助企业预测行业获利能力。通常来说，恶性竞争会导致行业利润急速下滑，最终使得整个行业变得无利可图。

常见的竞争强度包括：

√ 恶性竞争，往往导致资源浪费与市场环境恶化，使行业获利能力下降；

√ 强竞争，推动行业进步，但也可能引发过度竞争的风险；

√ 弱竞争，可能意味着市场机会被忽视，存在较大的市场机会；

√ 良性竞争，促进企业间相互学习，共同提升行业水平。

（5）市场格局决定了进入该行业的壁垒和竞争的激烈程度

通过对市场格局的分析，帮助企业明确进入行业的壁垒和竞争的激烈程度。

通常来说，企业更容易进入一个完全竞争的市场，而一个完全垄断的市场则几乎没有进入的可能。

常见的市场格局包括：

√ 完全垄断市场，由单一企业完全控制，行业壁垒非常高；

√ 完全寡头垄断市场，由少数几家企业占据主导地位，行业壁垒相对较高；

√ 不完全寡头垄断市场，存在更多的竞争者，但仍有部分企业拥有较大的影响力；

✓ 垄断竞争市场，众多企业提供差异化产品，进入壁垒相对较低，竞争较为激烈；

✓ 完全竞争市场，大量企业提供同质化产品，进入与退出壁垒低。

> **读者思考**
>
> 您所在的行业目前的竞争格局是怎样的？

需要说明的是，行业竞争格局的这五个维度是相互关联的。

通常来说，完全竞争市场的竞争层次通常会比较低，产品同质化，竞争强度比较大，竞争者的反应也比较凶狠，整个行业的盈利能力较差。竞争者试图通过激烈的竞争迅速抢占市场，重塑市场格局，达到寡头垄断状态。

而完全垄断市场的竞争层次反而比较高，竞争强度比较弱，竞争者的反应也会很从容，垄断者可以通过其垄断地位获得超额利润。

以智能手机市场为例，我们从竞争层次、竞争地位、反应模式、竞争强度、市场格局五个维度分析当前的竞争格局，如图 5-29 所示。

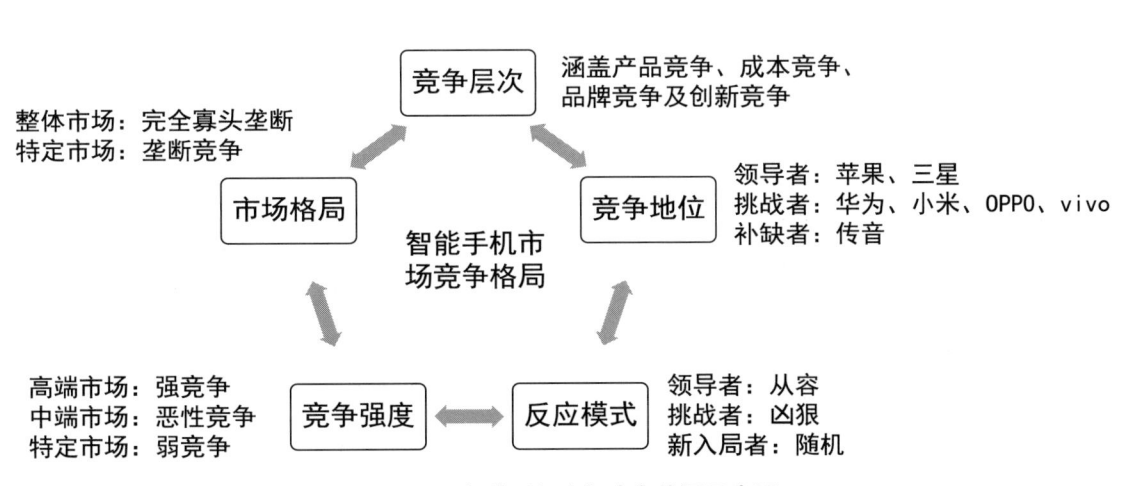

```
竞争层次：涵盖产品竞争、成本竞争、品牌竞争及创新竞争

市场格局：
整体市场：完全寡头垄断
特定市场：垄断竞争

竞争地位：
领导者：苹果、三星
挑战者：华为、小米、OPPO、vivo
补缺者：传音

竞争强度：
高端市场：强竞争
中端市场：恶性竞争
特定市场：弱竞争

反应模式：
领导者：从容
挑战者：凶狠
新入局者：随机
```

图 5-29　智能手机市场竞争格局示意图

从竞争层次看，智能手机市场呈现全方位的竞争，涵盖产品竞争、成本竞争、品牌竞争及创新竞争。各大品牌在产品功能创新、成本控制优化、品牌形象塑造及前沿技术探索上展开全面较量，力求在市场中脱颖而出。

从竞争地位看，市场领导者（如苹果、三星）凭借强大的品牌影响力与较高的市场份额稳坐头把交椅；挑战者（如华为、小米）通过技术创新与高性价比策略，积极挑战领导者的地位；追随者多为中型品牌，紧跟市场趋势与领导者的步伐，寻求发展契机；补缺者则专注于细分市场或特定需求，填补市场空白，如传音控股在非洲市场表现突出。

从反应模式看，领导者（如苹果、三星）采取从容型反应模式，按自身节奏与市场情况推出新品；新兴品牌（如小米、荣耀）则采取凶狠型姿态，通过激进定价与快速迭代抢占市场；小型品牌或新入局者反应灵活，随机应变，随市场波动快速调整策略。

从竞争强度看，智能手机市场整体存在强竞争，表现为价格、技术创新、产品性能以及用户体验的全方位较量；而在部分细分市场或特定领域，如非洲市场，竞争比较弱，为部分品牌提供了发展机会。

从市场格局看，智能手机市场整体呈现完全寡头垄断格局，由几家大型品牌主导，但市场相对开放、品牌众多、竞争激烈，进入与退出壁垒相对较低；在特定细分市场或功能领域，如行业手机等领域，存在垄断竞争现象。

5.6.2 通过波特五力模型分析行业竞争格局

波特五力模型是由迈克尔·波特（Michael Porter）于 20 世纪 80 年代初提出的一种企业竞争战略分析工具。企业也可以通过波特五力模型进行行业竞争格局分析，以深入了解行业内的竞争态势，并据此制定有效的竞争策略。

利用波特五力模型进行行业竞争格局分析时，分析内容通常包括五个部分，即现有企业之间的竞争、购买者的议价能力、供应商的议价能力、潜在进入者的威胁以及替代品的威胁，如图 5-30 所示。

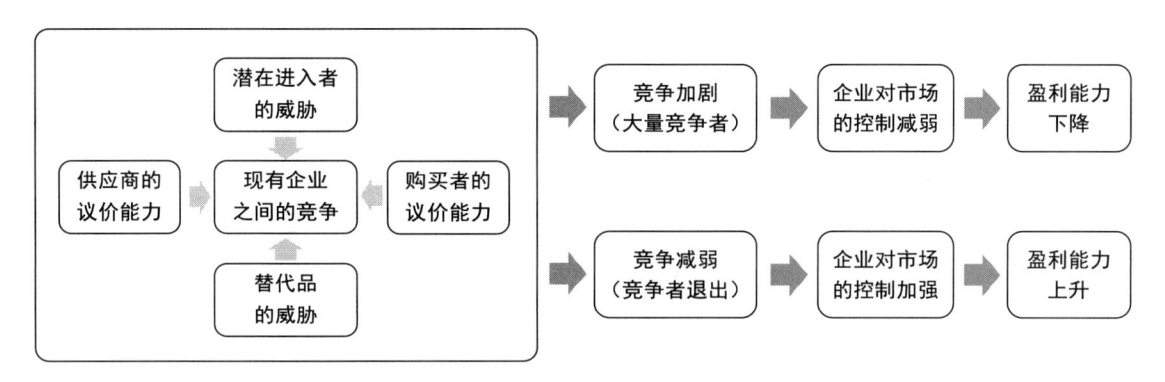

图 5-30　利用波特五力模型分析行业竞争格局示意图

（1）现有企业之间的竞争

现有企业之间的竞争指的是在同一行业内，已经存在的企业之间的竞争。这些企业可能通过价格战、营销战、产品创新等方式来争夺市场份额和客户。行业内企业的竞争强度直接影响企业的盈利能力和市场地位。

对于现有企业之间的竞争，主要评估要素包括行业内的竞争态势、竞争对手的数量与实力、市场份额的分布、产品的差异化程度等。

例如，在智能手机市场，华为、小米、OPPO、vivo 等品牌之间的竞争非常激烈，导致智能手机市场的盈利能力下降。它们不断推出新的产品、更新操作系统、加强营销推广，以吸引消费者并保持市场份额。

（2）购买者的议价能力

购买者可以通过压低价格、要求更高的产品质量或更多的服务来影响企业的盈利能力。当购买者拥有强大的讨价还价能力时，企业可能面临降低售价或提供额外服务的压力。

对于购买者的议价能力，主要评估要素包括购买者群体的规模、购买量、可选择的空间、定制化程度、销售方的市场地位、品牌影响力、需求迫切程度等。

例如，在零售行业，大型零售商（如沃尔玛）通常拥有较强的讨价还价能力，因为它可以从供应商那里采购大量的商品，从而获得更低的价格；相反，小型零售商或独立店铺的讨价还价能力可能较弱。

（3）供应商的议价能力

供应商可以通过提高价格、降低产品或服务质量来影响行业中现有企业的盈利能力。当供应商拥有强大的讨价还价能力时，它们可能要求企业支付更高的价格，从而压缩企业的利润空间。

对于供应商的议价能力，主要评估要素包括供应商的行业集中化程度、产品标准化程度、所提供产品的成本在企业整体产品成本中的比例、产品对企业生产流程的重要性、供应产品的成本与企业自己生产的成本的比较、供应产品对企业产品质量的影响、企业原材料采购的转换成本以及供应商前向一体化的战略意图等。

例如，在汽车行业，大型汽车制造商（如比亚迪）往往对零部件供应商有较强的讨价还价能力，可以要求供应商提供更低价格或更高质量的零部件。然而，对于某些特殊或关键的零部件（如发动机、电动机），供应商可能拥有更强的讨价还价能力。

（4）潜在进入者的威胁

潜在进入者是指那些尚未进入市场，但有可能在未来进入市场的企业。潜在进入者可能会带来新的产能、技术和资源，与现有企业竞争，从而影响市场份额和利润。

对于潜在进入者的威胁，主要评估要素包括进入壁垒、规模经济、产品差异、资本要求、购买者的转换成本、分销渠道、与规模无关的成本优势以及政府政策等。

例如，在在线零售领域，当一个新的电商平台（如拼多多）出现时，它作为一个潜在进入者可能对现有的电商平台（如淘宝、京东）构成威胁。拼多多通过独特的定位和营销策略吸引了大量用户，从而改变了行业的竞争格局。

（5）替代品的威胁

替代品是指那些能够满足客户相同需求的其他产品或服务。替代品的存在限制了行业内产品的价格和利润。当替代品更具性价比时，会对现有产品构成威胁。

对于替代品的威胁，主要评估要素包括替代品的盈利能力、替代品生产企业的经营策略、购买者的转换成本等。

例如，在通信行业，随着智能手机的普及和移动互联网的发展，传统的固定网络业务受到了很大的冲击。许多消费者选择使用智能手机进行通话和上网，而不再依赖固定网络，这对固定网络业务构成了威胁。

以个人计算机行业为例，我们利用波特五力模型分析行业竞争格局，如表5-7所示。

表5-7 个人计算机行业竞争格局分析

波特五力	竞争格局分析	结论
现有企业之间的竞争	个人计算机行业的竞争非常激烈，同质化严重，品牌溢价起到了主导作用	竞争强度高
购买者的议价能力	产品趋于标准化，零部件价格的透明度高，购买者对产品熟悉，购买行为偏理性	议价能力强
供应商的议价能力	操作系统上，微软一家独大，CPU芯片主要由Intel和AMD主导	议价能力强
潜在进入者的威胁	个人计算机生产的标准化程度高，零部件标准化，进入门槛偏低	进入威胁大
替代品的威胁	在移动互联网时代，智能手机取代个人计算机的场景越来越多	替代威胁大

由上述分析不难看出，个人计算机行业的竞争比较激烈，导致整体利润不高，同时可以肯定的是，行业内这五种力量不会减弱，所以个人计算机行业不是投资的理想行业。

> **读者思考**
>
> 参照表5-7，利用波特五力模型分析您所在行业的竞争格局。

5.6.3 通过行业集中度分析行业竞争格局

大树底下，寸草不生；巨石之下，幼苗难存。

要对行业竞争格局进行深入分析，行业集中度无疑是一个不可忽视的关键指标。

行业集中度，简而言之，就是一个行业内的资源、市场份额等向少数企业集中的程度，它直观反映了行业的整合状况与竞争格局，如图 5-31 所示。

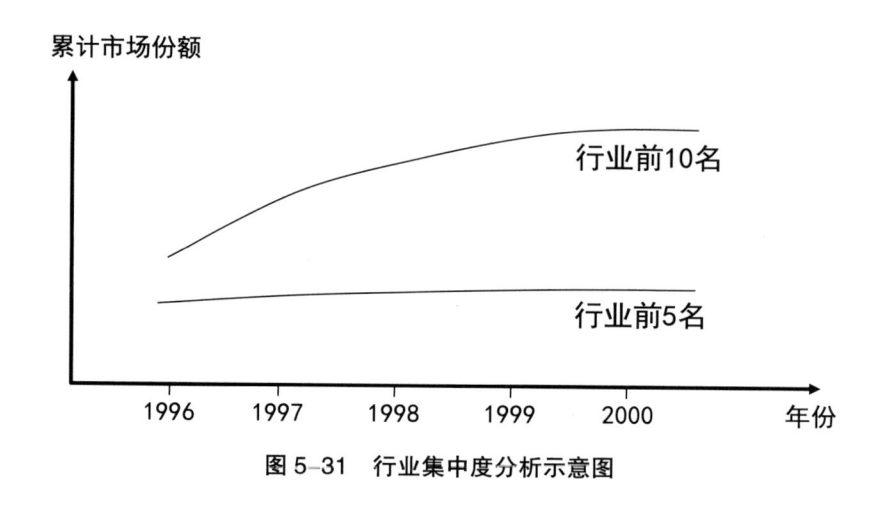

图 5-31 行业集中度分析示意图

当行业集中度曲线呈现迅速上升趋势时，往往意味着行业内部正经历着一场激烈的较量。优势企业采用大力拓展渠道、灵活调整价格策略等多种手段，力求快速扩大市场规模，在激烈的市场竞争中脱颖而出。

相反，若行业集中度曲线保持相对稳定，则意味着市场竞争结构已趋于成熟和稳固。此时，领导厂家的优势地位已牢牢确立，市场格局相对清晰，新进者或弱小企业要想撼动这一格局，无疑将面临巨大的挑战。在这样的市场环境下，盲目扩张或价格战等策略往往难以奏效，甚至可能引发一定的风险。

以智能手机市场为例，根据 Counterpoint Research 发布的数据，中国智能手机市场的份额分布呈现出高度集中的特点。2024 年，在中国智能手机市场中，vivo、华为、小米、荣耀、OPPO、苹果的市场份额位居前列，合计超过 95%，整体显示出该市场的高度集中性,如图 5-32 所示。

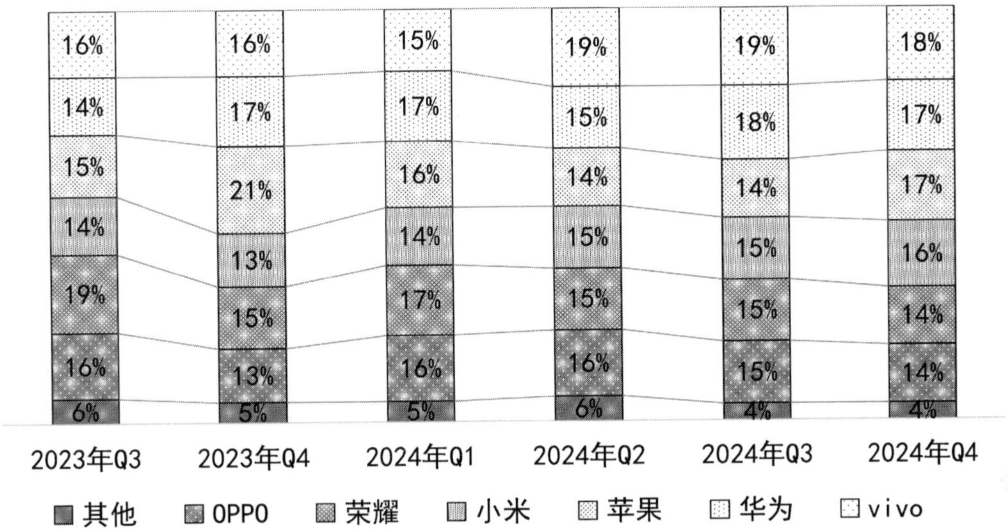

图 5-32　智能手机行业集中度分析示意图

智能手机行业集中度高的原因主要有以下几点。

∨ 消费者往往更倾向于选择知名品牌的产品,这些品牌在技术研发、产品设计、市场营销等方面具有明显优势。

∨ 智能手机行业存在显著的规模经济效应,大型企业可以通过大规模生产降低成本,提高竞争力。

∨ 智能手机行业涉及众多高新技术,如芯片设计、操作系统开发等,这些技术壁垒限制了新企业的进入。

> **读者思考**
> 您所在的行业目前的行业集中度如何?

从投资与发展的角度来看,处于集中度迅速上升阶段的行业,无疑蕴含着较大的机会与潜力。在这种情况下,企业若能敏锐捕捉市场动向,加大市场投入,加快渠道布局与建设，往往能够迅速抢占先机，实现跨越式发展。

而相比之下，集中度稳定的行业，虽然整体机会相对较少，但并不意味着没有发展空间。此时，企业更应注重挖掘细分市场与制定差异化策略，通过精准定位与特色化发展，寻找并把握住那些大市场所忽视或难以满足的特定需求，从而在激烈的竞争中开辟出一片属于自己的新天地。

5.7 行业洞察常见的指标

在日常工作中，企业需要逐步积累行业信息和信息获取的渠道，提高企业的行业洞察能力。常见的行业信息获取途径如下。

- ✓ 通过市场调研活动来获取行业信息，例如，市场调查、专家访谈、分析师交流、网络信息爬取等。

- ✓ 通过查阅咨询机构的行业研究报告了解行业信息。目前比较有名的咨询机构包括IDC、赛迪、艾瑞咨询、易观国际、亿欧、雪球、海比研究、36氪、虎嗅、沙利文、埃森哲、Gartner、Thoughtworks、德勤等。同时，还有一些券商和投资机构也会进行行业分析，其分析结果也可以参考。

- ✓ 通过行业网站、行业协会、行业峰会、论坛等渠道获取行业基本信息。例如，安防行业每年都会举行全球性的"安防展"，电信行业有巴塞罗那通信展等。

在进行行业洞察的时候，主要关注的行业指标有行业规模、增长速度、竞争强度、利润分布、成功因素、技术要求等。通过分析这些指标的变化，预测行业未来的走势。下面对这些指标做一个简单介绍。

行业规模是指某一特定行业在一定时期内的总体规模或容量，通常可以用该行业的总产值、总收入、总销售额或就业人数等指标来衡量。行业规模的扩大通常意味着该行业的发展前景广阔，市场需求旺盛，投资机会增多；反之，行业规模的缩小可能表明该行业正面临衰退或市场需求下降的风险。

增长速度是指某一行业在一定时期内的规模或产量的增长速率，通常以百分比形式表示。它反映了该行业的发展速度和趋势。行业增长速度的加快通常意味着该行业正处于快速发展阶段，市场机会较多，投资回报率较高；反之，行业增长速度的放缓可能表明该行业正面临市场饱和或竞争加剧的挑战。企业可以根据行业增长速度的变化来调整自己的发展策略，如加大投入、拓展市场或优化产品等。

竞争强度是指某一行业内企业之间的竞争程度，通常可以用行业集中度、市场份额分布、进入壁垒等指标来衡量。它反映了该行业的市场竞争环境和企业的竞争压力。竞争强度的增加通常意味着该行业的市场竞争更加激烈，企业需要不断提升自身的竞争力才能在市场中立足；反之，竞争强度的减弱可能表明该行业正面临市场垄断或缺乏有效竞争的问题。对于企业管理者来说，了解行业的竞争强度有助于判断该行业的投资风险和机会。

利润分布是指某一行业内企业之间的利润分配情况，通常可以用利润率、利润增长率等指标来衡量。利润分布的变化可以揭示行业内企业的盈利能力和市场地位的变化。如果某一行业的利润分布向少数企业集中，那么这些企业可能拥有更强的市场地位和盈利能力；反之，如果利润分布较为分散，那么该行业的竞争可能更加激烈，企业的盈利能力相对较弱。

成功因素是指影响某一行业内企业成功的关键因素，如技术创新、品牌影响力、市场份额、成本控制等。这些因素因行业而异，但都是企业取得成功的关键所在。随着技术的不断进步和市场的不断变化，成功因素也在不断变化和演进。企业需要密切关注成功因素的变化，及时调整自己的战略和策略，以适应行业的发展趋势和保持竞争优势。

技术要求是指某一行业对技术和创新的要求程度，通常可以用研发投入、专利数量、技术更新速度等指标来衡量。它反映了该行业对技术和创新的依赖程度以及技术进步的潜力。技术要求的变化可以揭示行业的技术发展趋势和创新能力。如果一个行业对技术和创新的要求越来越高，那么这个行业可能正处于快速发展阶段，具有较大的创新潜力和市场机会；反之，如果技术要求较低或变化不大，那么这个行业的创新能力和发展潜力可能相对较弱。企业可以根据技术要求的变化来制定自己的技术创新战略和研发计划。

5.8 本章小结

- 企业要想实现可持续发展，就必须具备敏锐的市场洞察能力，能够准确分析行业的发展阶段，并据此布局高增长行业。

- 企业需要从关键障碍、战略控制点和利润分布三个角度分析和应对行业价值转移趋势，确保企业能够突破关键障碍，进入目标价值链环节，并获得足够的利润。

- 为了能够获得商业成功，通常从市场潜力、竞争能力、财务回报这三个维度来挑选细分市场。

- 根据企业所处的行业，选择合适的方法进行市场空间估计，包括自顶向下的空间分析方法和自底向上的空间分析方法。需要说明的是，市场空间估计只需要模糊的正确，不需要精确的错误。

- 通过业务贡献度和技术竞争力两个维度对每一项技术进行评估，根据企业的特点，选择合适的技术发展策略。在条件允许的情况下，企业应追求市场与技术双驱动的发展模式。

- 面对市场竞争，企业应避免进入完全垄断的行业，同时应注重挖掘细分市场与制定差异化策略，通过精准定位与特色化发展，寻找并把握住那些大市场所忽视或难以满足的特定需求，从而在激烈的竞争中开辟出一片属于自己的新天地。

6

客户洞察：识别客户需求

客户不是在购买，而是为了完成任务。

理解客户的需求，是赢得客户信任的第一步。

企业存在的唯一目的，就是为客户创造价值。

6.1 什么是客户洞察

客户洞察是对客户行为、需求和偏好的深入理解，它涉及对客户的全面分析，包括但不限于客户的基本信息、消费历史、行为偏好、心理需求等。通过客户洞察，企业能够更好地满足客户需求，提高客户满意度和忠诚度。

客户洞察是行业洞察的进一步展开。通过行业洞察和客户洞察，帮助企业从目标行业开始，逐层分解，理解行业、理解市场、理解客户，最后设计出满足客户需求、具有竞争力的产品。客户洞察与行业洞察的关系如图 6-1 所示。

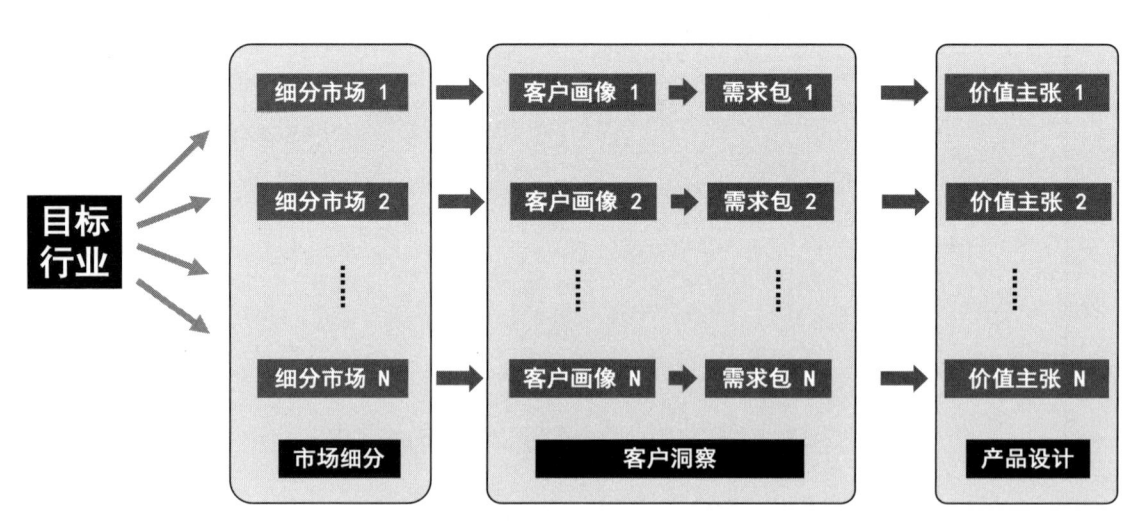

图 6-1 客户洞察与行业洞察的关系

客户洞察的大致过程如下。

首先，选择一个目标行业。

从目标行业出发，深入理解行业，包括行业生命周期、行业价值链等。

例如，我们选择智能手机行业作为分析的目标。

其次，进行市场细分和目标市场选择。

在行业分析的基础上，通过制定市场细分框架标准，进一步对目标行业进行市场细分。在此基础上，利用细分市场战略地位分析（SPAN）方法，根据市场的吸引力和企业的竞争地位，挑选出最适合自身发展的目标细分市场。

例如，我们可以按照区域将智能手机市场划分为国内智能手机市场和海外智能手机市场。鉴于国内智能手机市场高度竞争的态势，我们决定开发面向非洲市场的智能手机，以进行差异化竞争。

再次，针对每一个细分市场，找到典型客户，构建客户画像。

通过构建客户画像，企业能够更深入地洞察客户的需求和期望。基于对客户画像的深入分析，企业提炼出具体的需求包。需求包是对目标客户群体核心需求和期望的总结，为产品设计和价值主张的制定提供了明确的方向。

例如，对于非洲市场，我们发现非洲基础设施普遍较差，电力供应不稳定，非洲地区运营商众多，跨运营商通话费用高昂。同时，由于非洲人肤色较深，拍照效果往往不佳。因此，需要开发一款充电便捷、续航时间长、支持多个运营商、对深肤色人群拍照友好的智能手机。

最后，确定价值主张，开发产品和解决方案。

通过对客户需求进行分析，企业提炼出关键需求包，确定企业的价值主张，并开发对应的产品和解决方案。

价值主张是企业向目标客户传递的核心信息，它明确了产品如何满足特定客户群体的需求、解决其痛点，并传递出产品的独特卖点。

例如，针对非洲市场的需求，我们设计了超大容量电池和四卡四待手机，以解决非洲地区电力不足、跨运营商通话费用高昂的问题。同时，我们还提供了非洲版的美颜滤镜，满足非洲用户的自拍需求。

通俗来讲，价值主张就是客户购买和使用产品或服务的理由。

一个清晰、有力、差异化的价值主张能够帮助企业在激烈的市场竞争中脱颖而出，赢得客户的青睐和信任。同时，企业还需要根据市场反馈和客户洞察不断优化产品设计和价值主张，确保产品能够持续满足客户的需求和期望，实现企业的可持续发展。

接下来详细探讨一下如何构建客户画像，也就是客户洞察的过程，如图6-2所示。

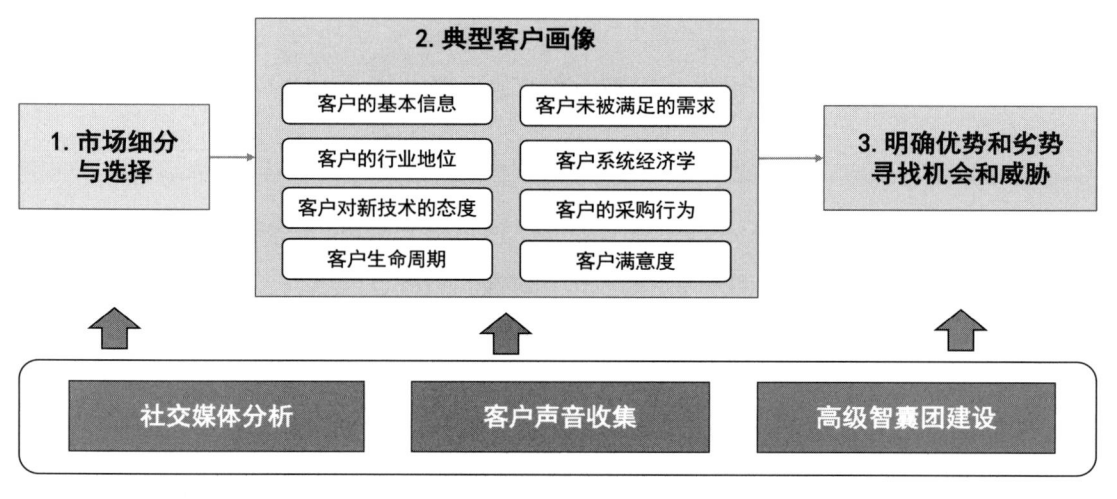

图 6-2 客户洞察过程示意图

首先，经过市场细分与选择，挑选并深入分析目标客户群，明确典型客户。

其次，针对典型客户，构建客户画像。客户画像的内容包括客户的基本信息、客户未被满足的需求、客户的行业地位、客户系统经济学、客户对新技术的态度、客户的采购行为、客户生命周期、客户满意度等，其中最重要的是客户未被满足的需求。

再次，通过对典型客户画像的分析，识别客户未被满足的需求，帮助企业发现创新机会。同时，通过识别企业的优势与劣势，并深入了解企业的核心竞争力，帮助企业确定价值主张，并开发对应的产品和解决方案。

最后，为了支持这些分析，需要采用一系列具体的方法、工具和常见指标。例如，如何管理客户信息，如何与客户互动以收集客户的声音，如何建设企业的智囊团，等等。

6.2 构建客户画像，明确目标客户

站在客户的立场，竭诚服务最终用户，方能实现商业成功。

在构建客户画像之前，首先要理解谁是我们的客户。这里先澄清三个概念，即直接客户、间接客户与最终用户，三者的关系如图 6-3 所示。

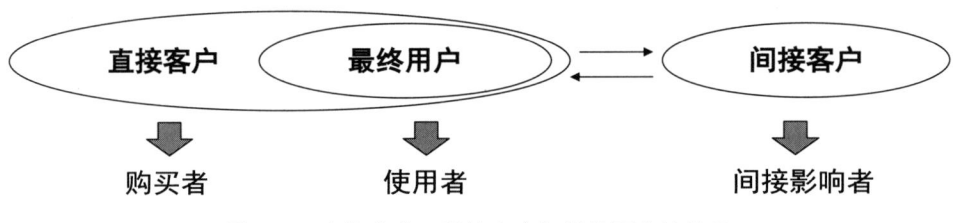

图 6-3 直接客户、间接客户与最终用户的关系

我们以家长给学生报辅导班为例进行说明。

- √ 直接客户是家长，他们负责决策并支付辅导班的费用，是辅导班服务的直接购买者。

- √ 最终用户是学生，学生通过上家长为其报名的辅导班，获得教育和辅导，是辅导班服务的直接受益者。

- √ 间接客户是教师，虽然教师不直接购买辅导班服务，但辅导班提供的教学资源及其质量会间接影响他们的教学效果和工作环境。

在进行客户洞察的时候，根据企业的资源和能力，至少要完成对直接客户的洞察工作，理想的情况是对这三类客户都进行分析。只有理解最终用户的需求，才能设计出客户满意的解决方案，帮助客户服务好他的用户。

读者思考

您所在的企业，直接客户是谁？最终用户是谁？间接客户又都有谁？

为了更好地进行客户洞察，我们引入了客户画像这一工具。客户画像是企业理解客户需求的重要工具，它详细描述了目标客户的特征、行为模式、潜在痛点以及未被满足的需求。

客户画像，简单来说，就是给客户"画个像"，但这个"像"不是用画笔和颜料画的，而是用文字、数据来描述的。它包括了客户的一些基本信息，比如年龄、性别、职业，还有他们的兴趣爱好、购物习惯、消费能力等。就像你给别人介绍一个朋友时，会说："他啊，三十多岁，是个老师，特别喜欢看书和旅游，买东西时总是挑性价比高的。"这样的描述，其实就是一个简单的客户画像。

在本书中，主要描述的是企业客户画像，因此，主要内容包括客户的基本信息、客户未被满足的需求、客户的行业地位、客户系统经济学、客户对新技术的态度、客户的采购行为、客户生命周期、客户满意度等。本章后续部分将对这些内容逐一进行介绍。

读者思考

参照表6-1，尝试给您的客户做一个客户画像。

表6-1 客户分类表

客户名称	客户的战略	行业竞争地位	采购模式	技术倾向	客户价值	客户生命周期	客户满意度
客户A							
客户B							
客户C							
客户D							
客户E							

6.3 搜集客户的基本信息，建立客户档案

客户的基本信息是指能够全面、系统地描述客户特征、经营状况、发展历史、企业文化、股东构成及最新动态等内容的一系列关键信息的集合。客户的基本信息是客户画像最基础的部分，如图6-4所示。

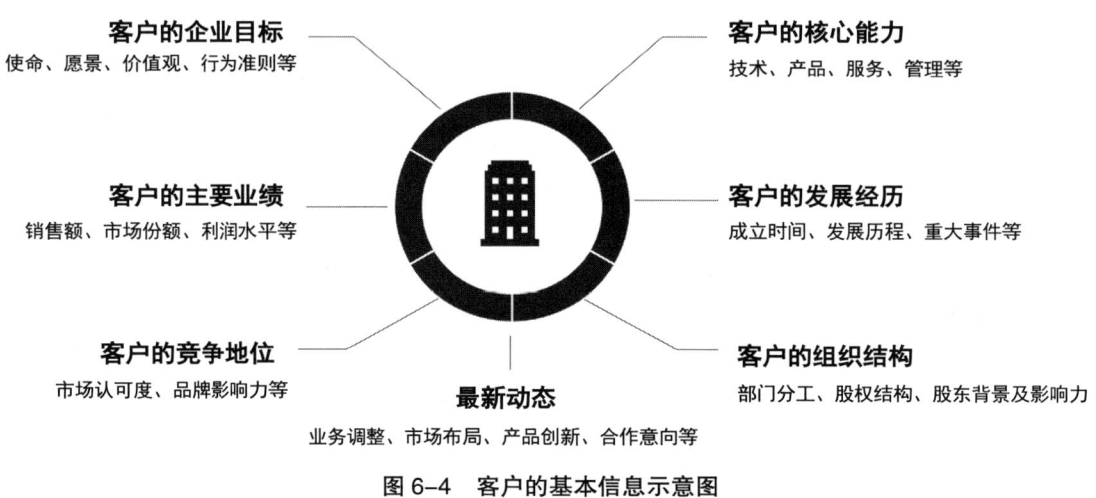

客户的企业目标
使命、愿景、价值观、行为准则等

客户的核心能力
技术、产品、服务、管理等

客户的主要业绩
销售额、市场份额、利润水平等

客户的发展经历
成立时间、发展历程、重大事件等

客户的竞争地位
市场认可度、品牌影响力等

最新动态
业务调整、市场布局、产品创新、合作意向等

客户的组织结构
部门分工、股权结构、股东背景及影响力

图6-4 客户的基本信息示意图

客户的企业目标：包括企业使命、愿景、价值观、行为准则等，这些信息有助于企业了解客户的内部管理风格和合作态度。

客户的主要业绩：包括销售额、市场份额、利润水平等关键业绩指标，反映客户的经营状况和市场竞争力。

客户的竞争地位：指客户在广泛的市场内获得的认可度和品牌影响力，例如，行业的领先者，或者行业的补缺者。

客户的核心能力：指客户在技术、产品、服务、管理等方面的独特优势，是企业理解客户的业务、评估客户价值和合作潜力的重要依据。

客户的发展经历：包括成立时间、发展历程、重大事件等，这些信息有助于企业了解客户的成长轨迹和稳定性。

客户的组织结构：包括部门分工、股权结构、股东背景及影响力，这些信息对于企业评估客户的稳定性和潜在风险具有重要意义。

最新动态：包括客户最近的业务调整、市场布局、产品创新、合作意向等，这些信息有助于企业把握市场动态，及时调整合作策略。

> 💡 **读者思考**
>
> 您所在的企业需要收集客户的哪些基本信息？

收集完成客户的基本信息以后，企业需要为每一个客户建立一份客户档案，如图6-5所示。客户档案有助于企业更好地了解客户，制定有针对性的营销策略，优化客户关系管理，并评估潜在的合作机会或风险。

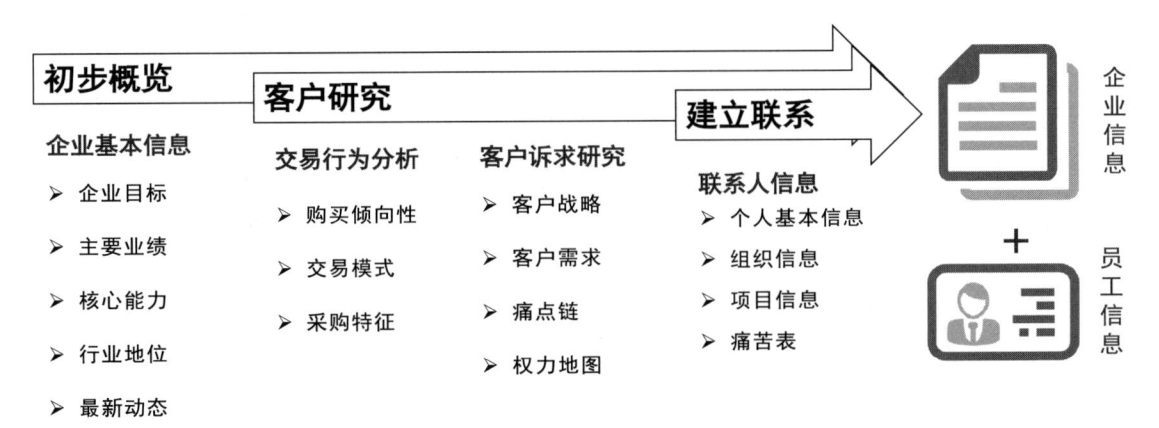

初步概览	客户研究		建立联系	
企业基本信息	交易行为分析	客户诉求研究	联系人信息	企业信息
➢ 企业目标	➢ 购买倾向性	➢ 客户战略	➢ 个人基本信息	+
➢ 主要业绩	➢ 交易模式	➢ 客户需求	➢ 组织信息	员工信息
➢ 核心能力	➢ 采购特征	➢ 痛点链	➢ 项目信息	
➢ 行业地位		➢ 权力地图	➢ 痛苦表	
➢ 最新动态				

图6-5　客户档案的基本构成

客户档案主要包括两大核心部分，即企业信息和员工信息。

企业信息涵盖了企业的基本信息、客户的交易记录以及客户的具体需求，这些信息有助于企业精准地制定营销策略。

员工信息则主要记录了员工的基本联系方式和他们在组织中的具体职责，便于企业与客户建立有效的联系。

> **读者思考**
>
> 您所在的企业是否需要为每一个客户都建立客户档案？

为了建立和完善客户档案，企业需要采取多种途径来系统地收集客户信息。常见的客户信息收集渠道包括以下几个。

客户拜访和交流：通过与客户进行深度交流，获取客户的信息，具体涵盖客户访谈、业务对标、方案演示、需求澄清等活动。

客户网站：通过访问客户的官方网站，可以获取客户的基本信息、产品介绍、企业文化、新闻动态等内容。这些信息有助于企业初步了解客户的基本情况。

企业年报：企业年报是企业对外发布的反映经营状况和财务状况的重要文件，包含业绩指标、财务状况、股东构成等关键信息。通过分析客户的年报，企业可以深入了解客户的经营状况和市场竞争力。

产品手册：产品手册是介绍产品或服务的重要资料，包含产品的性能、特点、应用场景等信息。通过分析客户的产品手册，企业可以了解客户的核心能力和市场定位。

行业情报：通过订阅行业报告、参加行业会议、与行业协会交流等方式，企业可以获取行业内的最新动态、市场趋势、竞争格局等信息。这些信息有助于企业更好地了解客户所处的市场环境和发展前景。

证券投资机构分析师报告： 证券投资机构的分析师会对企业的经营状况、财务状况、市场前景等进行深入研究，并发布相关报告。这些报告通常包含丰富的客户信息和专业分析，对于企业评估客户价值和合作潜力具有重要意义。

媒体报道、行业刊物文章： 媒体和行业刊物经常会对企业的重大事件、新产品发布、市场动态等进行报道和分析。通过阅读这些报道和分析文章，企业可以获取客户的最新动态和市场反馈。

> **读者思考**
>
> 您所在的企业使用了哪些方法和手段收集客户的基本信息？

6.4 了解客户所处的环境，确定客户的经营策略

在不同的环境下，客户采取的经营策略会有巨大的差异。为了更好地帮助客户创造价值，企业需要根据客户的经营环境制定合适的策略，同时规避经营风险，实现价值获取。因此，需要对客户的环境进行详细的分析。

客户环境分析是指对客户所在行业、市场、竞争态势等外部环境进行深入研究和评估的过程。其目的在于帮助企业了解客户的业务需求、市场定位、竞争状况以及潜在的发展机会，从而为企业制定有效的市场策略、产品策略和服务策略提供决策依据。

以新能源汽车行业为例，目前该行业还处于成长期。根据融中财经的报道，自2017年至2024年，中国新能源车企数量从约487家锐减至40多家，超400家企业在竞争中消失，市场竞争异常激烈。随着新能源汽车市场的不断发展，一些品牌可能会因技术、资金、市场策略等原因逐渐退出市场，而一些新兴品牌则可能会迅速崛起。因此，如果我们是一家新能源汽车厂商的供应商，就一定要关注客户的风险，尽量挑选那些在市场竞争中能够存活下来的优质客户，为其提供优质服务，从而降低企业的经营风险。

客户的竞争地位分析是客户环境分析中最重要的部分。客户的竞争地位分析主要考察客户在所处行业中的市场地位、品牌影响力、技术优势等。通过分析客户的竞争地位，我们可以了解客户在市场上的优势和劣势，以及客户的竞争战略。这有助于我们制定更加精准的销售和服务策略，提升与客户合作的效率和客户的满意度，帮助客户获得商业成功。

一般来说，**处于行业第一梯队的客户会追求稳健运营，处于行业第二梯队的客户会希望通过创新实现突破，而处于行业第三梯队的客户则追求低价竞争**，如图6-6所示。

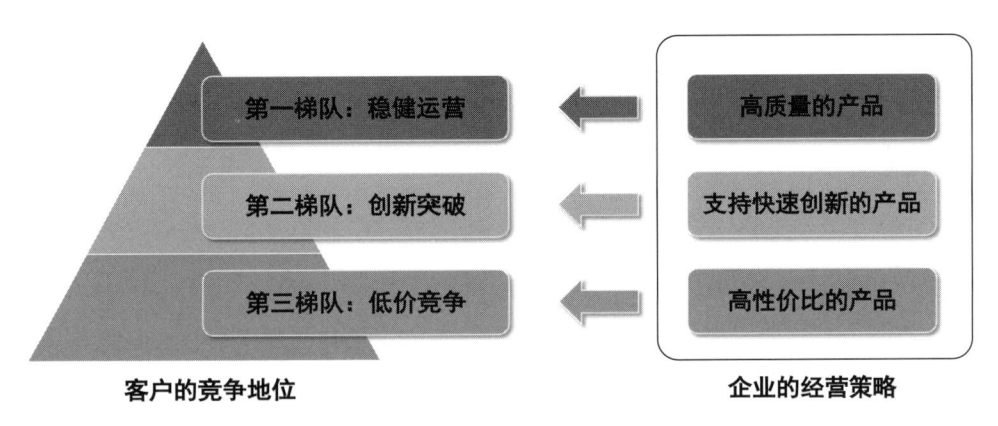

图6-6　企业针对不同竞争地位的客户采取的经营策略

举个例子，假设我们是一家宽带设备制造商，为A公司、B公司、C公司提供宽带网络产品和服务。那么，面对这三家运营商，我们的销售和服务策略将存在较大的差异。

- ✓ A公司的手机网络表现最好，但宽带网络一般。因此，A公司采取了手机与宽带绑定的策略，以低价抢夺宽带市场份额。作为供应商，我们需要为A公司提供性价比高的宽带网络产品。

- ✓ B公司的宽带网络表现最好，且宽带收费在三家运营商中也是最贵的。然而，B公司的手机网络相对较差。因此，B公司希望保持宽带网络的优势地位，同时增强手机网络的竞争力。在这种情况下，作为宽带设备供应商，我们需要为B公司提供高质量的宽带网络产品。

- ✓ 对于C公司来说，其手机和宽带网络表现都一般。因此，C公司希望通过向客户提供创新服务来增强竞争力。那么，作为供应商，我们需要尽量满足C公司在创新方面的需求。

> **读者思考**
>
> 您所在的企业是否清晰地了解每一个客户的竞争地位？

R.R.Arrow 主编的《哈佛战略经营与组织管理》一书详细分析了行业中排名第一到第五的企业常用的经营策略，如图 6-7 所示。

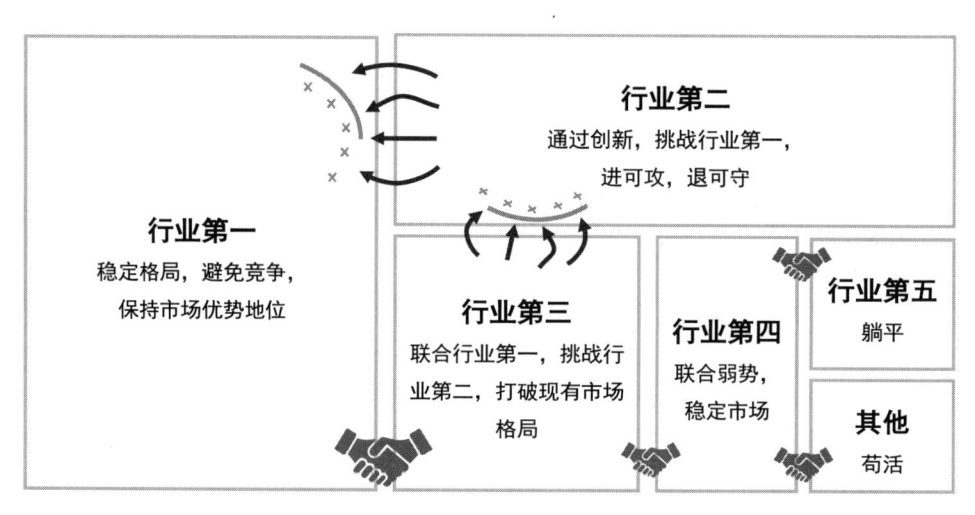

图 6-7　不同竞争地位的企业的经营策略

（1）排名第一的企业，力求稳定格局，避免竞争，保持市场优势地位

排名第一的企业通常力求在价格、市场占有率、技术创新及销售渠道等多个层面避免过度竞争，以自身为核心，稳固市场地位。同时，企业会注重与位居第二的企业保持一定的距离，以确保自身的领先地位不受威胁。

（2）排名第二的企业，通过创新，挑战行业第一，进可攻，退可守

排名第二的企业通常会密切关注市场动态，抢先在新兴领域布局，力求成为新赛道的先行者。一旦时机成熟，它便会毫不犹豫地向排名第一的企业发起挑战，争夺行业的领军地位。当自身力量达到极限时，它会选择暂时与排名第一的企业休战，以养精蓄锐，随时准备发起新的攻击。

（3）排名第三的企业，联合行业第一，挑战行业第二，打破现有市场格局

排名第三的企业通常会选择与排名第一的企业结成战略同盟，共同抵御外部竞争压力，并以此为跳板，向排名第二的企业发起挑战。同时，它还积极联合行业中排名较低的企业，形成广泛的联盟网络，意图通过搅动市场，为自己超越第二位，进而挑战首位创造有利条件。

（4）排名第四的企业，联合弱势，稳定市场

排名第四的企业会联合第五位及以下的企业，通过弱者之间的紧密合作，形成足以与领先的第一位企业相抗衡的力量。同时，它还会寻求与领先企业协调共存，共同努力维护市场的稳定。

（5）排名第五的企业，躺平

排名第五的企业通常并不追求与行业高位次企业直接竞争，而是选择与行业领先企业共同生存，致力于维护市场的稳定。这些企业深知自身实力有限，因此主动放弃在该领域争夺首位的念头，而是将资源和精力投入到其他更具潜力的领域中去，形成差异化竞争优势，以期实现自身的长远发展。

> **读者思考**
>
> 您所在的企业是否清晰地了解每一个客户的竞争战略？

6.5 分析客户痛点，挖掘客户未被满足的需求

企业存在的价值，就是满足客户的需求。

客户未被满足的需求指的是客户在当前的市场环境中，期望产品或服务能够满足的，但目前尚未完全满足的那些需求。这些需求，可能源于客户对现有产品在功能、性能、价格、服务、体验等方面的不满或期望；也可能是客户尚未意识到，但一旦得到满足，就能显著提升其满意度和忠诚度的潜在需求。

客户未被满足的需求可能表现为多种形式，具体如下。

- √ **功能缺失**：客户需要某种特定的功能，但现有产品尚未提供。

- √ **性能不足**：产品的性能无法达到客户的期望，如在速度、准确性、稳定性等方面存在欠缺。

- √ **价格不合理**：客户认为产品的价格与其价值不符，期望有更合理的定价。

- √ **服务不佳**：客户在购买或使用产品的过程中遇到服务方面的问题，如售后服务不到位、客户支持不充分等。

- √ **体验不佳**：产品的用户体验不符合客户的期望，如操作复杂、界面不友好等。

- √ **个性化不足**：客户希望产品能够更加符合其个性化需求，但现有产品尚未实现。

挖掘客户未被满足的需求，无疑是客户洞察工作的重中之重。

企业存在的根本目的，就是满足客户的需求，为他们创造实实在在的价值。而客户那些未被满足的需求，正是企业实现差异化竞争的关键所在。

只有当我们真正深入市场，细致入微地识别出客户那些尚未被满足的需求时，才能帮助企业发现潜在的市场机会。这些机会，正是推动企业进行产品创新、服务改进的源动力。

通过不断地满足这些未被满足的需求，我们不仅能够提升客户的满意度和忠诚度，还能在激烈的市场竞争中脱颖而出，增强企业的市场竞争力，为企业的长远发展奠定坚实的基础。

举个例子，手机外壳材质当前主要分为塑料、玻璃与陶瓷、铝合金三大类，它们各自具备不同的特点。

- ✓ 塑料外壳以轻薄、抗摔、信号穿透性强以及成本低廉等优势著称，然而塑料外壳最大的问题是耐磨性相对较差，给人一种低端的感觉。
- ✓ 玻璃与陶瓷外壳具有极佳的耐磨性和高档的质感，但随之而来的问题是重量较大、易碎以及成本偏高。
- ✓ 铝合金外壳具有耐磨、抗摔、轻薄以及外观高档等多重优点，不过其成本也相对较高，且信号穿透性不如塑料和玻璃材质。

从技术层面分析，塑料似乎是手机外壳材质的理想选择。然而，在实际应用中，玻璃与陶瓷外壳却更受青睐。原因在于，对用户而言，外观高档比轻薄、抗摔、信号穿透性强等特性更为重要。同其他装饰品一样，手机对某些消费者来说是一种身份的象征，不能给人一种低档或劣质的感觉。因此，诺基亚手机的可拆卸塑料外壳并不能满足客户对身份象征的需求。同时，这个结果也告诉我们，**设计产品时需要更多地从客户需求出发，理解客户的使用场景，解决客户的实际问题，而不能单纯从技术和参数的角度进行设计。**

> 读者思考
>
> 您所在企业的客户存在哪些未被满足的需求？

如何挖掘客户未被满足的需求？

在客户洞察的过程中，可以使用客户满意度分析、设计思维、创新工具等工具和方法，帮助企业收集和挖掘客户未被满足的需求。简单说明如下。

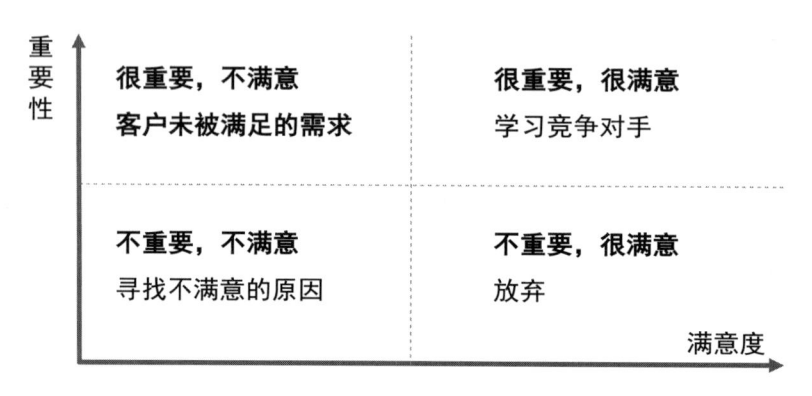

（1）通过客户满意度分析挖掘客户未被满足的需求

从重要性和满意度两个维度分析客户需求，挖掘客户未被满足的需求，分析需求背后的原因，重新设计"对客户非常重要但是不满意"的产品，以满足客户的需求，如图 6-8 所示。

	很重要，不满意 客户未被满足的需求	很重要，很满意 学习竞争对手
	不重要，不满意 寻找不满意的原因	不重要，很满意 放弃

图 6-8 通过客户满意度分析挖掘客户未被满足的需求

举个例子，视频会议对企业交流非常重要，可以有效提高企业的沟通效率，降低企业的沟通成本，避免"开会 10 分钟，交通花 3 天"的尴尬问题。但是早期的视频会议系统在使用前基本上都需要注册账号、安装客户端或者设备，并且没有办法邀请企业外的人员加入会议，使用起来非常麻烦，体验非常差，对应图 6-8 中"很重要但不满意"的部分。基于这种情况，Zoom 公司打算开发一款新的视频会议产品，在满足客户视频会议需求的同时，提升客户满意度（无须注册、支持外部会议等），于是 Zoom 就诞生了，很好地满足了广大企业的需求，成功实现了产品创新。

（2）通过设计思维挖掘客户未被满足的需求

人们需要的不是产品本身，而是产品所能解决的场景问题，以及场景中自己的情感和生活意义。

在需求收集的过程中，可以通过设计思维方法，从客户场景出发，主动分析客户的需求。通过设计思维方法，建立用户同理心，识别客户场景，能够确保我们站在用户的角度思考问题，同时可以完整地分析客户的需求，避免需求遗漏。

使用设计思维进行客户洞察时，推荐的过程如图6-9所示。

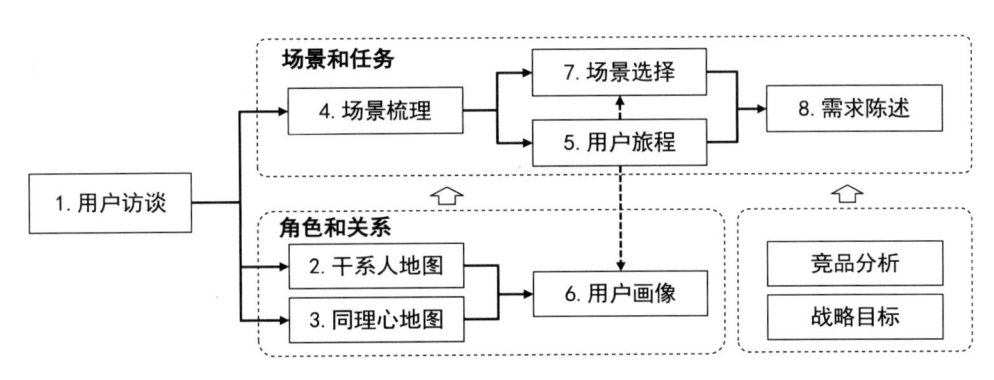

图6-9 通过设计思维挖掘客户未被满足的需求

主要步骤描述如下。

√ **用户访谈**，通过用户访谈帮助团队收集用户信息和痛点。

√ **干系人地图**，基于用户访谈的内容，利用干系人地图梳理客户组织中每个人物与其他人物之间的关系。

√ **同理心地图**，基于用户访谈的内容，构建同理心地图。同理心地图是从所说、所做、所想、所感四个方面去分析用户，帮助非用户人员与用户建立共情，从而帮助团队从用户的角度理解业务。

√ **场景梳理**，梳理用户业务场景，理解用户的业务。用户场景通常指用户解决某个问题、满足需求的过程。

√ **用户旅程**，针对每一个用户场景，使用用户旅程工具梳理用户当前的详细工作环节。用户旅程工具可以帮助团队理解用户当下的使用场景，理解用户的体验、感受和想法。

- √ **用户画像**，在完成干系人地图、同理心地图和梳理用户旅程之后，团队成员可以将同类型的角色总结提炼成一个虚拟人物形象。

- √ **场景选择**，基于用户画像、市场、战略等层面输入的信息，产品团队成员可以通过投票，选择最核心的场景，作为未来需求分析的范围。

- √ **需求陈述**，针对用户场景选择的结果，通过需求陈述来梳理该场景下用户旅程各阶段用户的真实需求。通过需求陈述可以避免直接接纳用户的浅层次需求，而忽略用户的真实需求。

举个例子，小米在制造汽车前进行了大量的调研。经过调研，小米发现：一个家庭要买车时，通常是男主人负责挑选车型，但女主人拥有否决权。如果女主人不同意，那么这辆车就买不成。因此，为了能让汽车畅销，就必须满足女主人的需求。为此，小米汽车团队又调研了很多家庭，收集了女主人提出的大量需求，然后总结出汽车颜色、汽车防晒和人工智能这三个最关键的需求。之后，他们与客户进行了交流，发现客户仅仅对"汽车防晒"这一点印象特别深刻。于是，小米特别研发了汽车防晒玻璃，大受欢迎。

关于设计思维方法的详细描述，可以参考笔者所著的《从战略制定到产品上市——集成产品开发（IPD）应用实践》一书 3.4.1 章节，本书不再赘述。

（3）通过创新工具挖掘客户未被满足的需求

企业还可以按照产品研发的过程，运用一系列常见的创新工具，分析现有的产品和技术，挖掘客户未被满足的需求。

图 6-10 展示了在产品开发各阶段常见的需求挖掘方法，具体说明如下。

- √ **用户访谈**：直接与用户交流，深入了解他们的需求、痛点及期望。

- √ **问卷调查**：通过发放问卷的方式大规模收集用户意见，通过数据分析揭示用户偏好。

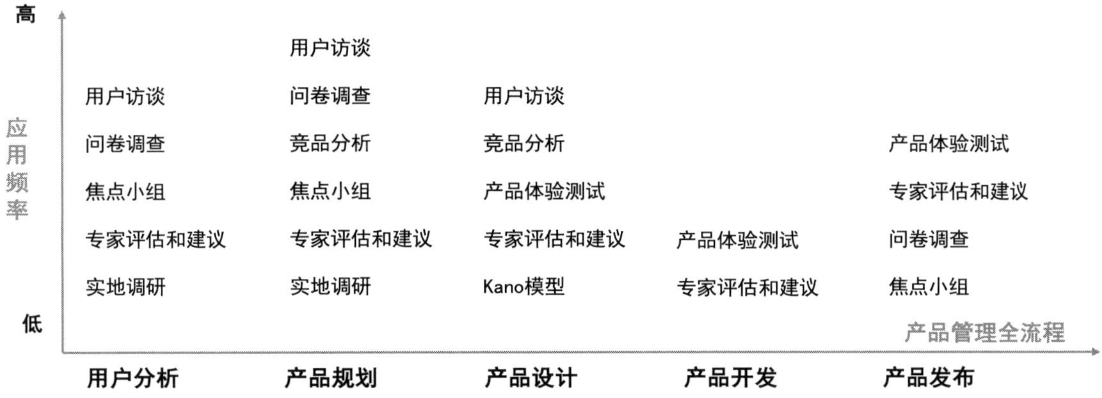

	用户访谈			
用户访谈	问卷调查	用户访谈		
问卷调查	竞品分析	竞品分析		产品体验测试
焦点小组	焦点小组	产品体验测试		专家评估和建议
专家评估和建议	专家评估和建议	专家评估和建议	产品体验测试	问卷调查
实地调研	实地调研	Kano模型	专家评估和建议	焦点小组
用户分析	产品规划	产品设计	产品开发	产品发布

应用频率：高 → 低；横轴：产品管理全流程

图 6-10　通过创新工具挖掘客户未被满足的需求

√ **焦点小组**：组织用户讨论，收集最终用户的意见，通过集体智慧挖掘潜在需求。

√ **实地调研**：深入用户环境，观察用户行为，获取一手需求信息。

√ **竞品分析**：分析同类产品，了解市场趋势，为产品规划提供方向。

√ **专家评估和建议**：邀请领域专家提供专业意见，确保产品规划的科学性和可行性。

√ **产品体验测试**：在初稿设计阶段，通过用户测试发现设计缺陷。

√ **Kano 模型**：通过分析产品特性与用户满意度之间的非线性关系，对用户的不同需求进行区分处理，了解不同层次的用户需求，帮助企业找出提高产品用户满意度的切入点，或者识别出使用户满意的关键因素。

关于这些工具的详细使用方法，读者可以通过互联网搜索或查阅相关书籍来获取，本书就不再详细描述。

> **读者思考**
>
> 您所在的企业使用哪些方法挖掘客户未被满足的需求？

在本节最后，笔者提供一张"客户未被满足的需求表"（见表6-2），帮助读者对客户所有的关键需求进行整理。

表6-2　客户未被满足的需求表

需求的内容	内容解释	关键改进机会
客户的战略		
客户的痛点和痒点		
未被满足的需求		
为什么选择我们		
为什么不选择我们		

6.6 瞄准客户战略，从经济学角度为客户创造价值

对标客户战略，算大账不算小账，帮助企业创造价值。

很多企业在面对竞争对手的低价竞争时，总是茫然不知所措。他们既不清楚竞争对手究竟是通过何种手段降低成本的，也不擅长向客户清晰解释自己的产品为何价格相对较高，以及自己的产品能够给客户带来哪些独特的好处和价值。

在这种困境下，企业往往陷入被动，难以有效应对市场竞争。此时，我们可以借助客户系统经济学的方法来深入剖析其中的原因和机理。通过这一方法，我们可以更清晰地了解我们的产品在客户系统中的整体价值和优势，从而制定出更有针对性的竞争策略。

客户系统经济学是一种从经济角度深入理解和分析客户需求与行为的理念。它主要分析客户购买与使用这种产品和服务所付出的金钱、时间以及面临的困扰。具体而言，包括为购买产品和服务支付的货币，产品的使用费用、存储费用和处置费用，购买产品和服务所花费的时间，为熟悉使用方法花费的时间，以及在整个过程中必须承受的各种困扰。具体如图6-11所示。

比如，客户购买汽车时，考虑的不仅是购车费用，还包括汽油费、停车费、维护费、保险费、改装费等，甚至可能涉及因事故产生的额外费用，以及学习驾驶技巧所投入的时间和精力，这些构成了家用汽车客户系统经济学的内容。通过深入理解这一客户系统经济学，有助于汽车制造商为客户创造更多的价值，提升竞争力。

图 6-11 用经济学视角看客户

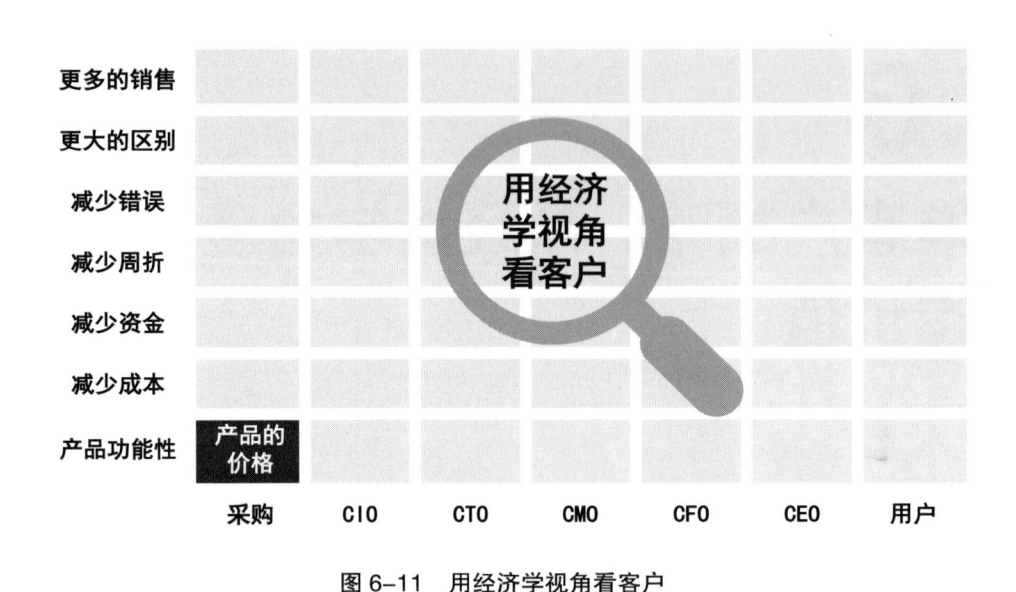

真正了解客户系统经济学后，企业就能明白如何才能真正地给客户带来价值，从而给自己带来价值。简单地说，**了解客户系统经济学，就是要"算大账，不算小账"，从客户的角度出发，帮助客户创造价值，不要形成局部最优、全局很差的局面**。

举个例子，在 2016 年时，华为公司帮助中国三大电信运营商积极发展移动视频业务，就是从客户系统经济学出发的，如图 6-12 所示。

开展移动视频业务前：
1. 固定宽带没有提速需求
   （100Mbps 够用了）
2. 移动流量套餐降级
   （1G/月也用不完）
3. 用户费用降级
   （45元/月 → 8元/月）
4. 用户容易流失

电信运营商开展移动视频业务

算大账赚钱
算小账亏本

开展移动视频业务后：
1. 固定宽带提速需求强烈
   （100Mbps → 1Gbps）
2. 移动流量套餐升级
   （1G/月 → 100G/月）
3. 用户费用升级
   （45元/月 → 300元/月）
4. 降低用户离网率

图 6-12 用客户系统经济学看移动视频业务

在电信运营商开展移动视频业务之前，移动用户的流量通常只能用来看看网页，流量使用非常少，导致大套餐的流量根本用不完，开通了大套餐的用户会觉得不划算，然后就想着降低套餐等级，进一步导致电信运营商业务下滑、收入萎缩。

在电信运营商开展移动视频业务之后，由于视频业务对网络带宽的要求较高，推动客户进行家庭网络升级。同时，移动视频业务非常占用流量，导致套餐流量不够用，迫使用户升级移动流量套餐，从而提升电信运营商的整体收入和利润。

电信运营商部署移动视频业务是需要进行投资的，单独看电信运营商的移动视频业务，其是亏损的。但是，通过部署移动视频业务，电信运营商的固定宽带收入和移动流量套餐收入都得到了大幅提升，总体利润也就得到了大幅提高，同时还避免了用户流失，降低了运营风险。

> **读者思考**
>
> 您所在的企业如何用客户系统经济学帮助客户创造价值？

6.7 分析客户对新技术的态度，制定产品创新策略

如果不能满足某些客户的需求，就不要向他们销售产品。

当我们向客户展示我们的关键技术时，我们遇到了截然不同的反应。

有些客户对这些新技术表现出极大的兴趣，他们眼前一亮，迫切希望立即采用并体验新技术带来的便利，希望通过新技术获得竞争优势。

然而，另一些客户则表现得十分犹豫，甚至对我们的技术提出了质疑，他们担心新技术的稳定性和可靠性，担心新技术给他们带来麻烦，或者担心自己无法快速适应这些变化。

这种截然不同的客户反应让我们在设计产品和制定营销策略时陷入了困惑，我们不禁开始思考：到底应不应该追求最新技术，又该如何平衡技术创新与客户接受度之间的关系？

为了更科学地解决这个问题，我们可以借助技术采用生命周期曲线（Technology Adoption Lifecycle Curve）来深入分析我们的客户群体。技术采用生命周期曲线是一个用于描述新技术或新产品在市场中被不同用户群体接受和采纳过程的模型，如图6-13所示。

技术采用生命周期曲线将用户采用新技术的过程分为五个阶段，各阶段对应的用户群体分别为创新者、早期使用者、早期大众、晚期大众与落后者。每个阶段用户群体的特征和对新技术的接受度分别如下。

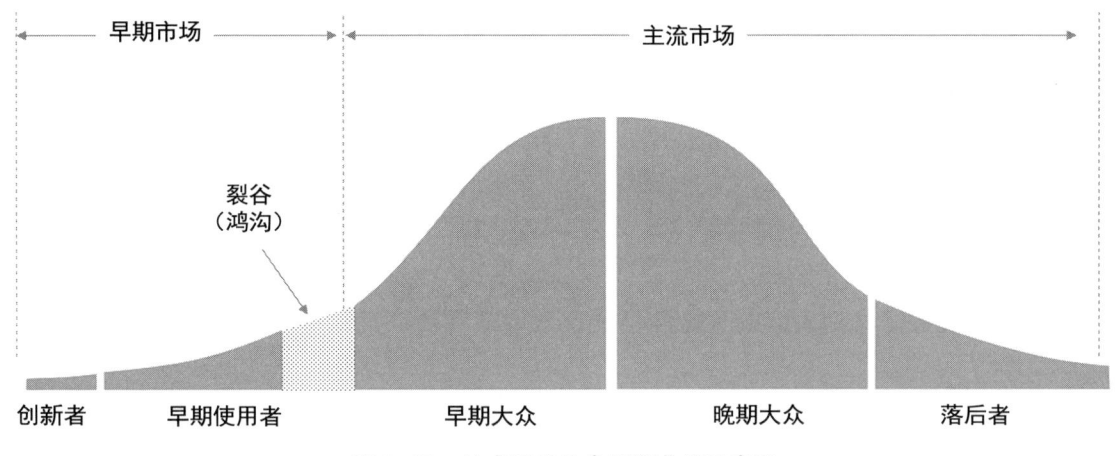

图 6-13 技术采用生命周期曲线示意图

- ✓ **创新者（Innovators）** 是技术热衷者。他们愿意尝试新鲜事物，对新技术有天然的狂热和好奇。

- ✓ **早期使用者（Early Adopters）** 是有远见的意见领袖。他们愿意尝试新技术，并包容技术的缺点。

- ✓ **早期大众（Early Majority）** 是深思熟虑的实用主义者。他们会在技术展现出明显优势且经过反复验证后，才选择进行购买。

- ✓ **晚期大众（Late Majority）** 是敏感的保守者。只有当旧事物"败局已定"，新事物变得"习以为常"时，他们才会选择接纳。

- ✓ **落后者（Laggards）** 是挑剔的顽固派。他们坚决不愿意改变，对新事物持怀疑态度。

总结一下，技术热衷者（创新者）要求的是解决技术问题，有远见者（早期使用者）要求的是解决大问题，实用主义者（早期大众）要求的是解决具体的问题，只有你已经为很多人解决了类似的问题时，保守者（晚期大众）才敢让你来做，挑剔者（落后者）在不停地找你的问题。而我们要做的是**把实用主义者争取过来，堵住保守者和挑剔者的嘴**。

技术采用生命周期曲线来自杰弗里·摩尔所著的《跨越鸿沟》一书，该书被《福布斯》杂志评选为"最具影响力商业书籍"之一。在技术采用生命周期曲线中存在一个关键的概念，叫作"鸿沟"（Chasm）。技术采用生命周期曲线并非线性的，而是存在明显的断裂带，其中最大的断裂带称为"鸿沟"。鸿沟位于早期使用者和早期大众之间，代表了技术接受过程中的一个重大挑战。为了成功跨越鸿沟，企业需要克服一系列障碍，包括提高产品质量、降低使用门槛、加强市场推广等方面。**只有成功跨越鸿沟，企业才能赢得早期大众的支持和信任，进而实现更广泛的市场渗透和商业化成功。**

技术采用生命周期曲线不仅揭示了技术接受过程中用户群体的特征和接受度的变化，还为企业提供了宝贵的市场洞察和战略指导。通过了解不同用户群体的需求和期望，企业可以明确产品定位，制定更加精准的营销策略，从而提高市场占有率和用户满意度。

根据技术采用生命周期曲线，企业在产品研发、市场营销、解决方案等维度上可以采取以下策略，以应对对新技术持有不同态度的客户。

（1）产品研发策略

创新者与早期使用者对新技术充满好奇，愿意尝试并接纳创新。因此，企业可以采用敏捷开发方法，快速响应市场变化和客户反馈，不断迭代产品功能，满足创新者与早期使用者的尝鲜需求。

早期大众对新技术持观望态度，需要看到更多的成功案例和市场反馈才会考虑采用。因此，企业在产品功能上需要追求全面和完善，确保产品能够满足早期大众的基本需求。同时，注重产品的用户体验设计，提高产品的易用性和便捷性，降低用户的学习成本和使用难度。

晚期大众与落后者对新技术比较保守，需要看到技术已经得到广泛应用并取得良好效果后才会考虑采用。因此，企业需要将产品的稳定性和安全性放在首位，确保产品在使用过程中不会出现重大问题，增强客户的信任感。同时，考虑到晚期大众与落后者可能还在使用旧技术或旧设备，产品应具备一定的兼容性，以便他们能够顺利过渡到新技术。

（2）市场营销策略

创新者与早期使用者对新技术充满热情，是市场口碑的重要传播者。因此，企业应通过创新者与早期使用者的口碑传播，提高产品的影响力。可以邀请他们参加产品发布会、体验活动等，让他们成为产品的代言人。

早期大众对新技术持观望态度，需要更多的市场教育和引导。因此，企业可以通过撰写博客、发布白皮书、制作视频等方式，向早期大众普及新技术知识，帮助他们了解产品的优势和价值。

晚期大众与落后者对新技术比较保守，需要看到更多的实际应用案例和效果证明。因此，企业可以组织线下体验活动、研讨会等，邀请晚期大众与落后者亲身体验产品，了解产品的实际应用效果。

（3）解决方案策略

创新者与早期使用者对新技术有深入的了解和应用需求。因此，企业应根据创新者与早期使用者的具体需求，提供定制化的解决方案，帮助他们更好地应用新技术。同时，提供全方位的技术支持和培训服务，确保他们能够快速上手并充分利用新技术的优势。

早期大众对新技术有一定的了解，但应用经验不足。因此，企业需要提供标准化的解决方案，降低客户的实施难度和成本。同时，还需要分享其他客户的成功案例和实施经验，帮助早期大众快速找到适合自己的应用方案。

晚期大众与落后者对新技术的了解较少，且应用经验不足。因此，企业需要将解决方案简化为易于理解和操作的步骤，降低客户的实施难度。同时，提供从咨询、规划、实施到运维的一站式服务，帮助客户顺利过渡到新技术。

> **读者思考**
>
> 您所在企业的客户都分布在技术采用生命周期曲线的哪个位置？

6.8 梳理客户采购行为，明确产品销售策略

紧随客户的步伐，解决客户的难题，从而赢得客户的信赖。

对于企业来说，客户的采购行为是最后一道门槛。企业的产品再优秀，如果不能满足客户的采购要求，也可能无法成交。

例如，在电信运营商采购过程中，一般情况下，产品需要先在电信运营商的研究院进行测试。测试合格后，才能参与集团的采购招标。在采购评标过程中，研究院的测试评分是产品技术评标非常重要的依据。因此，企业如果想成为电信运营商的供应商，就必须先通过研究院的测试，并且还需要获得比较高的评分，这样才能够有机会赢得订单。

为了更好地满足客户的采购要求，我们需要分析客户的采购行为。客户的采购行为是指客户为满足自身需求或业务运营需要，进行商品或服务的搜寻、选择、购买、使用、评价等一系列活动的过程。通常我们可以从采购组织、采购流程、采购模式、招标方式、采购策略等维度进行分析，如图 6-14 所示。

采购组织	采购流程	采购模式	招标方式	采购策略
·采购部门的组织结构 ·对我们公司的态度和倾向	·采购决策流程 ·企业资质要求 ·样品测试要求	·集中采购 ·分散采购 ·联合开发	·议标 ·公开招标 ·单一来源采购 ·电子竞标	·价低者得 ·总成本最低 ·技术领先 ·质量领先

图 6-14 客户采购行为分析

（1）采购组织

采购组织即与采购相关的所有组织，不仅仅指企业的采购部。

对于采购组织，需要重点关注其对我们的整体态度和倾向性，这有助于我们更准确地把握客户需求，进而制定出更加贴合实际的应对策略，提升合作的成功率。

（2）采购流程

采购流程是指采购方从供应商处选择和购买经营所需的各种原材料、零部件、设备等物料的完整流程。

对于采购流程，重点关注采购决策的具体流程，例如，不同金额级别的采购项目需要哪一层级领导的审批，以及客户对供应商资质的具体要求是什么，是否涉及送样检测、测试等环节。对这些信息的掌握将为我们提供更加清晰的合作路径，确保采购流程的顺畅进行。

（3）采购模式

对于大型集团公司来说，可以有多种采购模式，例如集团统一集中采购、分公司自主采购等。

对于采购模式，需要重点关注采购决策权在集团和分公司之间的分配，例如，分公司的采购行为是否受到集团层面的统一约束，是否倾向于采用框架合同以简化采购流程。对这些因素的明晰将有助于我们更好地调整自身的供应策略，以满足客户的需求。

（4）招标方式

面对不同的招标方式，我们需要提前进行充分的筹备工作。常见的招标方式包括公开招标、邀请招标、竞争性谈判、单一来源采购以及询价采购等。

例如，若客户仅支持公开招标，我们就需要精心准备投标材料，以展现自身的实力和优势。同时，这也可能意味着客户对供应商的黏性相对较低，因此我们还需要持续跟进，加强后续的服务，以巩固合作关系。

（5）采购策略

客户的采购策略直接决定了客户在采购过程中的决策依据和价值取向。

常见的采购策略包括价低者得、总成本最低、技术领先、质量领先等。针对不同的采购策略，我们需要灵活调整自身的报价策略，以最大限度地满足客户需求。

例如，如果客户采用的是"价低者得"的采购策略，那么企业可以引导需求向自己的优势倾斜，确保以较低的成本满足客户需求，而竞争对手满足同样的需求则需要付出较大的代价。同时，企业还可以通过不断优化生产流程、降低成本来增强竞争力，从而在激烈的市场竞争中脱颖而出。

> **读者思考**
>
> 对于您所在的行业而言，客户的采购行为是怎样的？

6.9 识别客户生命周期阶段，降低客户流失率

精准识别客户状态，持续优化客户体验，有效降低客户流失率。

我们的客户状态都一样吗？肯定不是。

每个客户在与我们合作之前，内心都充满了不安和期待。他们或许在比较不同的供应商，或许在担忧合作过程中的风险，这种不安情绪是合作前的常态。而一旦签订合同，客户就开始与我们携手共进。最初，他们会充满新鲜感，对合作充满憧憬。但随着时间的推移，这种新鲜感可能会逐渐消退，甚至转变为审美疲劳，对合作的热情和关注度也会有所降低。

面对这样的客户变化，企业又该如何应对？

我们既要时刻关注客户的满意度，确保他们的需求得到及时、有效的满足，又要确保我们的资源能够得到有效利用，不造成浪费。为了实现这一目标，我们需要采取一系列措施来提升客户满意度、优化资源分配。这不仅是为了维护现有的客户关系，更是为了降低客户流失率，让我们的客户群更加稳定。

客户生命周期是指客户从初次接触企业产品到最终停止与企业互动的全过程。这一过程涵盖了潜在客户阶段、新客户阶段、持续活跃客户阶段、衰退期客户阶段和流失客户阶段。通过对客户生命周期的分析，可以很好地帮助我们优化资源分配，提升客户满意度，降低客户流失率，如图6-15所示。

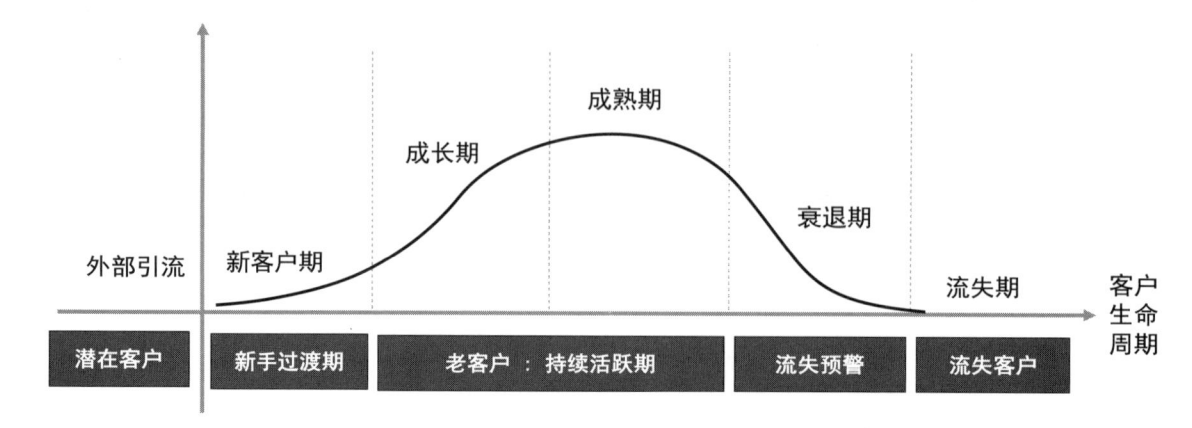

图 6-15　客户生命周期示意图

对处于不同生命周期阶段的客户，企业可以采取以下策略：**首先，通过拓展客户接触渠道，利用精准营销激发客户兴趣，挖掘潜在客户；其次，通过新手辅导帮助新客户顺利完成过渡；再次，提供差异化服务以提升老客户的满意度；然后，做好客户关怀以降低客户流失率；最后，深入分析客户流失原因，并努力召回有价值的流失客户。**

举个例子，一家电商企业发现其客户生命周期普遍较短，很多客户在购买一两次后就流失了。为了改善这一情况，企业采取了以下策略。

√ 在外部引流方面，增加在社交媒体和搜索引擎上的广告投放，吸引更多潜在客户。

√ 对于潜在客户，通过精准的社交媒体营销和个性化的产品推荐，激发其购买欲望。

√ 在新手过渡期，提供新手购物指南和24小时在线客服支持，帮助客户顺利度过适应期。

√ 在成长期和成熟期，推出会员积分制度和定期优惠活动，提高客户的忠诚度和黏性。

√ 在衰退期，通过数据分析识别出购买行为异常的客户，主动与客户沟通，了解需求变化，提供定制化解决方案。

√ 在流失期，建立流失预警系统，及时发现即将流失的客户，并通过重新营销和客户回访等措施，尽量挽回流失客户。

> **读者思考**
>
> 您所在企业的客户都分布在客户生命周期的哪个位置？

6.10 收集和分析客户声音，提升客户满意度

悉心倾听客户的声音，深入洞悉客户的诉求，方能携手共创美好未来。

客户满意度是一个衡量客户对产品或服务满意程度的指标，反映了客户对产品或服务的实际感受与其期望值之间的匹配程度。简单来说，就是客户对企业提供的产品或服务是否满意，以及满意的程度如何。通常，我们可以通过客户声音收集、社交媒体分析、智囊团建设等方式对客户满意度进行管理，如图 6-16 所示。

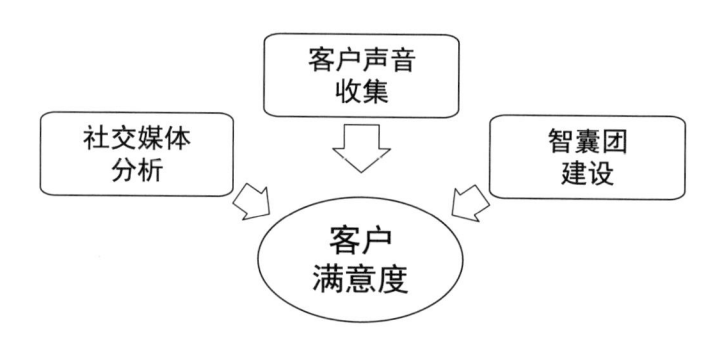

图 6-16　客户满意度管理示意图

（1）客户声音收集是企业洞察客户需求、提升客户满意度的关键环节

客户声音涵盖了他们对产品和服务的全方位反馈，包括需求、期望、意见、抱怨、评价等。为了全面而准确地收集这些信息，企业需要构建一套完善的客户声音收集体系，包括主动和被动的信息收集。

主动信息来源方面，企业可以通过客户访谈深入了解客户的真实想法和需求，通过问题处理团队及时捕捉并解决客户的痛点，通过客户调查获取大规模的反馈数据以分析客户满意度的整体趋势，还可以对合作伙伴进行访谈，从更多角度了解市场情况

和客户需求。

被动信息来源方面，企业需密切关注服务热线、客户服务请求、销售报告、退货信息以及网络反馈等，这些都能为企业提供宝贵的客户声音，帮助企业及时发现并解决问题，提升客户满意度。

（2）社交媒体分析在客户满意度提升中发挥着重要作用

通过微博、微信公众号、抖音等社交媒体平台，企业可以广泛收集客户的反馈和意见，然后运用数据分析工具深入挖掘影响客户满意度的关键因素。

同时，企业还可以利用社交媒体的互动特性，与客户进行实时交流，及时解决客户的问题和疑虑，提升客户对企业的信任感和满意度。

通过有效运用社交媒体，企业不仅能提升客户满意度，还能塑造良好的品牌形象，赢得更多客户的青睐和信任。

（3）智囊团建设是企业提升客户满意度的重要举措之一

通过精心挑选关键客户，组建智囊团，能够帮助企业建立一个与客户紧密且高效沟通的机制。这些关键客户不仅对产品或服务有着深入的了解和体验，还能从市场前沿角度带来宝贵的行业洞察。

在智囊团管理方面，企业需保持与智囊团的定期沟通，通过定期召开会议、问卷调查或一对一交流等方式，深入了解客户对产品或服务的满意度，以及他们的改进建议和创新思路。这样，企业就能确保始终掌握客户满意度的最新动态，为产品迭代和服务优化提供有力支持。

> 💡 **读者思考**
>
> 您所在的企业都使用了哪些方法来管理客户满意度？

6.11 客户洞察常见的指标

在客户洞察过程中，除了客户需求以外，通常使用四个指标进行分析，即客户总体预算、客户总体预算的增长率、客户对本企业的采购额和客户对本企业的采购毛利率。

客户总体预算是指客户在一定时期内（如年度、季度）计划用于购买产品或服务的总金额。这包括客户可能用于采购、研发、营销等各方面的预算。了解客户总体预算有助于企业预测潜在的销售机会，并根据预算规模调整销售策略和资源配置。基于客户总体预算，企业可以提供定制化的产品或服务方案，以满足客户在预算范围内的需求。

客户总体预算的增长率是指客户在一定时期内（如年度、季度）预算金额相对于前一时期的增长比例。这反映了客户财务状况和市场需求的变化趋势。通过分析客户总体预算的增长率，企业可以了解市场需求的增长趋势，为未来的业务扩展提供参考。如果客户总体预算的增长率较高，企业可以考虑增加营销投入，扩大市场份额；反之，则可能需要调整销售策略，降低成本，提高竞争力。

客户对本企业的采购额是指客户在一定时期内（如年度、季度）从我们公司购买的产品或服务的总金额。通过跟踪客户对我们公司的采购额，企业可以评估客户关系的健康状况，并据此制定客户维护和拓展策略。

客户对本企业的采购毛利率是指客户在一定时期内（如年度、季度）从我们公司购买的产品或服务所带来的毛利润与采购额的比例。通过分析客户对我们公司的采购毛利率，企业可以了解产品的盈利能力和市场竞争力，从而制定更加合理的定价策略。

通过这四个指标,可以将客户分为非利润客户、战略客户、大客户、利润客户和价值客户,如表 6-3 所示。然后,依据客户分类,实施差异化的客户经营策略。

表 6-3 客户分类表

客户分类	客户预算和增长率	对我们公司的采购额	对我们公司的采购毛利率
非利润客户	低	低	低
战略客户	高	低	低
大客户	高	高	低
利润客户	高	低	高
价值客户	高	高	高

6.12 本章小结

- 客户洞察是对客户行为、需求和偏好的深入理解，它涉及对客户的全面分析，包括但不限于客户的基本信息、消费历史、行为偏好、心理需求等。

- 客户画像是企业理解客户需求的重要工具，它详细描述了目标客户的特征、行为模式、潜在痛点以及未被满足的需求。

- 客户的基本信息是指能够全面、系统地描述客户特征、经营状况、发展历史、企业文化、股东构成及最新动态等内容的一系列关键信息的集合，是客户档案最基本的内容，是客户研究的基础。

- 客户环境分析是指对客户所在行业、市场、竞争态势等外部环境进行深入研究和评估的过程。企业通过客户环境分析来挖掘客户的痛点。

- 基于客户的痛点，通过客户满意度分析、设计思维、创新工具等工具和方法，帮助企业收集和挖掘客户未被满足的需求。

- 了解客户系统经济学，就是要"算大账，不算小账"，从客户的角度出发，帮助客户创造价值，不要形成局部最优、全局很差的局面。

- 关注客户的采购组织对我们的整体态度和倾向性，有助于我们更准确地把握客户需求，进而制定出更加贴合实际的应对策略，提升合作的成功率。

- 了解不同用户群体的需求和期望，明确产品定位，制定更加精准的营销策略，以提高市场占有率和用户满意度。

- 分析客户生命周期阶段，提升客户满意度，降低客户流失率。
- 通过客户声音收集、社交媒体分析、智囊团建设等方式，充分接触客户，理解客户，从而管理好客户满意度。

7

竞争洞察：明确优劣势

竞争无处不在，适者方能生存。

竞争不是目的，超越才是关键。

敢于面对竞争，才能赢得未来。

7.1 什么是竞争洞察

竞争洞察是一个识别竞争对手、收集竞争对手信息、分析并把握竞争对手的优势和劣势，最终确定如何应对和击败竞争对手的过程，以支持企业的战略决策、产品规划、产品开发及销售策略，帮助企业达到"知己知彼，百战不殆"的目的。

通过竞争洞察，企业能够清晰地把握竞争对手的优势、劣势、机会与威胁，挖掘竞争对手犯下的致命错误，进而制定出更加精准有效的市场竞争策略，增强自身的市场竞争力，如图7-1所示。

竞争分析应用（支撑战略制定、支撑产品规划、支撑销售项目）

↑　↑　↑

| 1. 识别竞争对手，并进行分类和排序 | → | 2. 确定竞争分析的维度和方法 | → | 3. 收集和获取竞争对手的信息 | → | 4. 明确优势和劣势，寻找机会和威胁 |

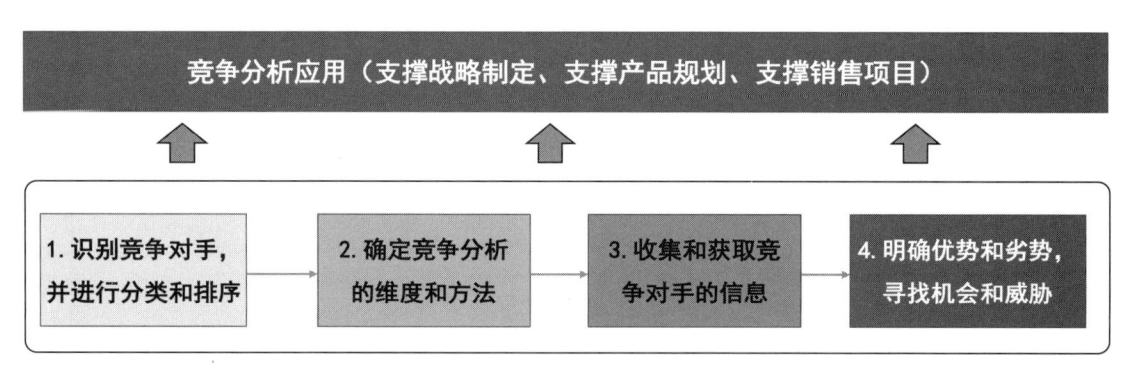

图7-1　竞争洞察过程示意图

我们可以通过四步完成竞争分析，具体步骤如下。

第一步，识别竞争对手，并进行分类和排序。例如，将竞争对手分为直接竞争对手、潜在竞争对手。

第二步，确定竞争分析的维度和方法。例如，利用$APPEALS方法进行竞争对手分析。

第三步，收集和获取竞争对手的信息。例如，从官方网站了解竞争对手的基本信息。

第四步，明确优势和劣势，寻找机会和威胁，制定竞争策略。

另外，本章还将介绍竞争分析的常见应用，包括支撑战略制定、支撑产品规划、支撑销售项目等。

7.2 识别竞争对手，并进行分类和排序

朋友是并肩作战的伙伴，对手是激励前行的楷模。

没有永远的朋友，也没有永远的对手。

关于如何寻找竞争对手，有很多种不同的方法。可以通过波特五力模型来寻找竞争对手，也可以通过市场共同性和资源相似性框架来识别竞争对手。识别到竞争对手后，还需要对竞争对手进行分类和排序，以确定需要重点关注和研究的竞争对手。

需要注意的是，很多企业把标杆企业和竞争对手混淆在一起，把标杆企业当作竞争对手，这会带来很多问题。

首先，标杆企业是我们学习的榜样。标杆企业不一定是同行，也不一定是大企业，只要有值得我们学习的地方，就可以成为我们的标杆企业。例如，由于华为公司的成功，目前有很多企业在积极向华为公司学习，因此华为公司是我们的标杆企业。另外，华为公司在标杆学习方面也做得非常出色，只要其他企业有值得学习和借鉴之处，华为公司都会向他们学习。

其次，由于战略定位的差异，我们与标杆企业虽然同属一个行业，但可能并没有产生直接的竞争关系。例如，奥拓可以将奥迪视为标杆企业。虽然二者都属于汽车行业，但面向的客户群体不同，因此并没有产生直接的竞争。

最后，竞争对手不是我们能够选择的，而是市场竞争的结果，我们无法控制谁会成为我们的竞争对手。例如，如果奥迪想要推出一款低端车，奥拓也无法阻拦。虽然有些竞争对手我们可能不屑一顾，但在竞争环境中他们始终存在。如果我们大意轻

敌，忽视这些竞争对手的存在，没有做好充分的竞争分析，那么一定会给企业带来损失。

本章将介绍如何识别竞争对手，并对竞争对手进行分类和排序。

7.2.1 通过波特五力模型识别竞争对手

企业可以通过波特五力模型，寻找主要的竞争对手，并分析竞争对手的战略方向、价值主张、主要竞争策略和手段，进一步构建企业的竞争沙盘，明确企业的竞争态势，如图7-2所示。

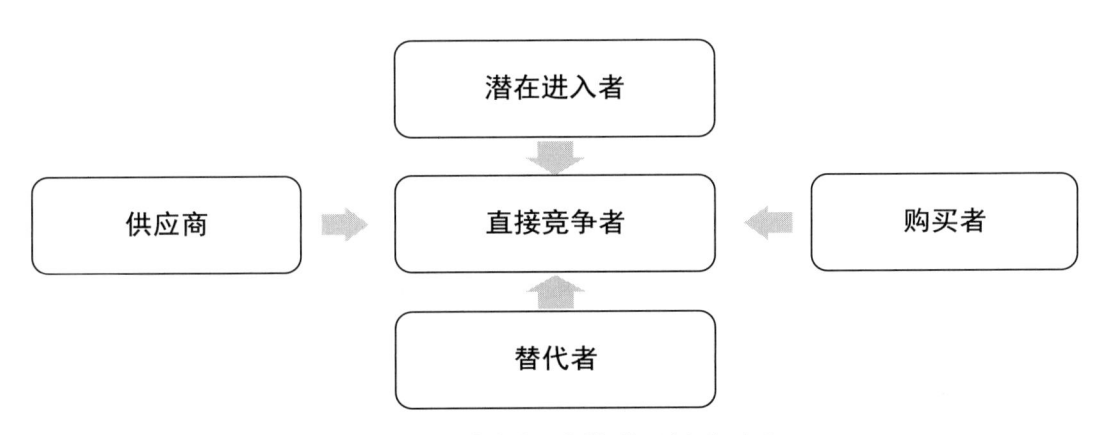

图7-2 通过波特五力模型识别竞争对手

通过波特五力模型可以识别五类可能的竞争对手，分别是直接竞争者、潜在进入者、替代者、购买者、供应商。

这里需要说明的是，在现实商业环境中，由于行业价值链经常发生价值转移，购买者和供应商也有可能成为我们潜在的竞争对手。例如，一家麦当劳的员工离职后，在隔壁开了家汉堡店，与原来的雇主形成了竞争。或者，客户在购买产品和服务时，以安全为由，希望厂家提供配方和工艺，以确保（理论上）自己能够随时替代。当然，这种做法并不合理，因为这可能涉及商业秘密。然而，实际上这样的例子比比皆是。所以，本书特别指出，购买者和供应商也有可能成为我们潜在的竞争对手。

我们以麦当劳和星巴克为例，说明这五类可能的竞争对手，如表 7-1 所示。

表 7-1 通过波特五力模型识别竞争对手

竞争分析	麦当劳的竞争对手	星巴克的竞争对手
直接竞争者	肯德基	蓝山咖啡、两岸咖啡
潜在进入者	星巴克	麦当劳、肯德基
替代者	肉夹馍、必胜客	喜茶、瑞幸咖啡
供应商	烹饪设备商、员工	咖啡豆供应商、员工
购买者	年青的创业者	商务人士

> **读者思考**
>
> 参照表 7-1，利用波特五力模型识别您所在企业的竞争对手。

7.2.2 通过市场共同性和资源相似性框架识别竞争对手

根据市场共同性和资源相似性这一分析框架，企业能够在复杂且多变的竞争环境中更精准地识别其竞争对手，从而制定有效的竞争策略（见图 7-3）。

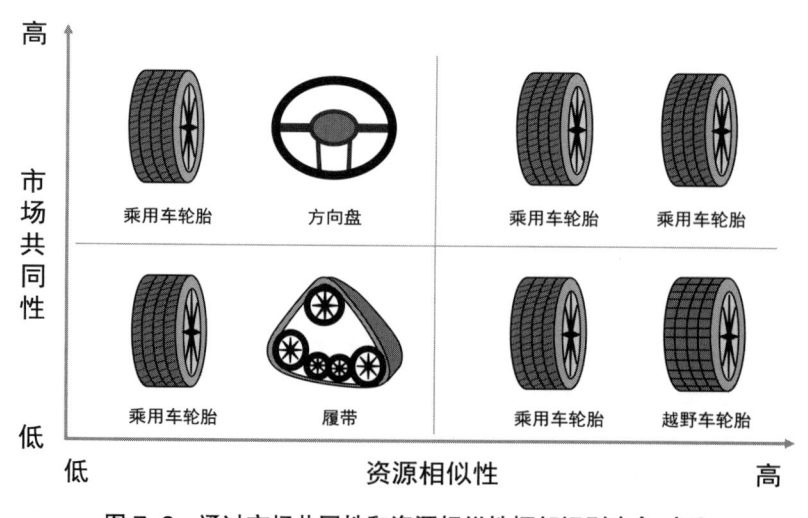

图 7-3 通过市场共同性和资源相似性框架识别竞争对手

（1）直接竞争对手

当两家企业的产品具有高度的相似性，且彼此之间的替代程度极高，以至于它们在多个市场领域同时展开激烈的竞争与对抗时，这两家企业就成为直接的竞争对手。

例如，两家专注于生产乘用车轮胎的企业，它们的产品在功能上完全相同，并面向共同的客户群进行销售，因此，在市场上它们极有可能形成激烈的竞争态势。

（2）资源相似的潜在竞争对手

如果两家企业在有形资源和无形资源的配置上呈现出高度的相似性，那么它们就成为潜在的竞争对手。这些资源不仅涵盖了技术能力、组织能力、管理流程等内部运营要素，还可能包括品牌影响力、市场渠道等外部资源。

以生产乘用车轮胎的企业与生产越野车轮胎的企业为例，尽管它们的产品类型有所不同，但是它们在技术研发、生产管理、市场营销等方面拥有相似的资源和能力，所以这两家企业就可能在未来某个时点因市场变化或战略调整而成为直接的竞争对手。

又如，中国平安高薪聘请了保险业务领域以外的投行和银行方面的专业人才，这使得相关企业据此判断中国平安将会进入其领域，是潜在的竞争对手。

（3）市场相同的潜在竞争对手

如果两家企业面向相同的市场，即便它们提供的产品或服务存在一定的差异性，也不应忽视彼此是潜在竞争对手的事实。

例如，生产轮胎的厂商与生产方向盘的厂商，虽然它们的产品在功能和用途上截然不同，但由于它们共同服务于汽车制造业这一大市场，且面对的是相同的客户群体，因此，根据安索夫矩阵中的新产品策略，生产轮胎的厂商完全有可能为了拓展市场份额，通过收购、合作、自研等方式为老客户提供方向盘产品，从而与原本生产方向盘的厂商形成直接的竞争关系。

（4）不存在竞争关系

如果两家企业在市场定位和资源配置上均存在显著差异，且这种差异达到了无法轻易跨越的程度，那么这两家企业基本上就不会成为竞争对手。在这种情况下，它们在各自的市场领域内深耕细作，互不干涉，从而实现了在市场上的和谐共存。

> **读者思考**
>
> 参照图7-3，通过市场共同性和资源相似性框架识别您所在企业的竞争对手。

7.2.3 根据竞争强度，对竞争对手进行分类和排序

识别到竞争对手后，我们还需要进一步对竞争对手进行分类和排序，确保能够根据企业自身的定位瞄准最核心的竞争对手，做到有的放矢。

按照"面向共同的市场"和"解决问题的相似性"，通常可以将竞争对手分为四类，如图7-4所示。

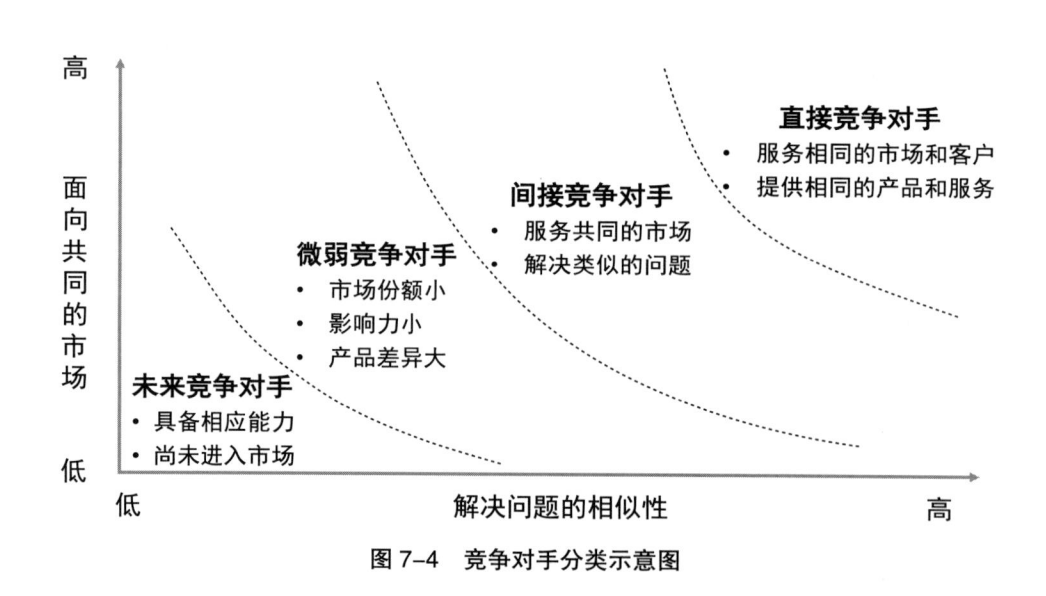

直接竞争对手
- 服务相同的市场和客户
- 提供相同的产品和服务

间接竞争对手
- 服务共同的市场
- 解决类似的问题

微弱竞争对手
- 市场份额小
- 影响力小
- 产品差异大

未来竞争对手
- 具备相应能力
- 尚未进入市场

纵轴：面向共同的市场（低—高）
横轴：解决问题的相似性（低—高）

图7-4 竞争对手分类示意图

（1）直接竞争对手

直接竞争对手是在同一市场、同一领域内提供相同的产品和服务的竞争对手。

这些竞争者提供的产品或服务高度相似甚至完全相同，且它们的目标顾客群体也高度重叠。因此，这些竞争者会就市场份额和顾客资源展开激烈的争夺。

以智能手机行业为例，苹果、三星、小米等品牌都是直接竞争对手，它们都在争夺智能手机市场的份额，吸引那些对智能手机有需求的顾客。

（2）间接竞争对手

间接竞争对手是那些服务相同的客户、解决类似问题的竞争对手。

虽然这些竞争者并不直接提供相似或相同的产品和服务，但它们却能满足顾客的同一需求或解决同一问题，从而吸引潜在顾客。

例如，智能手表、平板电脑（PAD）等设备虽然与智能手机在功能上有所不同，但它们都能满足用户在娱乐、信息获取等方面的需求，因此有可能促使原本打算购买智能手机的顾客改变主意，转而购买智能手表或平板电脑（PAD），进而成为智能手机的间接竞争对手。

（3）微弱竞争对手

微弱竞争对手通常是指那些市场份额较小、影响力相对较弱的竞争对手。 或者它们提供的产品或服务与本企业存在较大的差异，因此对本企业并不构成直接的威胁。然而，在特定的情况下，这些微弱竞争对手也有可能逐渐壮大，成为企业的强劲竞争对手。

以小米公司为例，其最初专注于为智能手机开发（或定制）操作系统，与传统智能终端厂商存在巨大的差距，并不能对传统智能终端厂商构成直接威胁。但是，随后小米公司开始推出高性价比的智能手机产品，并逐渐拓展至智能电视、笔记本电脑、穿戴设备、家居产品等多个领域，成为智能终端领域一股不可忽视的力量。

（4）未来竞争对手

未来竞争对手是具备相应能力但尚未进入市场的竞争对手。但是根据它们的实力、技术、资金或市场策略，企业有可能在未来面临它们的威胁。

这些竞争者可能正在暗中研发颠覆性的新技术或新产品，一旦它们成功推出，就有可能改变整个市场的格局。因此，需要时刻保持警惕，密切关注这些潜在竞争者的动态，以便及时应对可能出现的挑战。

特别是在科技行业，尤其需要关注那些新兴企业或初创企业，它们往往具备强大的创新能力和市场洞察能力，有可能成为企业未来的强劲竞争对手。

> **读者思考**
>
> 参照图 7-4，对您识别的竞争对手进行分类和排序。

根据上述分析，我们可以将通过波特五力模型或市场共同性和资源相似性框架识别出来的竞争对手进行大致的排序，如表 7-2 所示。此表仅供参考，具体排序会因企业的战略定位和业务发展方向的不同而存在差别。

表 7-2　竞争对手排序举例

竞争对手排序	波特五力模型	市场共同性和资源相似性框架
直接竞争对手	直接竞争者	直接竞争对手
间接竞争对手	替代者	资源相似的潜在竞争对手
微弱竞争对手	潜在进入者	市场相同的潜在竞争对手
未来竞争对手	供应商、购买者	不存在竞争关系

7.2.4　竞争对手分析案例：AI-CRM 系统

笔者曾参与过 AI-CRM 领域的一个创业项目，开发了一款基于人工智能的客户关系管理系统（AI-CRM）。在这个过程中，我们利用波特五力模型识别了潜在的竞争对手。

√ **直接竞争者**是正在利用 AI 技术进行客户关系管理系统（CRM）创新的企业，例如探迹科技、纷享销客、Gainsight 等。这些企业与我们一样，拥有高度的灵活性和创新能力。

√ **替代者和潜在进入者**是那些传统客户关系管理系统（CRM）解决方案提供商，他们有能力随时利用 AI 技术重构其产品。典型的企业是金蝶和用友，他们拥有丰富的客户基础，并且在 CRM 项目实施方面积累了深厚经验。

√ **供应商**主要是 AI 平台提供商，他们提供必要的计算资源和平台服务。为了加速开发进程，我们依赖这些 AI 平台来构建我们的 AI-CRM 产品。同时，这些 AI 平台也与传统客户关系管理系统（CRM）厂商合作，提供 AI-CRM 软件，从而与我们形成竞争。

√ **购买者**主要指的是那些面向其他应用领域的 AI 技术公司。他们可能会购买我们的产品以提升自身的营销能力，也有可能尝试自行研发系统，从而成为我们的潜在竞争对手。例如，特斯拉和华为等企业已经自行研发了 CRM 系统，尽管目前尚未推向市场。

经过深入分析，我们发现这些潜在竞争者之间存在一定程度的竞争与合作关系，如图 7-5 所示。

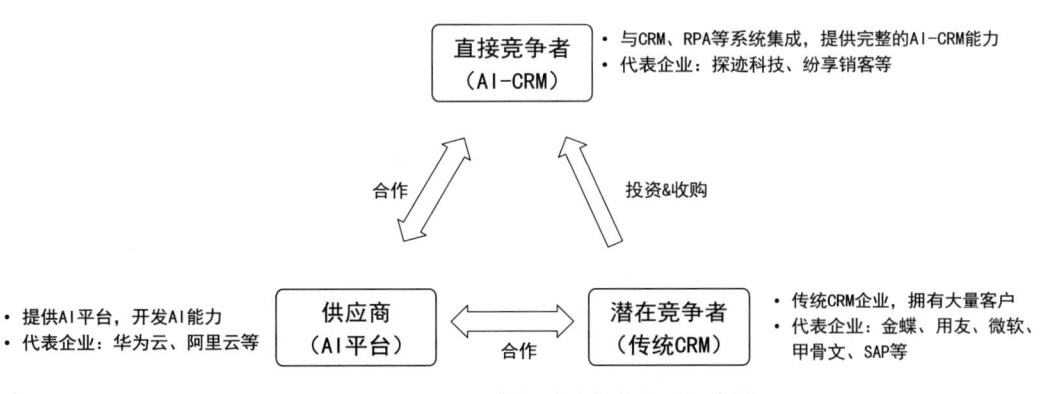

图 7-5 AI-CRM 竞争对手竞合关系示意图

主要的竞争与合作关系概述如下。

✓ 面对资金和客户资源不足的问题,直接竞争者往往选择与AI平台厂商建立合作关系,或者接受外部投资。例如,2018年,探迹科技获得了4000万元A轮融资,由阿里巴巴、启明创投联合投资。

✓ 潜在竞争者为了应对新技术带来的挑战,一方面会寻求AI平台厂商的技术支持,例如,金蝶与华为公司开展合作;另一方面,也会通过投资或收购AI初创企业来增强自身实力,例如,金蝶在2018年对纷享销客进行了5000万美元的投资。

✓ 至于AI平台厂商,为了扩展其生态系统,会与AI创新企业以及传统企业进行合作,这在一定程度上与我们构成了竞争关系。例如,阿里云与Salesforce合作开发CRM系统。

因此,从竞争强度来看,我们认为:AI-CRM领域的创业公司是我们的直接竞争对手;AI平台厂商和传统CRM企业既是我们的间接竞争对手,也是潜在的合作伙伴;而其他应用领域的AI科技公司则构成了较弱的未来竞争威胁。

随后,我们以产品功能作为对比项,将这些竞争对手的产品功能进行逐个对比,最终得到一张基于产品功能的竞争分析地图,如图7-6所示。

分类	竞争分析项目	竞争对手A	竞争对手B	竞争对手C	竞争对手D	竞争对手E
营销管理	广告投放管理		竞争较弱的领域		支持	支持
	市场活动管理				支持	支持
	企业数据		支持	支持	第三方数据	支持
	客户画像	仅支持ToC	支持	支持	支持	支持
	线索挖掘	支持	支持	支持	支持	支持
	线索评分	支持	支持	支持	支持	支持
	线索培育	支持	支持		支持	支持
内容管理	内容设计	支持	支持	支持	支持	
	营销触达	支持	支持	支持	支持	
	客服机器人	支持	支持	支持	支持	
	营销画布	支持	支持	支持		
	市场洞察			支持		
服务支持	客户痛点挖掘	合作		市场空白的领域		
	客户体验分析	合作				
	客户流失预警	合作				
	产品洞察					
销售	CRM集成	自带CRM	自带CRM	合作CRM	自带SCRM	支持CRM
报表	数据报表	支持	支持	支持	支持	支持

图7-6 AI-CRM竞争对手产品功能对比分析

通过对比，我们发现目前国内 CRM 系统已经非常成熟，所有被调查的竞争对手都自研或集成了 CRM 系统，具备完整的营销管理能力。然而，在客户服务支持和存量客户流失预警方面，国内厂商几乎还没有投入，这是一个巨大的空白市场。因此，基于这一分析结论，我们决定从客户服务支持和存量客户流失预警方面入手，启动我们的 AI-CRM 项目。

7.3 确定竞争分析的维度和方法

细节决定市场地位，细微之处显竞争实力。

在明确了竞争对手后，接下来，我们需要明确从哪些维度、用哪些方法对竞争对手进行分析。常见的竞争分析方法主要有两种，分别是 $APPEALS 方法和关键成功要素法（Critical Success Factors，CSF）。

- √ $APPEALS 方法明确了竞争对手分析的要素，非常适合消费类（ToC）产品的竞争分析。

- √ 关键成功要素法说明了如何寻找关键成功要素，以及如何利用这些关键成功要素进行竞争分析，比较适合商业类（ToB）产品的竞争分析。

下面将对这两种方法进行简单介绍。

7.3.1 通过 $APPEALS 方法进行竞争分析

$APPEALS 方法将客户需求细分为八个不同的类别，分别是价格（Price）、可获得性（Availability）、性能（Performance）、包装（Packaging）、易用性（Ease of Use）、保证（Assurances）、生命周期成本（Lite Cycle Costs）以及社会接受程度（Social Acceptance），每个类别都对应着客户在购买和使用产品时可能关注的不同方面。

在竞争分析时，我们也可以按照这八个不同的要素，将本企业的产品与竞争对手的产品进行对比，从而找出产品的优劣势，明确改进方向。通常会使用雷达图进行差异化分析和展示，如图 7-7 所示。

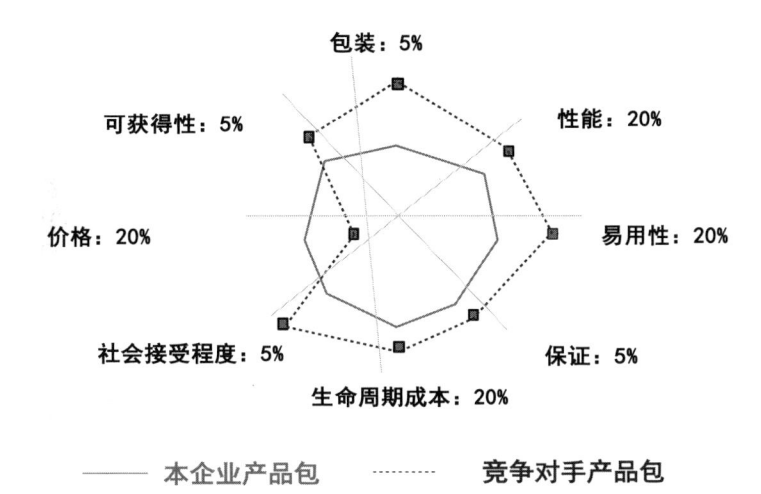

包装：5%
可获得性：5%
性能：20%
价格：20%
易用性：20%
社会接受程度：5%
保证：5%
生命周期成本：20%

—— 本企业产品包　　……… 竞争对手产品包

图 7-7　使用 $APPEALS 方法进行竞争分析

假设某公司正在研发一款智能手表，希望通过 $APPEALS 方法来进行竞争分析，以便在产品设计和推广中做出正确的决策。那么，使用 $APPEALS 方法进行竞争分析的具体步骤如下。

（1）基于 $APPEALS 八个要素，收集客户的具体需求和期望

公司可以通过公开信息收集、市场调研和客户访谈等方式，收集客户对于 $APPEALS 八个要素的具体需求和期望。

例如，对于智能手表，在价格方面，客户可能希望智能手表的价格在合理范围内，且与其功能和质量相匹配；在可获得性方面，客户可能希望购买渠道多样化，购买过程简便快捷；在性能方面，客户可能关注智能手表的准确度、电池续航能力以及运动健康监测功能等。

（2）按照 $APPEALS 八个要素，输出竞争分析表

根据客户的期望，设定 $APPEALS 八个要素的权重。收集竞争对手的信息，评估自己和竞争对手在各个维度上的得分情况，形成竞争分析表，如表 7-3 所示。

表 7-3 竞争分析表举例

客户 $APPEALS 要素	要素权重	公司产品 评分	公司产品 加权得分	竞争对手产品 评分	竞争对手产品 加权得分
$ 价格	20%	10	2.00	8	1.60
A 可获得性	5%	7	0.35	8	0.40
P 包装	5%	8	0.40	6	0.30
P 性能	20%	8	1.60	9	1.80
E 易用性	20%	8	1.60	7	1.40
A 保证	5%	9	0.45	8	0.40
L 生命周期成本	20%	8	1.60	8	1.60
S 社会接受程度	5%	8	0.40	8	0.40
总计	100%	总分	8.40	总分	7.90

（3）根据竞争分析表，制定竞争策略

根据竞争分析表的内容，基于公司的战略目标和市场策略，确定产品应该关注的核心功能和需求，并制定相应的竞争策略和市场推广策略。

例如，公司发现竞争对手的产品在价格方面普遍较高，但在性能方面表现优秀。这时，公司可以考虑在保持一定性能水平的同时，通过优化成本和供应链管理来降低价格，从而吸引更多客户。

通过应用 $APPEALS 方法，企业可以更加深入地了解客户的需求和市场状况，从而制定出更加精准的产品设计和市场推广策略，提高产品的市场竞争力和客户满意度。

> **读者思考**
>
> 参照表 7-3，使用 $APPEALS 方法帮助企业输出一份竞争分析表。

7.3.2 通过关键成功要素法进行竞争分析

关键成功要素法（Critical Success Factors，CSF）是竞争地位分析方法之一。该方法通过对产品进行分析，确定并列出关键成功要素，然后将本企业的产品与竞争对手的产品进行对比，分析本企业产品的竞争力，输出竞争分析表，确定产品的竞争地位，寻找企业擅长的领域。在企业竞争过程中，只有抓住并有效管理这些核心要素，企业才能获得胜利，并持续成功。

通过关键成功要素法进行竞争分析的具体步骤如下。

（1）列出成功要素清单

通过研讨，梳理企业达成战略目标所需的所有要素或活动，常见的要素包括技术、销售、市场推广、售后服务、品牌、物流、采购、人力资源、资金、产品质量、产品成本、生产能力、政府关系等。

需要说明的是，这些要素并不是固定不变的，企业需要根据自己的实际情况进行调整。

（2）通过打分，寻找关键成功要素

梳理完可能的成功要素后，接下来就需要对所有要素进行打分并排序，从而寻找出最关键、最重要的成功要素，如图7-8所示。

成功要素	技术	销售	市场推广	售后服务	品牌	物流	采购	人力资源	资金	产品质量	产品成本	生产能力	政府关系	横向得分	排序
技术		1	1	1	0	2	2	2	2	1	2	2	2	18	4
销售	1		1	2	1	2	2	2	2	2	2	2	2	21	3
市场推广	1	2		2	1	2	2	1	2	2	2	2	2	22	2
售后服务	1	0	1		1	1	2	2	2	2	2	2	2	16	5
品牌	2	1	1	1		2	2	2	2	2	2	2	2	22	1
物流	0	0	0	1	0		1	1	0	0	1	2	2	8	10
采购	0	0	0	1	0	1		1	1	1	2	1	2	10	9
人力资源	0	0	1	0	0	2	2		1	2	2	2	2	15	6
资金	0	0	0	0	0	0	0	1		1	0	1	2	7	11
产品质量	0	0	0	0	0	2	0	2	0		1	2	2	10	8
产品成本	0	0	0	0	0	1	1	2	1	2		2	2	13	7
生产能力	0	0	0	0	0	0	0	0	0	0	0		1	3	12
政府关系	1	0	0	0	0	0	0	0	0	0	0	1		2	13

图7-8 寻找关键成功要素示意图

通常采用集中讨论的方式，对矩阵中每一个格子进行打分，打分时需要将横向因素（A）与纵向因素（B）逐一进行比较，具体得分规则如下。

✓ 如果A因素比B因素重要，则表格中打2分。

✓ 如果A、B因素同样重要，则表格中打1分。

✓ 如果A因素没有B因素重要，则表格中打0分。

在对矩阵中所有格子进行打分后，进行横向加总，以此来进行科学的权重分配。一般在权重排序中处于前列的因素成为关键成功要素。如图7-8中，最关键的成功要素是品牌和市场推广，其次是销售。

（3）基于关键成功要素，进行竞争分析

根据识别出的关键成功要素，收集竞争对手的信息，并进行对比，识别和分析在关键成功要素上的差距，形成竞争分析表，如表7-4所示。

表7-4 竞争分析表

关键成功要素	TOP1 对手	TOP2 对手	TOP3 对手	本企业
品牌				
市场推广				
销售				
技术				
售后服务				
人力资源				
产品成本				
产品质量				
采购				
物流				

（4）根据竞争分析结果，制订行动计划

根据竞争分析表显示的差距，识别竞争的关键举措，并制订具体的行动计划，包括明确责任、设定时间表和制定实施方案。

> **读者思考**
>
> 参照表7-4，使用关键成功要素法帮助企业输出一份竞争分析表。

7.4 收集和获取竞争对手的信息

竞争对手信息收集和获取工作涉及以下三个方面的内容：竞争对手信息收集方法和渠道、竞争分析问题清单和竞争对手档案建设。

（1）竞争对手信息收集方法和渠道

企业可以通过多种渠道收集竞争对手的信息，这些渠道包括互联网、第三方机构、报纸杂志等传统媒体、行业展会、行业专家、人际网络、专利数据库等，甚至还包括竞争对手的官方网站、年报、客户反馈以及供应商信息等。具体如下。

- √ 通过竞争对手的官方网站，企业可以了解到竞争对手的基本信息，如产品详情、服务内容、主要客户群体、核心价值主张以及典型成功案例等。

- √ 通过细致分析竞争对手的年度财务报告，企业可以洞察竞争对手的战略方向、经营状况以及未来的发展规划。

- √ 借助展会、峰会、论坛等公开活动，企业可以进一步获取关于竞争对手的详细信息，增进对其市场策略的理解。

- √ 利用搜索引擎、网络爬虫技术或者大语言模型，企业可以广泛搜集竞争对手的公开信息，包括竞争对手的历史中标记录、高层领导的公开言论、客户和合作伙伴的反馈评价等。

- √ 通过研究竞争对手过去的项目运作信息，企业可以深入了解其运作模式、商业模式、竞争反应速度以及价格策略等，从而为企业自身制定有效的竞争对策提供有力支持。

√ 通过与客户和合作伙伴进行深度沟通，企业可以获取他们对竞争对手的真实评价，挖掘出他们对竞争对手不满意的地方，进而发现潜在的业务合作机会。

> **读者思考**
>
> 您所在的企业使用了哪些方法收集竞争对手的信息？

（2）竞争分析问题清单

为了全面、准确、高效地收集竞争对手的信息，通常我们会准备一个问题清单，通过回答问题清单中的问题来收集和分析竞争对手的信息。常见的竞争分析问题如下。

√ 谁是我们的主要竞争对手、潜在的竞争者或替代者？

√ 他们的规模、资源以及市场份额如何？

√ 他们提供的产品是什么？市场定位是怎样的？

√ 他们如何为客户创造价值或增值？

√ 他们未来的发展目标或计划是什么？

√ 客户为什么选择从他们那里购买产品或服务？又为什么不购买？

√ 他们在哪些细分市场或领域具有优势或劣势？

√ 他们的市场活动或战略举措将如何影响我们的战略规划？

√ 我们如何才能从他们手中夺取市场份额？

√ 在所有竞争对手中，谁是最容易被我们击败的？

√ 面对我们的战略行动，他们可能会做出什么反应？

√ 对于未来的市场变化或战略挑战，他们可能会如何应对？

（3）竞争对手档案建设

与客户洞察类似，企业在进行竞争分析时，同样需要为每一个竞争对手构建一份详尽的竞争档案。这份档案不仅是企业深入了解竞争对手的窗口，更是制定高效、针对性强的竞争策略与学习策略的重要依据，如图 7-9 所示。

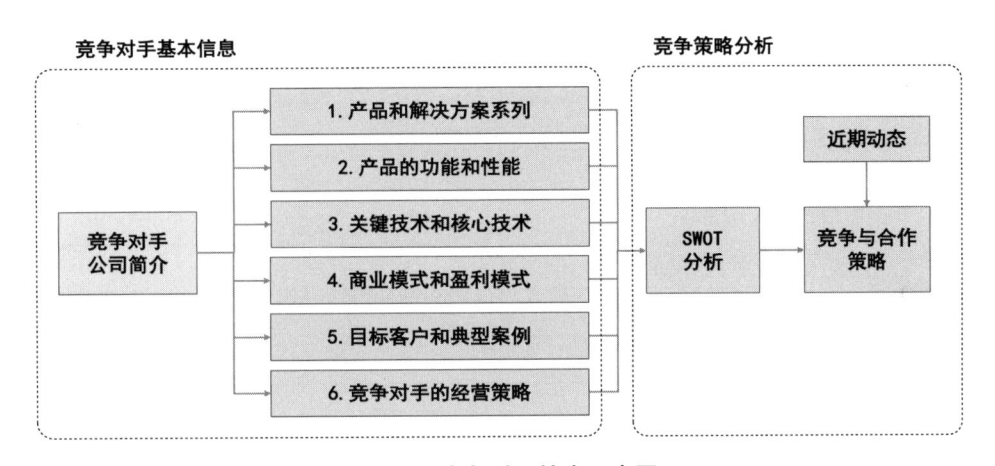

图 7-9　竞争对手档案示意图

竞争对手档案主要包括两部分内容，即竞争对手基本信息和竞争策略。

竞争对手基本信息涵盖了竞争对手公司简介、产品和解决方案系列、产品的功能和性能、关键技术和核心技术、商业模式和盈利模式、目标客户和典型案例以及竞争对手的经营策略（研发、制造、营销、服务等）。通过竞争对手基本信息，我们可以快速了解竞争对手的情况。

竞争策略的制定基于对竞争对手基本信息的掌握。首先通过 SWOT 分析（优势、劣势、机会、威胁）明确双方的竞争态势。在此基础上，密切关注竞争对手的近期动态，如市场活动、新产品发布、合作动向等。最后结合 SWOT 分析结果与竞争对手的近期动态，精心策划竞争与合作策略——既制定有效的竞争措施，又探索潜在的合作机会，以达成双赢或多赢的市场格局。

> **读者思考**
>
> 参照表 7-5，尝试为竞争对手做一个综合分析。

表 7-5　竞争对手综合分析表

竞争分析的维度		竞争对手 A	竞争对手 B
战略目标			
市场份额（地位）			
主流产品（服务）			
财务状况	销售收入		
	销售利润率		
主要业务模式			
客户定位			
价值主张			
主要竞争优势			
主要竞争劣势			
技术/产品创新趋势			
未来竞争策略			

7.5 明确优势和劣势，寻找机会和威胁

7.5.1 通过 SWOT 方法，明确优势和劣势

明辨优劣，方能扬长避短；洞察内外，始得制胜之道。

在收集了竞争对手的基本信息后，最重要的工作便是识别竞争对手的优势和劣势，从而帮助我们制定合理的竞争策略。在识别优势和劣势时，通常使用 SWOT 方法。

SWOT 分析是一种全面评估企业的内部条件和外部环境，识别企业的优劣势，以制定有效的竞争策略的工具。SWOT 方法通过四个关键维度来进行分析，分别是优势（Strengths）、劣势（Weaknesses）、机会（Opportunities）和威胁（Threats），如图 7-10 所示。

相对于竞争对手所具备的积极因素或有利条件	优势	劣势	内部存在的限制其发展或影响竞争力的不利因素
外部环境中对企业发展有利的因素或条件	机会	威胁	外部环境中可能对企业造成不利影响或损害的因素

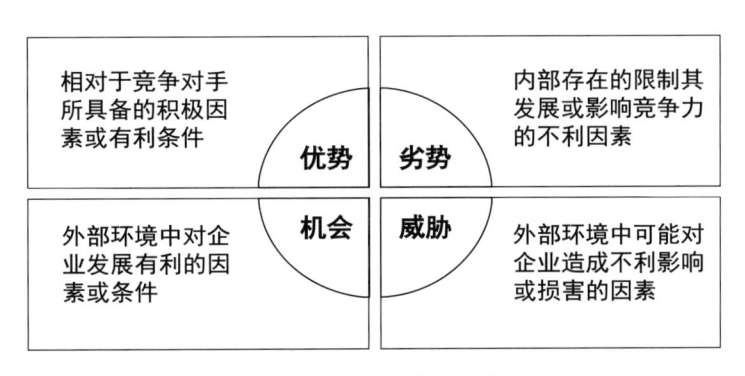

图 7-10 SWOT 分析示意图

√ **优势（Strengths）** 是指企业相对于竞争对手所具备的积极因素或有利条件，例如技术领先、品牌影响力强、成本控制有效等。

- ✓ **劣势（Weaknesses）**是指企业内部存在的限制其发展或影响竞争力的不利因素，例如资金短缺、生产效率低、市场营销能力不足等。

- ✓ **机会（Opportunities）**是指外部环境中对企业发展有利的因素或条件，例如市场需求增加、技术进步、政策扶持等。

- ✓ **威胁（Threats）**是指外部环境中可能对企业造成不利影响或损害的因素，例如竞争对手强劲、市场需求下降、政策变化等。

7.5.2 基于优劣势分析，制定竞争策略

优势不滥用，方能持久；劣势不回避，始得进步。

企业通过 SWOT 方法系统地识别内部的优势和劣势，以及外部环境中的机会和威胁，在此基础上制定企业的竞争策略。企业常见的竞争策略有四种，分别是 SO 战略（优势 Strengths- 机会 Opportunities）、WO 战略（劣势 Weaknesses- 机会 Opportunities）、ST 战略（优势 Strengths- 威胁 Threats）和 WT 战略（劣势 Weaknesses- 威胁 Threats），如表 7-6 所示。

表 7-6 SWOT 分析表

	优势（S）	劣势（W）
机会（O）	SO 战略 （利用优势，抓住机会）	WO 战略 （补齐劣势，抢占机会）
威胁（T）	ST 战略 （利用优势，打击对手）	WT 战略 （学习对手，弱化劣势）

（1）SO 战略

利用企业的内部优势，抓住外部环境中的机会。企业需要充分识别并发挥自身的优势，同时密切关注市场需求、技术进步、政策扶持等外部机会，通过创新产品或服务、拓展市场等方式，最大化企业的增长潜力和竞争优势。

（2）WO 战略

通过系统生态补齐劣势，快速抢占市场机会。企业需要正视自身的不足，通过引入外部资源、构建系统生态和积极开展合作等手段，弥补和克服劣势；同时积极寻找外部机会，快速抢占市场，构建领先地位。

（3）ST 战略

利用企业的优势，打击竞争对手的劣势。换句话说，就是明确如何打击竞争对手。企业需要充分利用自身的优势，发挥自身的长处；同时寻找和分析竞争对手的劣势，制定打击竞争对手的策略，确保企业能够稳定发展。

（4）WT 战略

向竞争对手学习，弱化企业的劣势。换句话说，就是明确如何向竞争对手学习。企业需要识别自身的劣势，通过向竞争对手学习等方式，快速弥补自身的劣势，从而弱化竞争对手的威胁，提升企业的竞争力。

我们以小米公司造车为例，利用 SWOT 方法进行一个简化版的分析，详细的分析请各位读者自行完成，如表 7-7 所示。

表 7-7 小米公司 SWOT 分析表

	优势：资金充足	劣势：造车经验缺乏
机会： 新能源汽车市场增长	利用资金实力，快速招募专业人才，研发汽车，建设生产线 （利用优势，抓住机会）	通过收购或合作等方式，快速获取造车经验和技术 （补齐劣势，抢占机会）
威胁： 市场竞争激烈	利用资金实力，推出高性价比的汽车，从竞争中脱颖而出 （利用优势，打击对手）	通过向竞争对手学习造车技术，降低造车风险和成本 （学习对手，弱化劣势）

> 💡 **读者思考**
>
> 您所在的企业采用了哪些竞争策略？

7.5.3 基于竞争策略，开展竞争活动

当今企业之间的竞争，不是产品之间的竞争，而是商业模式之间的竞争。

面对市场份额和利润的诱惑，总是有企业希望进入新的行业，或者改变自己在行业中的地位，成为行业的领导者。同时，行业领先者们也一直在积极构建防御能力，抵御竞争对手的威胁，确保自己的领先地位。

在本章节，我们将简单分析企业如何进行进攻和防御，如图 7-11 所示。

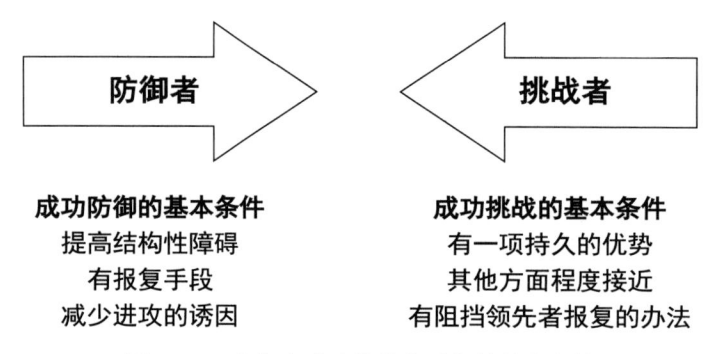

防御者 → ← **挑战者**

成功防御的基本条件	成功挑战的基本条件
提高结构性障碍	有一项持久的优势
有报复手段	其他方面程度接近
减少进攻的诱因	有阻挡领先者报复的办法

图 7-11 竞争中成功挑战和防御的基本条件

（1）挑战者的挑战活动

对于挑战者，要想在激烈的市场竞争中脱颖而出，必须至少具备一项持久的竞争优势，包括但不限于成本控制、产品质量、技术创新、品牌影响力等方面的优势。

通常情况下，挑战者都会在成本方面领先，例如小米手机。当然，挑战者在其他方面也需要与领先者保持接近的水平，以确保在综合竞争力上不落下风。

此外，挑战者还需找到某些有效的办法来阻挡领先者的报复，例如，进行专利申请、与持有专利的企业合作、寻找资本投资以避免恶意竞争等。

具体的挑战方法包括价值链重组、重新定位和投资并购，具体如下。

∨ 价值链重组

挑战者可以通过优化价值链的某些关键环节，如优化生产流程等，创造出全新的

商业模式,从而在市场上获得竞争优势。

例如,小米公司通过互联网模式加强线上营销,优化商业模式,重组智能手机产业链,挑战智能手机行业的巨头。具体方法可参考黎万强所著的《参与感:小米口碑营销内部手册》一书。

∨ 重新定位

挑战者需要重新审视并确定竞争的范围,可以通过瞄准特定的细分市场、聚焦特定的客户群体或开发新产品线等方式,来寻找并占据有利的市场位置。

例如,小米公司在创立之初就将自己定位为服务于年轻人和发烧友的品牌,致力于为发烧友量身定制产品,并推出了"年轻人的第一部手机",从而形成了独特的产品定位。

∨ 投资并购

在某些情况下,挑战者可以通过大规模投资自身竞争优势以外的领域,构建差异化能力,迅速获得新的市场地位。具体举措包括扩大生产规模、加大市场营销力度或收购相关资产等。

例如,小米公司通过投资、孵化和合作的方式,与众多创新型企业携手打造了一个整合智能硬件和软件服务的生态系统,构建了小米生态链,将小米的业务拓展至智能硬件、智能家居、可穿戴设备等多个领域,从而形成了新的竞争格局。

(2)领先者的防御活动

对于领先者而言,为了有效抵御挑战者的进攻,需要不断提高结构性障碍,如加强技术研发、提升品牌影响力、建立庞大的客户基础等,以增加挑战者进入市场的难度。

同时,领先者需要增加可预料的报复手段,如准备法律诉讼、发起价格战或进行市场反击等,以震慑潜在的挑战者。

此外，领先者还需要努力减少进攻的诱因，包括持续改进产品、提升服务质量，以保持客户满意度、降低行业利润率，从而降低挑战者找到市场突破口的可能性。例如，亚马逊每年都会对其云计算产品进行降价，沃尔玛宣称其所有商品只赚取5%的利润。

具体的防御策略制定过程如下。

①**全面了解现有障碍**。领先者需要深入了解并分析当前市场上的各种结构性障碍，以便更好地评估自己的防御能力，并有针对性地加强薄弱环节。

②**预见可能的挑战者**。通过市场调研、竞争分析等手段，努力预见可能的挑战者，并对其进行持续跟踪和评估，以便及时应对潜在的威胁。

③**预测可能的进攻路线**。领先者需要基于对市场趋势的深入理解，分析挑战者可能采取的策略，预测其可能的进攻路线，并制订相应的防御计划。

④**选择封锁可能进攻路线的防御战略**。根据预测结果，领先者应选择适当的防御战略来封锁挑战者的进攻路线，如加强技术研发、扩大市场份额、建立战略联盟等。

⑤**塑造顽强防守者的形象**。领先者需要积极通过公关、品牌宣传等方式，努力塑造自己作为顽强防守者的形象，以震慑潜在的挑战者，并增强现有客户的信心。

⑥**确立现实的利润预期值**。领先者需要根据市场环境和竞争态势，确立合理的利润预期值，以确保在防御过程中保持稳健的财务状况和持续的竞争力。

举个例子，当小米公司从低端手机市场发力，逐步挑战整个智能手机市场时，华为公司作为行业内的佼佼者，既不能选择熟视无睹，任由小米公司凭借其性价比优势在市场上肆意竞争，也不能简单地通过降低自身产品的价格，与小米公司展开一场低水平的价格战。这些做法既可能损害华为公司的品牌形象，也可能无法有效抵御小米公司的攻势。

因此，华为公司需要寻找一种最优的做法来封锁小米公司的进攻路线，尤其是遏制其从低端手机市场向高端手机市场切入的企图。

在这一竞争策略的指导下，华为公司创建了"荣耀"子品牌。荣耀品牌按照互联网模式进行运作，注重线上营销和用户体验，以更加灵活和高效的策略应对小米手机的竞争。

通过荣耀品牌的成功运作，华为公司不仅有效防御了小米公司的进攻，还进一步巩固了自己在智能手机市场的地位。

> **读者思考**
>
> 您所在的企业采用了哪些进攻和防御的手段？

7.6 基于竞争分析，指导业务决策

竞争不是为了打败对手，而是为了获取利润。

竞争分析在企业管理中扮演着重要的角色，能够从多方面为企业的决策提供有力支持。下面从支持企业战略规划的制定、支持产品研发和营销策略的制定以及支持销售项目三个维度描述竞争分析的作用。

7.6.1 支持企业战略规划的制定

完美的竞争战略，是创造出企业的独特性。

竞争分析能够帮助企业深入理解市场的竞争格局，包括竞争对手的市场地位、优势、劣势、发展战略等关键信息。这些信息是制定企业战略规划的重要依据。

通过竞争分析，企业可以明确自身的市场定位，识别潜在的市场机会和威胁，从而制定出更加符合市场实际和竞争环境的战略规划。竞争分析有助于企业确定长期目标、发展方向和资源配置策略，确保企业在激烈的市场竞争中保持竞争优势。

根据企业瞄准的市场竞争地位，可以将竞争战略分为四类，即市场领先者战略、市场挑战者战略、市场追随者战略和市场补缺者战略，如图7-12所示。

（1）市场领先者战略

采用市场领先者战略的企业将致力于扩大市场总体规模并维护其领先地位。 例如，苹果公司（Apple）是采用这一战略的杰出代表。通过不断推出创新产品，如iPhone、iPad和MacBook系列，苹果公司不仅扩大了市场份额，还巩固了其在智能手机和个人电脑市场的领导地位。

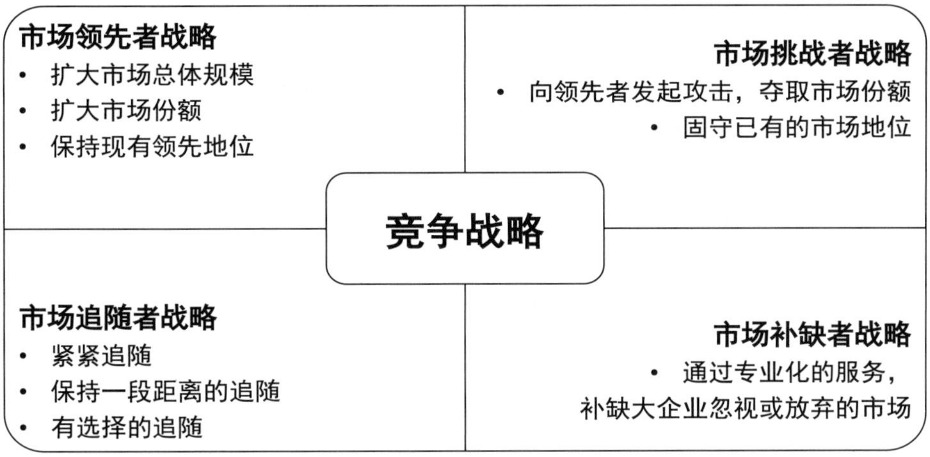

```
┌─────────────────────────────────┬─────────────────────────────────┐
│ 市场领先者战略                   │ 市场挑战者战略                   │
│  • 扩大市场总体规模              │  • 向领先者发起攻击，夺取市场份额│
│  • 扩大市场份额                  │  • 固守已有的市场地位            │
│  • 保持现有领先地位              │                                 │
│                    ┌─────────┐                                     │
│                    │ 竞争战略 │                                     │
│                    └─────────┘                                     │
│ 市场追随者战略                   │ 市场补缺者战略                   │
│  • 紧紧追随                      │  • 通过专业化的服务，           │
│  • 保持一段距离的追随            │    补缺大企业忽视或放弃的市场   │
│  • 有选择的追随                  │                                 │
└─────────────────────────────────┴─────────────────────────────────┘
```

图 7-12　企业竞争战略示意图

（2）市场挑战者战略

采用市场挑战者战略的企业会积极向市场领先者发起攻击，试图夺取市场份额。例如，华为公司在此战略的应用中表现卓越。面对市场领先者带来的竞争压力，华为公司通过持续的技术创新和优化，如研发 5G 技术和推出云计算服务，成功打破了市场格局，在通信设备制造领域进入了"无人区"，成为全球通信设备制造领域的领导者。

（3）市场追随者战略

采用市场追随者战略的企业会选择紧跟市场趋势，避免直接竞争。例如，中兴通讯公司是采用这一战略的典型代表。中兴通讯公司通过模仿市场领先者的产品和服务，同时注重产品和服务的性价比，成功在通信设备制造领域保持了稳定的市场份额。根据行业权威咨询公司 Dell'Oro 发布的数据，2023 年，中兴通讯公司在全球 5G 无线设备市场中的销售收入份额达到 15%，排名第四。

（4）市场补缺者战略

采用市场补缺者战略的企业会专注于填补市场空白，通过提供专业化的服务来满足被大企业忽视或放弃的市场需求。例如，传音公司是采用这一战略的典型代表。传音公司推出了一系列符合非洲市场特点的手机，这些手机拥有超长的电池寿命、优秀的人像拍照效果、适应非洲语言的操作系统，并支持多个运营商，深受非洲用户的欢迎。根据国际数据公司（IDC）的数据，2024年上半年，传音手机在非洲手机市场的占有率超过40%，远超其他品牌，被誉为"非洲手机之王"。

> **读者思考**
>
> 您所在的企业采用的是哪种竞争战略？

7.6.2 支持产品研发和营销策略的制定

10分的竞争力是由产品和营销共同打造的，产品是1，营销是0。

没有优秀的产品，再多的营销活动，结果也是0分。

仅有强大的产品，没有营销的加持，也只能得1分。

竞争分析为产品规划和营销策略的制定提供了关键的市场信息。通过了解竞争对手的产品特点、价格策略、营销渠道和促销活动，企业可以更加精准地定位自己的产品，并制定出更加有效的产品研发和营销策略。

根据企业在市场中的竞争地位，企业会采取不同的产品研发和营销策略来应对市场竞争，从而实现业务目标，如图7-13所示。

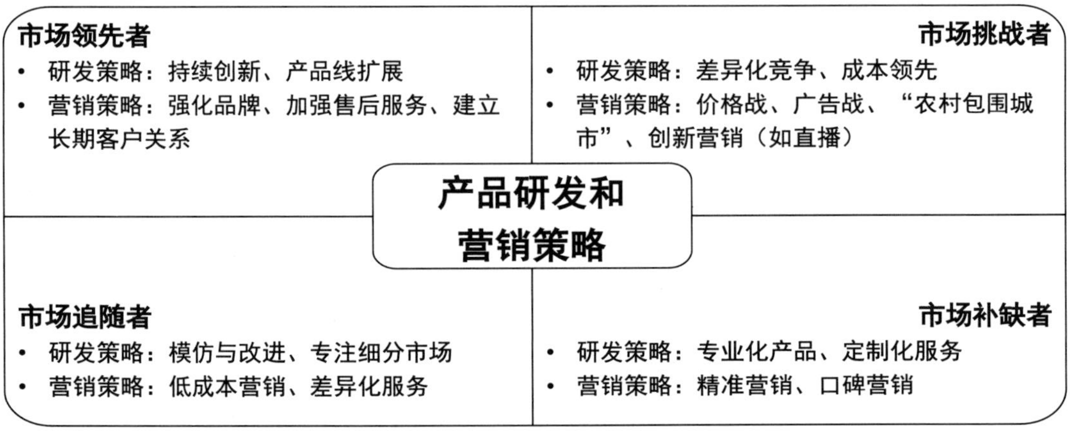

市场领先者	市场挑战者
• 研发策略：持续创新、产品线扩展 • 营销策略：强化品牌、加强售后服务、建立长期客户关系	• 研发策略：差异化竞争、成本领先 • 营销策略：价格战、广告战、"农村包围城市"、创新营销（如直播）
市场追随者	**市场补缺者**
• 研发策略：模仿与改进、专注细分市场 • 营销策略：低成本营销、差异化服务	• 研发策略：专业化产品、定制化服务 • 营销策略：精准营销、口碑营销

中心：产品研发和营销策略

图7-13 基于竞争的产品研发和营销策略示意图

（1）市场领先者

在研发策略方面，市场领先者通常需要持续投入研发，推出具有颠覆性或创新性的产品，以保持技术领先和产品差异化。例如，苹果公司不断推出新的 iPhone 和 iPad 型号，引入新的技术和功能，以巩固其在智能设备市场的领导地位。

在营销策略方面，通过广告、公关等方式提升品牌知名度和美誉度。例如，可口可乐公司每年投入大量资金进行广告宣传，如耗费大量资金为世界杯创作主题曲《飘扬的旗帜》《由我们主宰》等，以增强与消费者的情感链接，提升品牌形象与价值观，从而保持其在全球饮料市场的领导地位。

（2）市场挑战者

在研发策略方面，通过提供与市场领先者不同的产品或服务来吸引客户。例如，特斯拉电动汽车凭借高性能、长续航的产品特性以及智能化的驾驶体验，成功挑战了传统汽车制造商的市场地位。

在营销策略方面，通过创新的营销手段等直接挑战市场领先者。例如，一些新兴品牌利用社交媒体、直播带货等新型营销渠道来提升品牌影响力。

（3）市场追随者

在研发策略方面，模仿市场领先者的产品或服务，并在此基础上进行改进和优化，为客户提供性价比更高的产品。例如，许多智能手机品牌会在市场领先者（如华为公司、苹果公司）推出新产品后，迅速推出类似但具有一些差异化功能的产品。

在营销策略方面，通过降低营销成本来提高盈利能力。例如，一些品牌采用"Me too"策略，通过将自家产品与市场领先者对比，进行产品性能参数比拼，证明自家产品不输于市场领先者，并且拥有更高的性价比，从而迅速获得市场认可，实现低成本营销。

（4）市场补缺者

在研发策略方面，专注于提供某种专业化、个性化的产品或服务，以满足特定消费群体的需求。例如，传音公司根据非洲市场的特点提供满足非洲市场需求的手机。

在营销策略方面，通过精准的市场定位来找到目标消费群体，并集中资源进行营销。例如，某些品牌会利用大数据分析工具来定位目标消费者，并通过定向广告等方式进行推广。

> 读者思考
>
> 您所在企业的产品研发和营销策略是怎样的？

7.6.3 支持销售项目，提升项目成功率

学习竞争对手的优点，打击竞争对手的弱点，从而实现销售项目的成功。

通过深入了解竞争对手的销售策略、客户关系和市场份额，企业可以制定合适的销售策略，开发有针对性的解决方案，提高销售项目的成功率，如图 7-14 所示。

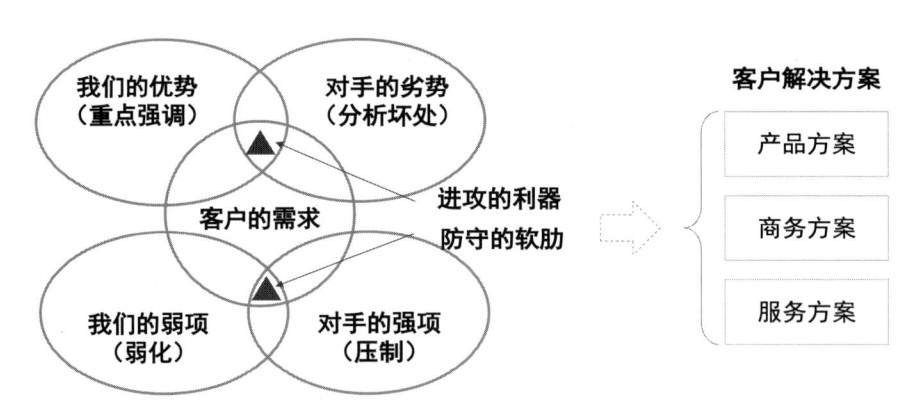

图 7-14 基于竞争的产品销售策略示意图

首先，识别自身的优势与劣势。

销售团队需要清晰地识别自身的优势与劣势。我们的优势、对手的劣势就是我们进攻的最佳武器。我们的弱项、对手的强项是我们的软肋，需要特别防护。

其次，基于优劣势分析，制定销售策略。

基于优劣势分析，在满足客户需求的基础上，制定销售策略。

销售团队可以采用的策略包括重点强调我们的优势，帮助客户分析竞争对手优势项存在的问题，通过调整销售项目的范围来弱化我们的弱项、压制对手的强项。

最后，基于销售策略，开发解决方案。

基于销售策略，为客户设计满足客户需求的、差异化的、有竞争力的解决方案，包括产品方案、商务方案和服务方案等，从而提高销售项目的成功概率。

7.7 竞争洞察常见的指标

在进行竞争洞察的时候，主要关注的指标有竞争对手的市场份额、市场增长率、产品性能、产品质量、产品价格、渠道规模、研发投入、专利数量与质量、人力资源、财务状况、客户满意度等。通过分析这些指标的变化，预测竞争对手未来的行动。

市场份额，指企业在特定市场中的销售额或销售量所占的比例，直接反映了企业的市场地位和竞争力。

市场增长率，指市场总销售额或销售量的年度增长百分比，有助于企业预测市场的发展趋势，并制定相应的市场战略。

产品性能，包括产品的功能、特点、用户体验等，直接影响客户的购买决策和满意度。

产品质量，指企业产品或服务的质量水平，优质的产品或服务能够提升企业的声誉和口碑。

产品价格，企业的定价策略直接影响其市场份额和利润水平。

渠道规模，指企业销售产品或服务的渠道规模，广泛的销售渠道可以扩大企业的市场覆盖范围。

研发投入，体现企业对技术创新的重视程度和投入力度。

专利数量与质量，能够衡量企业的技术实力和创新能力。

人力资源，包括员工数量与质量、员工满意度与忠诚度等，反映企业的人力资源规模和素质，以及员工的工作积极性和稳定性。

财务状况，包括利润率、资产回报率、现金流量等，反映企业的盈利能力、资产利用效率和现金流动性。

客户满意度，指客户对企业产品或服务的满意程度，高客户满意度可以带来口碑效应，提升企业的市场竞争力。

7.8 本章小结

- 通过竞争洞察，企业能够清晰地把握竞争对手的优势、劣势、机会与威胁，进而制定出更加精准有效的市场竞争策略，增强自身的市场竞争力。

- 不要把标杆企业和竞争对手混淆在一起。标杆企业是我们学习的榜样，而竞争对手却不是我们能够选择的，是市场竞争的结果。

- 通过波特五力模型或者市场共同性和资源相似性框架来识别竞争对手，并对竞争对手进行分类和排序，以确定需要重点关注和研究的竞争对手。

- 不要忽视那些我们不屑一顾的竞争对手。骄傲自满，大意轻敌，不做好充分的竞争分析，一定会给企业带来损失。

- 通过 $APPEALS 方法或关键成功要素法（Critical Success Factors，CSF）确定竞争分析的要素和内容。

- SWOT 方法通过系统地识别企业的内部优势和劣势，以及外部环境中的机会和威胁，为企业提供了四种竞争策略。企业需要重点关注 SO（优势 – 机会）战略。

- 竞争分析能够帮助企业深入理解市场的竞争格局，有效支持企业制定战略规划、产品研发和营销策略以及支撑销售项目的执行。

8

自我洞察：识别资源和能力

知己知彼，百战不殆。

知人者智，自知者明。

了解自己，是所有智慧的开端。

8.1 什么是自我洞察

企业在进入一个新的细分市场前,需要对自身的资源和能力进行深入分析,以识别有利于业务发展的资源,并明确需要改进的领域。企业应基于自身的优势和劣势,发挥长处,规避短处,并弥补不足之处,从而发现新的商机,并指导后续的业务规划。

例如,当一家家电制造商决定研发和生产智能手机时,它可能在市场渠道、制造能力和供应链管理方面拥有一定的优势,但在关键人才、核心技术以及品牌影响力方面可能存在明显的不足,因此需要通过各种手段获取相关能力,如自主研发、生态合作以及投资并购等。如果无法获得这些能力,那么最好的策略就是放弃进入该领域,选择其他更适合的领域去投资。

在自我洞察的过程中,企业可以利用成功路径复盘、企业生命周期模型分析、VRIO 模型分析、商业模式分析、财务与经营报表分析等方法,进行全面的自我评估,如图 8-1 所示。

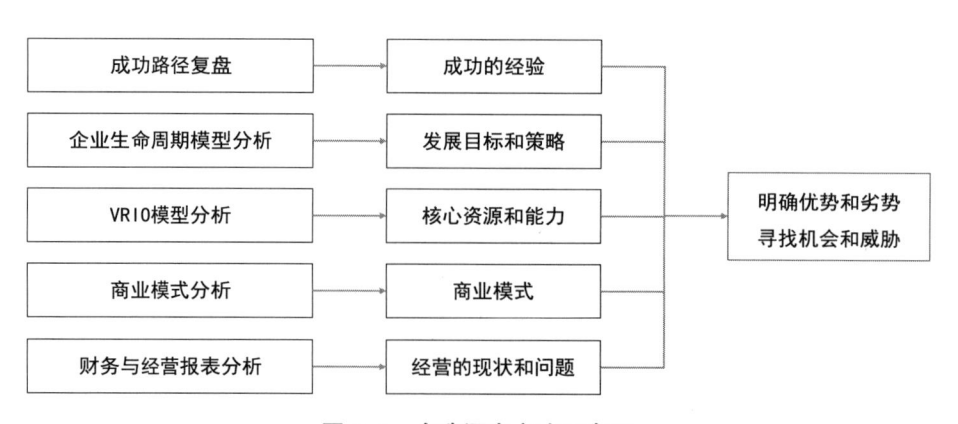

图 8-1 自我洞察方法示意图

本章将介绍这些方法的使用。

8.2 复盘历史成功经验，挖掘自身优势

在激烈的市场竞争中，企业若想立于不败之地，必须持续挖掘并发挥自身的优势。历史成功经验是企业宝贵的资产，通过总结和回顾这些经验，企业能够更深入地了解自己，挖掘自身的优势，有针对性地制定发展战略，集中资源打造核心竞争力，并持续增强竞争力。

以华为公司为例，通过分析其产品系列，我们不难发现华为公司在软硬件一体化产品领域取得了巨大成功，如交换机、路由器、传输网络设备、无线网络设备、智能手机等。

通过总结和复盘历史经验，我们还发现华为公司在研发符合统一标准规范的产品方面表现得尤为出色，如电信类产品遵循众多国际标准，华为公司通过向客户提供大容量、高质量的产品，赢得了客户的信任。

因此，我们认识到，华为公司在标准化、高质量、大容量产品的研发方面具有显著优势。

> **读者思考**
>
> 您所在的企业有哪些历史成功经验？

8.3 分析企业生命周期，明确发展目标和策略

我们都知道，事物都有生命周期，每个生命周期阶段遇到的问题各不相同，追求的目标也存在差异。对于企业而言，同样如此。

当企业处于初创弱小阶段时，追求的是活下去；当企业发展到一定规模时，期望的是做强做大；当企业逐渐壮大后，要求的则是稳健经营、避免风险。

为了更好地识别企业的现状，预测未来的发展趋势，本书推荐采用企业生命周期模型来分析企业面临的发展问题，并明确发展目标。

企业生命周期指的是企业从诞生到终止的整个发展过程。这一过程通常涵盖四个阶段，每个阶段均有其独特的特征和管理焦点，如图 8-2 所示。

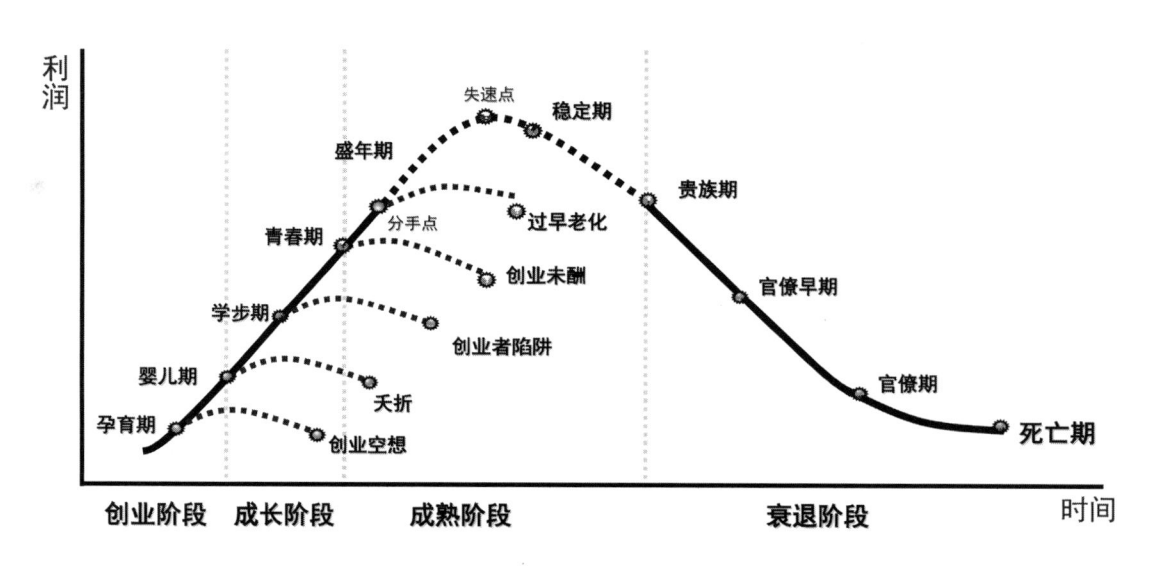

图 8-2 企业生命周期示意图

通过企业生命周期可知，在不同的阶段，企业需要采取不同的管理策略来应对不同的挑战和机遇。例如，在创业阶段，企业需要注重创新和市场开拓；在成长阶段，企业需要加强内部管理和品牌建设；在成熟阶段，企业需要寻找新的增长点并保持竞争力；在衰退阶段，企业需要积极应对市场变化并寻求转型。

以下是对企业生命周期各阶段的详细介绍。

（1）创业阶段

在这个阶段，企业刚刚成立，生产规模小，产品市场份额低，企业组织结构简单，人员充分复用，生产经营者与管理者常常合二为一。

此时，企业需要确定产品或服务，建立市场地位，并搭建基本的运营和管理框架。这一阶段，企业资源有限，风险较高，但也具备较强的创新力与灵活性。

企业的重点工作是确定企业的经营方向和策略、建立组织机构、招募团队、融资等。侧重点在于创业者的创业能力、团队建设、市场定位、资金管理等方面。

（2）成长阶段

在这个阶段，企业开始获得市场认可，产品的销售额和市场份额逐渐增长。

此时，企业需要进一步扩大生产规模，提高运营效率，建立品牌和客户基础。这一阶段，资源需求增加，管理复杂度提升，竞争压力也开始显现。

企业的重点工作是优化组织架构、完善管理制度、建立品牌、加强研发等。同时，需要关注市场变化，及时调整战略，加强内部管理，提升产品和服务质量。

（3）成熟阶段

在这个阶段，企业的规模和市场份额达到一定的程度，增长速度开始放缓。

此时，企业资金雄厚，技术先进，人才资源丰富，管理水平较高，具有较强的生存能力和竞争能力。但创新力可能减弱，竞争压力依然较大。

企业的重点工作是提高效率、控制成本、加强品牌建设、开拓新市场、引入新技术等。同时，特别需要注重创新，寻找新的增长点，并保持与市场的紧密联系，持续优化产品和服务。

（4）衰退阶段

在这个阶段，企业面临市场萎缩、竞争加剧、技术落后等问题，销售额和利润开始下滑。同时，企业资源紧张，管理难度加大，创新力减弱。

企业的重点工作是简化管理、优化产品、降低成本等。同时，特别需要寻找新的转型方向，或者通过创新重塑竞争优势，以应对市场的变化。

> **读者思考**
>
> 您所在的企业当前处于企业生命周期的哪个阶段，重点工作是什么？

8.4 借助 VRIO 模型，评估企业资源和能力

在当前竞争激烈的市场环境下，企业若要保持竞争优势，必须精确识别并有效运用其资源和能力。接下来，本书将介绍如何识别企业的资源和能力，并利用 VRIO 模型对这些资源和能力进行评估。

（1）识别企业的资源

企业的资源涵盖了企业在生产与经营活动中投入的所有要素，主要分为有形资源、无形资源以及人力资源三大类别。

对于大多数企业而言，它们通常掌握的资源包括但不限于实物资源、财务资源、技术资源、品牌资源、文化资源、干部资源以及员工资源等，如图 8-3 所示。

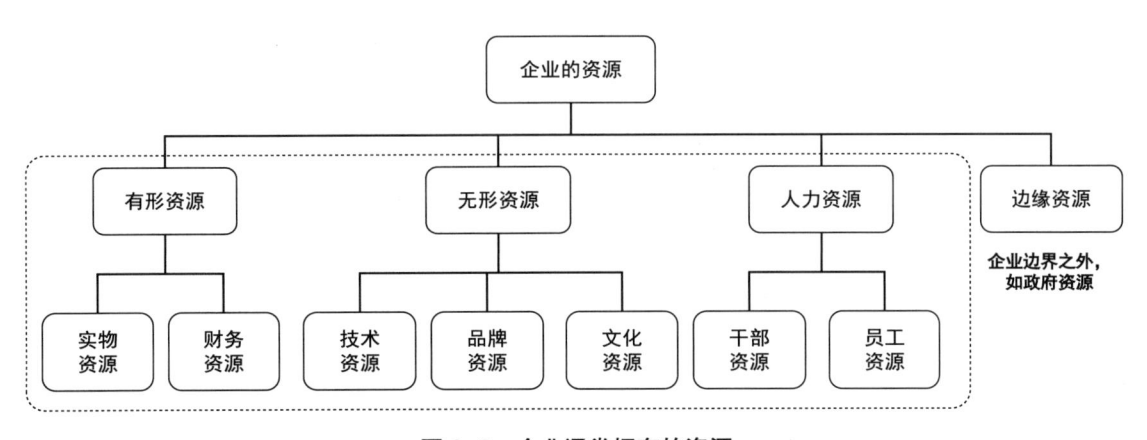

图 8-3 企业通常拥有的资源

（2）识别企业的能力

企业的能力指的是企业将资源转化为实际效益的本领，它涵盖了管理能力、业务

能力以及动态能力等多个维度。

对于大多数企业而言，它们通常具备的能力包括战略管理能力、组织管理能力、人才管理能力、财务管理能力、信息管理能力、研发能力、营销能力、供应链能力以及客户服务能力等，这些都是其核心竞争力的体现，如图8-4所示。

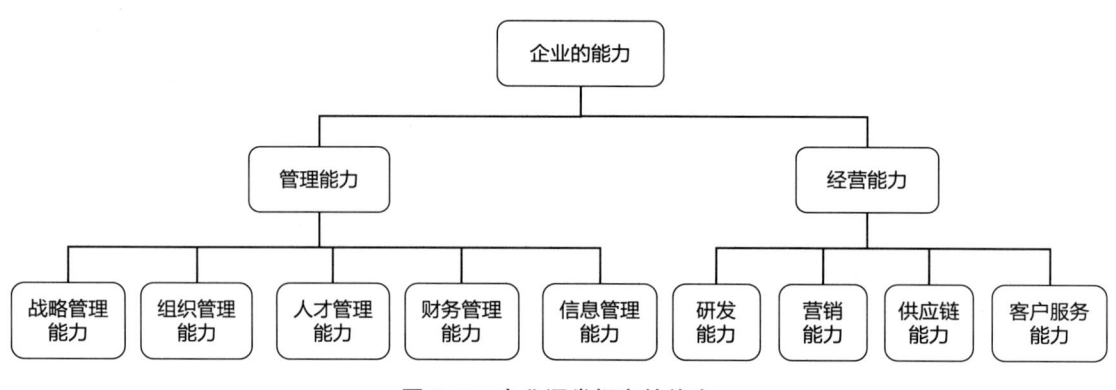

图8-4 企业通常拥有的能力

（3）通过VRIO模型评估资源和能力

为了更好地发挥企业内部资源和能力的作用，将企业的资源和能力转化为竞争优势，企业可以借助VRIO模型对其资源和能力进行评估，识别企业的核心资源和能力。这些核心资源和能力能够确保企业在市场竞争中占据优势地位。

VRIO模型是由美国管理学会院士杰恩·巴尼（Jay B. Barney）提出的，主要是从价值（Value）、稀缺性（Rarity）、难以模仿性（Inimitability）以及组织（Organization）这四个维度审视企业的内部资源和能力，进而明确其竞争优势与潜力所在。

该模型四个核心要素的具体说明如下。

√ **价值**（Value）：资源和能力是否能为企业带来价值，提高收益或降低开支。

√ **稀缺性**（Rarity）：资源和能力在市场上是否稀缺，即竞争对手是否难以获取。

√ **难以模仿性**（Inimitability）：资源和能力是否难以被竞争对手模仿或复制，

以维持企业的独特优势。

√ **组织**（Organization）：企业是否拥有有效的组织结构和管理能力，以充分利用这些资源和能力。

例如，一家企业通过内部研讨，梳理了一份其拥有的核心能力清单，包括战略管理能力、组织管理能力等。然后，通过 VRIO 模型来评估这些核心能力，从而识别企业的优势和核心竞争力，如表 8-1 所示。

表 8-1 VRIO 模型使用样例

分析的维度	价值	稀缺性	难以模仿性	组织
战略管理能力	√	√	×	√
组织管理能力	√	√	×	√
财务管理能力	√	×	√	√
营销能力	×	×	√	×
供应链能力	√	√	×	√
研究开发能力	√	√	√	√
企业文化	×	×	×	√

通过 VRIO 模型分析，可以得出以下结论。

该企业拥有强大的研究开发能力，这一优势在价值、稀缺性、难以模仿性和组织方面均得到了充分体现，使得企业能够在不断变化的市场环境中保持竞争力，并推动创新产品的问世，为企业带来显著的技术优势。

然而，该企业的营销能力明显不足。营销能力在价值、稀缺性和组织方面均表现不佳，这既是企业当前的短板，也是未来亟须改善的关键领域。有效的营销策略和市场推广能够帮助企业将产品成功打入市场，提高市场占有率。

> 💡 **读者思考**
>
> 参照表 8-1，识别和分析您所在企业的核心资源和能力。

8.5 利用商业模式画布，梳理商业模式

自我洞察的一个关键点是明确企业自身的商业模式。只有明确了企业的商业模式，才能有效理解企业是如何创造价值、传递价值以及获取价值的。关于商业模式的分析，本书推荐采用商业模式画布这一工具。

商业模式画布（Business Model Canvas，BMC）是一种强大的工具，用于详尽地描述、呈现和分析企业的商业模式。它由瑞士学者亚历山大·奥斯特瓦德（Alexander Osterwalder）与伊夫·皮尼厄（Yves Pigneur）联合提出，两位学者在其著作《商业模式新生代》中对其进行了深入介绍。

通过九个核心构建模块，商业模式画布能够帮助企业全面地理解、构建和改进其商业模式。以下是商业模式画布的九个核心构建模块，如图8-5所示。

⑧重要合作 Key Partnerships, KP 企业为了让商业模式有效运作所需要的供应商和合作伙伴	⑦关键活动 Key Activities, KA 企业为了让商业模式有效运作所需要执行的关键业务活动	②价值主张 Value Propositions, VP 企业为客户创造价值的产品或服务	④客户关系 Customer Relationships, CR 企业和客户建立的关系以及如何维系关系	①客户细分 Customer Segments, CS 企业所服务的客户群体分类
	⑥核心资源 Key Resources, KR 企业为了让商业模式有效运作所需要的关键资源		③渠道通路 Channels, CH 企业服务流程中的客户接触点	
⑨成本结构 Cost Structure, $CS 商业模式运行所需要的成本				⑤收入来源 Revenue Streams, $RS 企业向客户提供价值所获得的收入

图 8-5 商业模式画布示意图

客户细分（Customer Segments，CS）清晰界定了企业的目标客户群体，明确了

企业正在为谁创造价值。客户细分有助于企业明确其市场定位，从而为不同的客户群体量身定制产品或服务，参见本书 6.1 章节的描述。

价值主张（Value Propositions，VP）阐述了企业为客户创造的价值所在，包括满足客户需求、解决客户问题以及提供独特的体验。常见的价值主张包括性能好、个性化、高质量、用户体验好、总成本最低、节能环保、维护简单等。价值主张是吸引客户并保持其忠诚度的核心要素。

渠道通路（Channels，CH）描述了企业接触客户并传递价值的途径，包括大客户直销、渠道分销、在线平台等多种渠道，以及这些渠道如何协同工作以实现市场覆盖范围的最大化。

客户关系（Customer Relationships，CR）描述了企业与特定客户群体建立的关系类型，常见的客户关系类型包括供应商、合作伙伴、个人助理、顾问、教练、专属会员、众创等。不同的客户关系类型将影响企业的运营成本、客户满意度和客户忠诚度。

收入来源（Revenue Streams，$RS）描述了企业从客户那里获得的各种收入，如产品销售收入、订阅服务收入、广告收入、知识产权授权收入、交易佣金、资产租赁收入等。明确收入来源有助于企业制定定价策略和盈利目标。

核心资源（Key Resources，KR）指出了企业运营所依赖的关键资源，包括资金、技术、人才、品牌、合作伙伴、原材料、生产线、渠道、数据、知识产权等。这些资源是企业实现其商业模式的基石。

关键活动（Key Activities，KA）描述了企业为实施商业模式而必须执行的主要任务，如研发、生产、市场营销、客户服务等。这些活动构成了企业日常运营的核心。

重要合作（Key Partnerships，KP）列出了企业在运营过程中需要合作的外部实体，包括供应商、分销商、技术提供商等。合作伙伴可以为企业带来额外的资源、技术和市场机遇。

成本结构（Cost Structure，CS）分析了企业在运营过程中产生的各项成本，包括固定成本（如租金、薪资）和变动成本（如原材料成本、销售费用、研发费用）。了解成本结构有助于企业制定有效的成本控制策略和盈利计划。

我们以特斯拉为例，利用商业模式画布分析一下其商业模式，如图 8-6 所示。

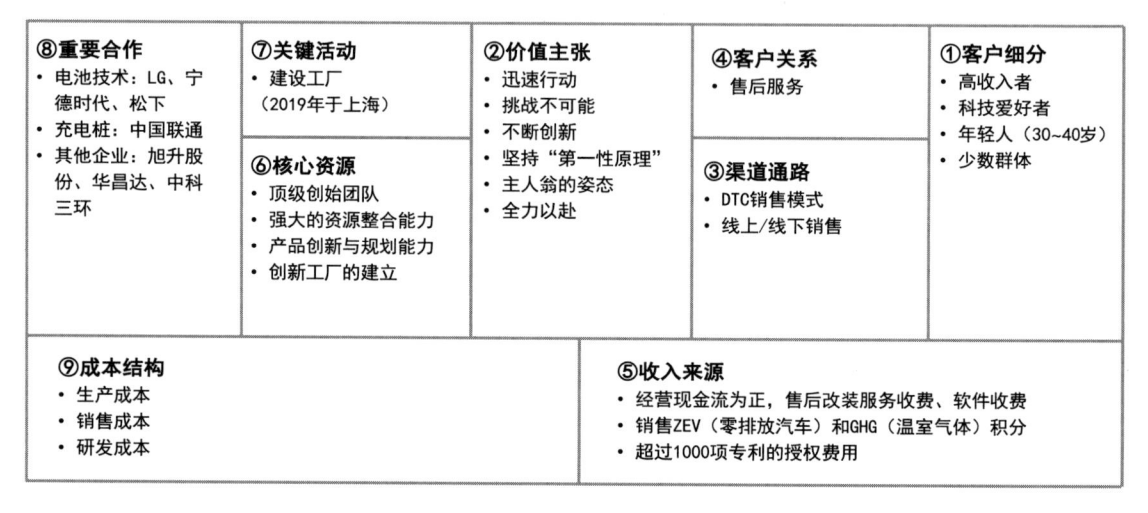

⑧重要合作	⑦关键活动	②价值主张	④客户关系	①客户细分
• 电池技术：LG、宁德时代、松下 • 充电桩：中国联通 • 其他企业：旭升股份、华昌达、中科三环	• 建设工厂（2019年于上海）	• 迅速行动 • 挑战不可能 • 不断创新 • 坚持"第一性原理" • 主人翁的姿态 • 全力以赴	• 售后服务	• 高收入者 • 科技爱好者 • 年轻人（30~40岁） • 少数群体
	⑥核心资源 • 顶级创始团队 • 强大的资源整合能力 • 产品创新与规划能力 • 创新工厂的建立		③渠道通路 • DTC销售模式 • 线上/线下销售	
⑨成本结构 • 生产成本 • 销售成本 • 研发成本		⑤收入来源 • 经营现金流为正，售后改装服务收费、软件收费 • 销售ZEV（零排放汽车）和GHG（温室气体）积分 • 超过1000项专利的授权费用		

图 8-6 特斯拉的商业模式画布

通过这张商业模式画布，我们可以清晰地看到，特斯拉将勇于挑战与创新的精神、强烈的主人翁意识、全力以赴的工作态度以及迅捷的行动力作为其核心价值主张。特斯拉依托一支顶尖的团队、卓越的资源整合能力以及创新工厂的建设，专注于为高收入群体和科技爱好者提供电动汽车产品。特斯拉通过多元化的销售渠道和卓越的客户服务，实现了收入来源的多样化。此外，特斯拉与LG、宁德时代、松下等业界巨头在电池技术和充电桩领域展开了关键性的合作。

商业模式画布的九个要素并非彼此孤立，它们之间存在着紧密的联系，共同构成了一个完整且动态的商业模式体系，实现价值的定义、创造和交付，如图 8-7 所示。

从价值流的角度看，对客户需求的深入理解是商业模式的起点。企业根据这些需求，通过精心策划的价值主张来定义其提供的价值。价值主张不仅反映了企业对市场需求的精准把握，也彰显了其独特的竞争优势。

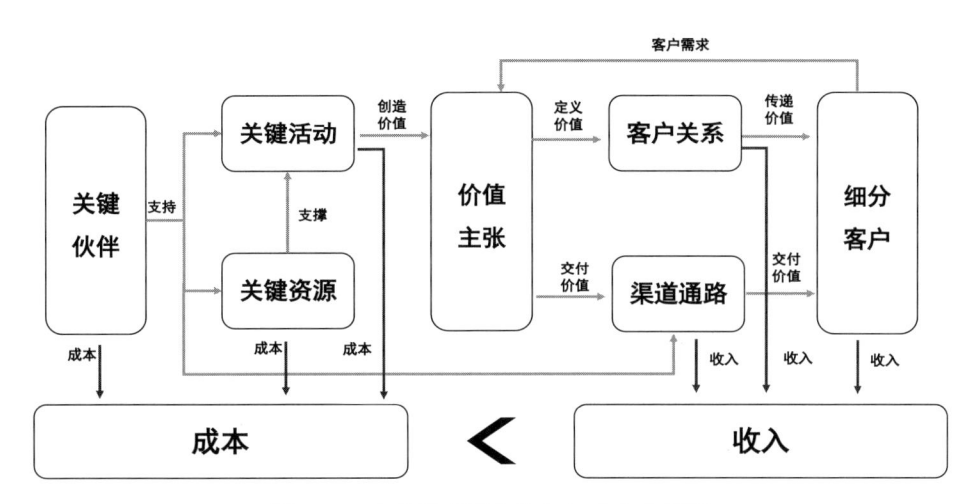

图 8-7 商业模式画布收入与成本分析图

接着，企业借助关键资源和伙伴的支持，通过一系列关键活动来创造价值。这些活动涵盖研发、生产、营销等多个环节，它们共同构成了价值创造的核心流程。

在这个过程中，企业必须与关键伙伴紧密协作，共同推进价值的实现和交付。同时，企业还需要通过建立稳固的客户关系来传递价值。这种关系不仅体现在产品或服务的交付上，更体现在企业对客户需求的持续关注和满足上。通过提供高质量的产品或服务，企业能够赢得客户的信任和忠诚，从而构建起稳固的客户关系。

从收入和成本的角度分析，商业模式的成功在很大程度上取决于成本与收入的平衡。企业通过向客户传递和交付价值来获得收入，这是商业模式的核心目标之一。然而，在创造价值的过程中，企业也需要承担大量的成本，包括获取关键资源、与关键伙伴合作、执行关键活动等。只有当收入超过成本时，商业模式才能成立，企业才能实现盈利；否则，如果成本过高，收入无法覆盖成本，企业将面临财务困境，甚至可能面临亏损的风险。因此，企业需要不断优化商业模式，提高资源利用效率，降低成本，同时提升产品或服务的附加值，以增加收入。

> **读者思考**
>
> 参照图 8-5，利用商业模式画布梳理您所在企业的商业模式。

8.6 分析财务报表，寻找经营问题

财务报表通过呈现企业的资产、负债以及所有者权益等核心财务数据，客观地揭示了企业的财务状况。财务报表为企业的管理层提供了关键的决策支持。

通过分析财务数据，管理层能够预测企业的发展趋势，评估管理团队的业绩表现，及时识别经营中的问题，并据此制定或调整经营策略，以确保企业的持续稳定发展，如图 8-8 所示。

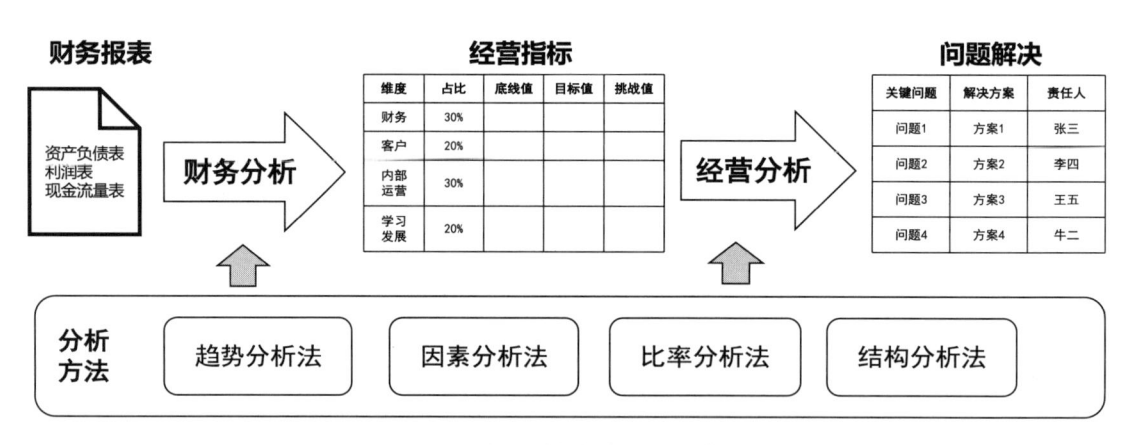

图 8-8 企业财务报表分析示意图

财务报表分析方法通常有四种，具体如下。

（1）趋势分析法（洞察变化轨迹）

趋势分析法可以用于观察企业财务数据随时间演变的趋势。

通过比较不同时间点的财务报表，例如年度报表和季度报表，能够发现收入、成本、利润等关键指标的增长或下降趋势。这种方法有助于识别企业发展的动态特征，为预测未来的财务状况和制定长期战略提供重要依据。

（2）因素分析法（精准定位关键驱动因素）

因素分析法能够深入探究影响企业财务表现的具体因素。

通过对财务指标进行分解，例如将净利润拆分为销售量、单价、成本等多个组成部分，能够识别哪些因素对业绩产生了显著影响。这有助于管理层精确地定位问题所在，并采取有效措施进行改进。

（3）比率分析法（评估财务健康状况和运营效率）

比率分析法通过计算一系列财务比率，如流动比率、资产负债率、净利率等，来评估企业的财务健康状况和运营效率。

更重要的是，通过将这些比率与同行业其他企业或行业平均水平进行比较，可以直观地看到企业在行业中的竞争地位。这种方法有助于企业管理者评估企业的风险与回报，从而为决策提供量化的依据。

（4）结构分析法（全面剖析财务构成）

结构分析法侧重于分析企业财务报表中各组成部分的比例关系，包括成本结构、收入结构、资产结构、债务结构以及盈利结构等。

通过这种方法可以清晰地了解企业资源的分配情况，以及不同部分对整体财务表现的贡献。结构分析法有助于管理层优化资源配置，提升财务效率，同时也为外部利益相关者提供了评价企业稳健性和成长潜力的视角。

> **读者思考**
>
> 通过财务报表分析，梳理您所在的企业当前面临的问题和挑战。

8.7 自我洞察常见的指标

在进行自我洞察的时候，主要关注的指标与竞争洞察的指标类似，包括市场份额、市场增长率、产品性能、产品质量、产品价格、渠道规模、研发投入、专利数量与质量、人力资源、财务状况、客户满意度等。通过这些指标衡量企业的经营状况，发现企业存在的问题，明确企业的优势和劣势，从而寻找市场机会。对这些指标的详细介绍请参见本书 7.7 章节，此处不再赘述。

8.8 本章小结

- 在激烈的市场竞争中,企业若想立于不败之地,需要持续挖掘并发挥其独特优势。

- 在企业生命周期的不同阶段,企业需要采取不同的管理策略,以应对各种挑战和把握机遇。

- 企业需要深刻理解其独有的资源和能力,并围绕核心资源和能力进行战略部署,将这些资源和能力转化为竞争优势。

- 商业模式的成功在很大程度上取决于成本与收入的平衡。企业应不断优化其商业模式,提高资源利用效率,降低成本,同时提升产品或服务的附加值,以增加收入。

- 财务报表为企业的管理层提供了关键的决策支持。通过分析财务数据,管理层能够预测企业的发展趋势,评估管理团队的业绩表现,及时识别经营中的问题,并据此制定或调整经营策略,以确保企业的持续稳定发展。

9

找机会：抓住市场机遇

平庸者等待机会，明智者创造机会。

机会不会永远等待，行动才是关键。

机会总是留给那些敢于梦想、勇于追求的企业。

9.1 什么是市场机会

机会是指在特定的时机或特殊的情况下出现的有利条件，是人们实现目标、取得成功的时机。

市场机会是指在特定的市场环境或经济条件下，由市场需求、技术进步、政策变化、客户行为等多种因素共同作用而形成的，有利于企业实现增长、扩张或获得竞争优势的条件或时机。

例如，在教育行业中，这种市场机会的演变与更迭尤为引人注目。随着时间的推移，不同细分领域内纷纷涌现出各式各样的机会，如图9-1所示。

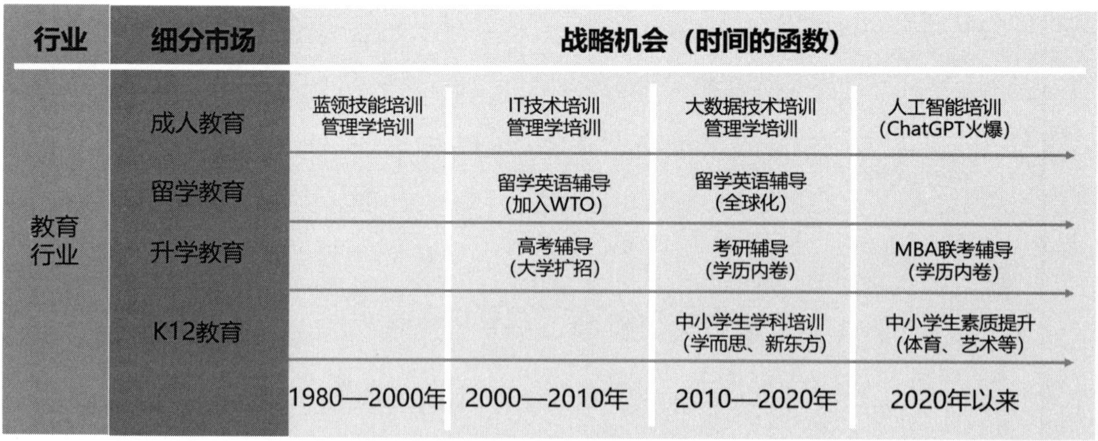

行业	细分市场	战略机会（时间的函数）			
教育行业	成人教育	蓝领技能培训 管理学培训	IT技术培训 管理学培训	大数据技术培训 管理学培训	人工智能培训 （ChatGPT火爆）
	留学教育		留学英语辅导 （加入WTO）	留学英语辅导 （全球化）	
	升学教育		高考辅导 （大学扩招）	考研辅导 （学历内卷）	MBA联考辅导 （学历内卷）
	K12教育			中小学生学科培训 （学而思、新东方）	中小学生素质提升 （体育、艺术等）
		1980—2000年	2000—2010年	2010—2020年	2020年以来

图9-1 教育行业机会示意图

以K12教育细分市场为例，随着社会经济的蓬勃发展，民众生活水平显著提升，人们对教育的重视程度也随之提高。

在此背景下，教育培训市场的需求如雨后春笋般节节攀升，特别是在 2010 年至 2020 年，中小学生学科培训市场迎来了前所未有的繁荣景象，催生了一大批知名的中小学生学科培训机构，如学而思、新东方等业界翘楚，它们凭借精准的市场定位、优质的教学资源以及高效的教学模式，在激烈的市场竞争中脱颖而出，成为行业的标杆。

然而，市场的风云变幻总是令人难以捉摸。随着 2021 年"双减"政策的强势落地，中小学生学科培训市场遭遇了前所未有的冲击，曾经的无限风光瞬间化为乌有，大量的培训机构陷入了困境。

但危机往往与机遇并存，在中小学生学科培训市场机会骤然消失的同时，中小学生素质提升的新机遇悄然降临。面对这一突如其来的转变，众多中小学生学科培训机构迅速调整战略方向，纷纷转型投身于素质培训领域，以期在新的蓝海市场中寻找新的增长点。

因此，精准识别与有效把握市场机会，对于企业的长远发展而言具有举足轻重的意义。企业唯有保持敏锐的市场洞察能力，才能在瞬息万变的市场环境中及时捕捉并牢牢抓住那些稍纵即逝的机会，进而根据市场需求的变化灵活调整自身的产品和服务，以更加贴合客户日益多元化的需求，从而在激烈的市场竞争中稳操胜券，实现业务的持续稳健增长与盈利的稳步提升。

> **读者思考**
>
> 通过市场洞察"五看"方法，梳理您所在的行业当前存在的市场机会。

9.2 如何管理市场机会

为了更好地抓住市场机会，需要对市场机会进行管理。市场机会的管理可以通过四步来实现，分别是机会挖掘、机会分类、机会选择和机会利用，如图9-2所示。

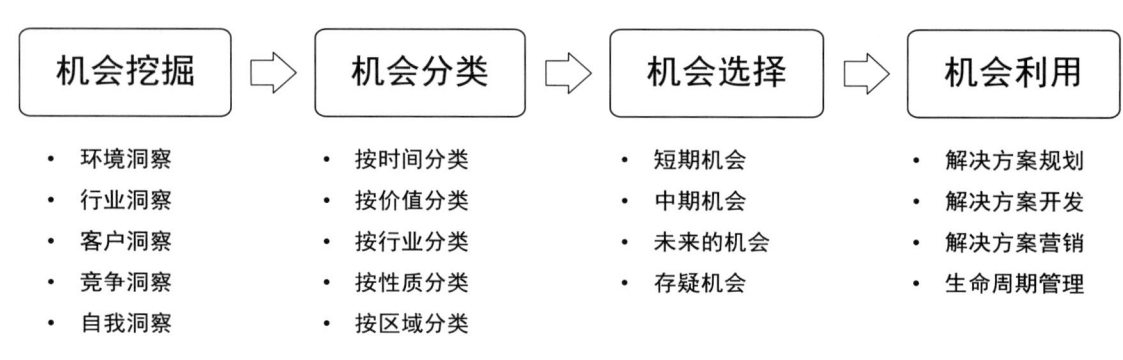

```
机会挖掘  ⇒  机会分类  ⇒  机会选择  ⇒  机会利用
· 环境洞察     · 按时间分类    · 短期机会     · 解决方案规划
· 行业洞察     · 按价值分类    · 中期机会     · 解决方案开发
· 客户洞察     · 按行业分类    · 未来的机会   · 解决方案营销
· 竞争洞察     · 按性质分类    · 存疑机会     · 生命周期管理
· 自我洞察     · 按区域分类
```

图 9-2 机会管理示意图

（1）机会挖掘

基于"五看"方法，开展市场洞察工作，挖掘出潜在的市场机会，包括：

√ 通过深入的环境洞察，把握宏观经济的脉动，洞察环境变化带来的机会；

√ 通过细致的行业洞察，紧跟特定行业的发展动态，捕捉价值转移的机会；

√ 通过深入的客户洞察，探索客户的真实需求与偏好，挖掘创新机会；

√ 通过详尽的竞争洞察，分析竞争对手的策略与动向，寻找竞争对手错失的机会；

√ 分析企业自身的资源和能力，创造适合自身发展的机会。

然后，对这些机会进行收集和整理，形成机会清单，如图9-3所示。

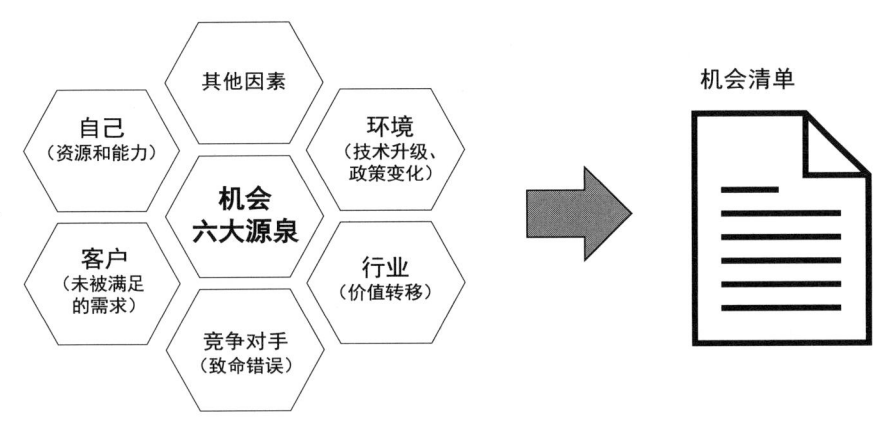

图 9-3 机会挖掘的六大来源

以人工智能产业为例，通过"五看"方法，我们观察到人工智能技术正成为未来竞争的核心领域，各国纷纷加大投资力度，力争在人工智能领域占据领导地位。然而，目前人工智能技术与普通人的日常使用之间仍存在一定的差距。例如，我们希望能够利用自己电脑中的数据，借助大模型构建一个本地知识库，但这项任务具有一定的复杂性，最终实现的效果也不是很理想，还有极大的提升空间。基于此，我们相信，将人工智能技术与产业应用相结合，将孕育出一个巨大的市场。

（2）机会分类

为了更好地理解与利用机会，需要对机会进行分类。

通常，我们可以根据机会出现的时间点（如短期机会与长期机会）、机会的价值大小（评估其收益潜力）、机会出现的行业领域、机会的性质（如客户需求、政策驱动、技术创新等）以及机会所在的区域等对机会进行分类。通过机会分类，我们能够清晰地认识每个机会的特性，从而为后续选择与利用机会提供有力支持，如图9-4所示。

接上面的例子，关于将人工智能技术与产业应用相结合，我们坚信这是一个中长期机会，将在未来相当长的一段时间内持续存在；其价值极为显著，能够极大地提高企业的运营效率；它覆盖了多个行业领域；它是技术进步、政策支持与客户需求共同作用的产物；同时，它具备全球推广的潜力。因此，该机会值得我们全力以赴地投入。

时间点	价值	行业领域	性质	区域
• 短期机会 • 中期机会 • 长期机会	• 高价值 • 低价值 • 一般价值	• 制造 • 医疗 • 教育 • ……	• 客户需求 • 政策驱动 • 技术创新 • ……	• 国内 • 海外

图 9-4　机会分类示意图

（3）机会选择

基于机会分类的结果，我们运用业务组合模型进行机会选择，将不同类型的机会分别纳入不同的业务组合，例如，将短期机会纳入当前业务，将中长期机会纳入成长业务，将未来的机会纳入新兴业务。

通过业务组合管理，帮助企业更好地抓住市场机会，如图 9-5 所示。

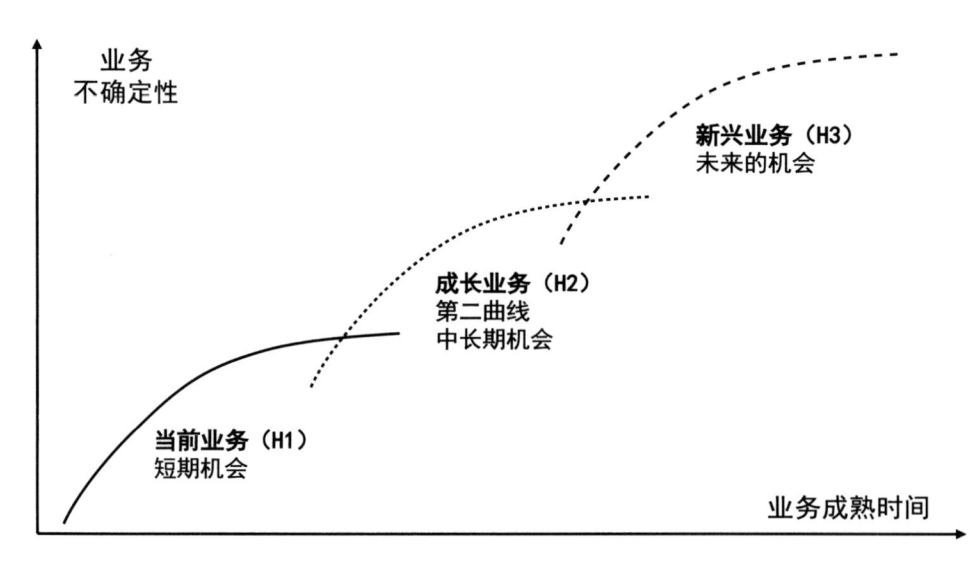

图 9-5　利用业务组合管理机会示意图

接着上面的例子，针对人工智能技术与产业应用相结合的机会，我们认为应依据各行业的具体发展状况，有针对性地进行业务组合与布局。

- ✓ 对于互联网应用行业，由于其拥有丰富的数据资源、广泛的覆盖范围和用户随时随地接入的能力，可以迅速开发出相关应用，因此这是当前的业务机会。例如，目前众多企业推出的大语言模型文字处理工具，就属于此类业务的范畴。

- ✓ 对于那些数据资源丰富的传统行业，如医疗、教育和金融行业，我们建议其优先考虑该机会，而且这是中长期的业务机会。通过利用行业丰富的数据资源，可以迅速开发出满足客户需求的行业应用。

- ✓ 对于更广泛的行业领域，特别是那些数据匮乏或数据质量参差不齐的行业，我们建议其逐步积累和采集数据，随后再推进人工智能技术与产业应用的深度融合，这将构成未来的发展机会。

在对多个机会进行排序和选择时，我们还需要权衡短期利益与长期利益、收益与风险，同时还需要考虑企业的资源、能力与优势，确保企业所选的机会能够在激烈的市场竞争中脱颖而出。特别需要说明的是，在进行机会选择的时候，应重点关注以下几个方面，如图 9-6 所示。

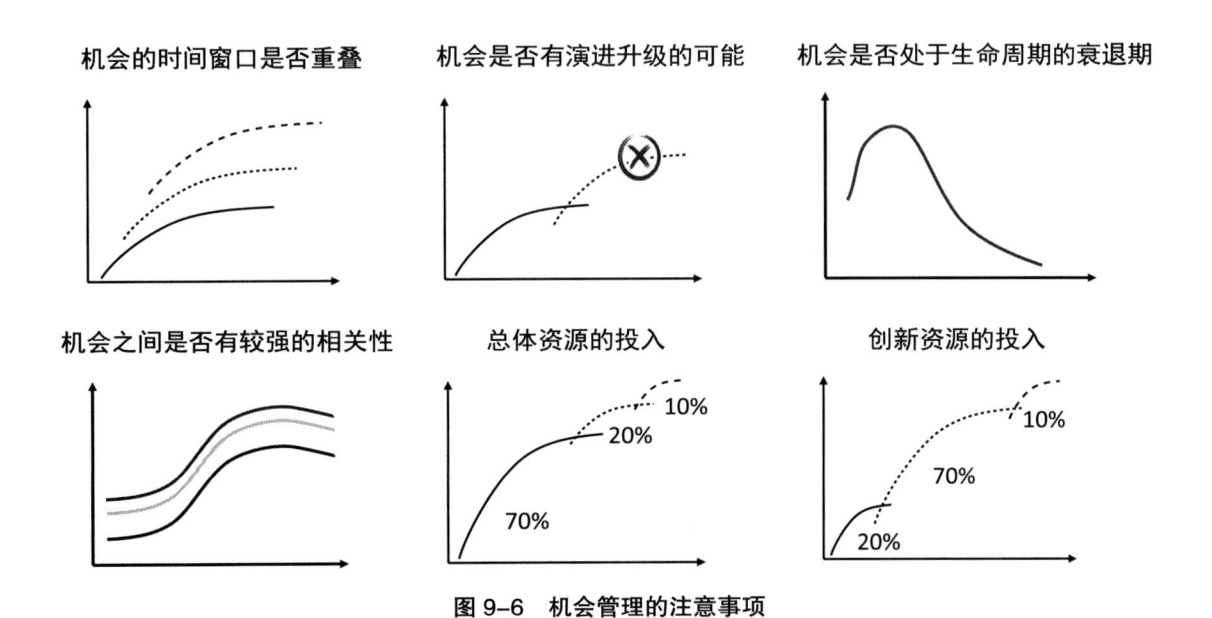

图 9-6　机会管理的注意事项

机会的时间窗口是否重叠。在评估多个业务机会时，要仔细分析它们各自的时间窗口，确保所选机会的实施时间能够相互协调，避免资源冲突，导致错失良机。只有合理的资源安排才能够确保各项业务有序开展，形成良性互动。

机会是否有演进升级的可能。在选择业务机会时，应考虑其是否具有持续发展的潜力。应优先选择那些能够随着市场和技术的变化而不断演进升级的机会，以确保企业能够长期保持竞争优势。

机会是否处于生命周期的衰退期。要深入剖析每个业务机会所处的生命周期阶段，避免选择那些已处于衰退期的机会。应重点关注处于成长期和成熟期的机会，以确保投资能够带来稳定的回报。

机会之间是否有较强的相关性。在选择多个业务机会时，需考虑它们之间的相关性。应优先选择那些能够相互促进、形成协同效应的机会，避免出现所有机会都强相关的情况，导致"一荣俱荣，一损俱损"，使企业经营面临重大风险。

总体资源的投入。在资源分配上，应遵循"721"原则，即70%的资源用于维持和拓展核心业务，20%的资源用于发展成长业务，10%的资源用于探索新兴机会。这样的资源分配方式能够确保企业在保持稳健发展的同时，不断寻求新的突破。

创新资源的投入。在创新资源的配置上，应倾斜于成长类业务。这类业务具有较大的增长潜力和市场前景，通过加大创新资源的投入，能够加快其成长步伐，为企业带来更为显著的收益。

（4）机会利用

根据业务组合，企业需要提供相应的解决方案，完成从机会到收入的转换，例如产品的规划、开发、制造与上市。

同时，我们还需要持续关注并管理解决方案的生命周期，及时更新与优化产品，确保其与不断变化的市场机会窗口保持高度一致，从而持续抓住市场机会，推动企业实现长期发展目标。

关于产品设计与实现的具体方法,可以参考笔者所著的《从战略制定到产品上市——集成产品开发(IPD)应用实践》,本书不再赘述。

> **读者思考**
>
> 面对市场机会,您所在的企业是如何进行选择的?

9.3 本章小结

- 机会是指在特定的时机或特殊的情况下出现的有利条件，是人们实现目标、取得成功的时机。

- 市场机会是指在特定的市场环境或经济条件下，由市场需求、技术进步、政策变化、客户行为等多种因素共同作用而形成的，有利于企业实现增长、扩张或获得竞争优势的条件或时机。

- 企业可以通过机会挖掘、机会分类、机会选择和机会利用四个步骤，有效地管理市场机会。

- 在选择机会时，企业必须权衡短期利益与长期利益、收益与风险，并考虑自身的资源、能力与优势，以确保所选机会能在激烈的市场竞争中脱颖而出。

- 在机会选择的过程中，企业还需确保机会的时间窗口不相互重叠、机会具备发展和升级的潜力、机会不处于生命周期的衰退期、机会之间能够相互补充、创新资源重点投放在中长期机会上。

结　语

借用德鲁克的**"管理的本质不在于知，而在于行"**来给本书做一个收尾。

回顾全书内容，本书介绍了一套"三维市场洞察、四步机会管理"的方法。这套方法分别从洞察步骤、洞察角度、洞察管理三个维度管理市场洞察工作，并通过机会挖掘、机会分类、机会选择、机会利用四个步骤管理市场机会，如下图所示。

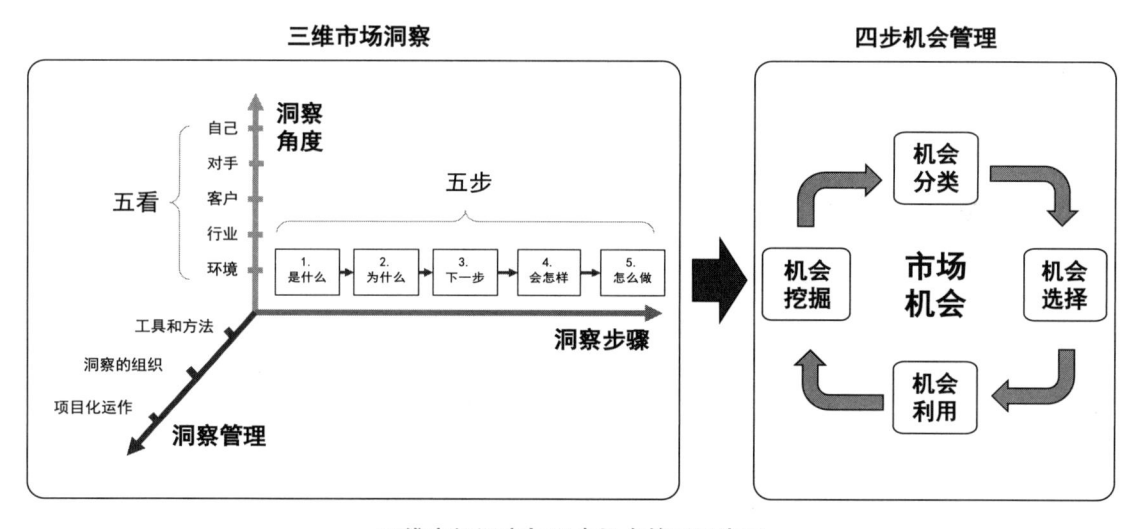

三维市场洞察与四步机会管理示意图

市场洞察的三个维度如下。

- ✓ **洞察步骤**：通过"是什么""为什么""下一步""会怎样""怎么做"五个步骤进行市场分析，预测市场变化，获得关键发现，指导下一步工作，确保市场洞察的深度。

- ✓ **洞察角度**：从"环境""行业""客户""对手"和"自己"五个角度，全面开展市场洞察工作，确保市场洞察的完整性。

- ✓ **洞察管理**：将市场洞察工作按项目化的方式进行运作，确保市场洞察的有效性。市场洞察管理的内容包括市场洞察的组织、市场洞察的工具和市场洞察的运作机制三个方面。

机会管理的四个步骤分别如下。

- ✓ **机会挖掘**：通过市场洞察，收集可能的市场机会。

- ✓ **机会分类**：对收集的市场机会进行分类，以便进行机会选择。

- ✓ **机会选择**：根据企业的资源和能力，选择合适的机会，形成业务组合。

- ✓ **机会利用**：针对选择的机会，构建相应的解决方案，完成从机会到收入的转换。

通过此套方法，可以帮助企业找到更适合自身发展的机会，从而指导管理层做出正确的决策，支撑企业的商业成功。

另外，为了启发读者的思考，在本书中每介绍完一个知识点，都设有一个"读者思考"环节。读者们可以根据这些思考问题，结合企业的现状，尝试开展市场洞察工作。

在本书的编写过程中，我得到了很多朋友的大力支持，特别是施炜教授、刑宪杰老师、陈遂伯总裁、刘祖轲老师、陈志强老师、郑志伟老师、胡红卫老师、刘劲松老师、樊友春老师、吴良坤老师、王云龙老师等，在此深表感谢，同时也感谢与我一起奋斗多年的领导、同事和合作伙伴们。

最后，还要感谢企业管理出版社的老师们，谢谢你们给我这次出版的机会，让我能够为社会贡献一点自己的力量。

本书缩略语

（1）BMC，Business Model Canvas，商业模式画布

（2）BP，Business Plan，商业计划，通常指年度商业计划

（3）FAN，Financial Analysis，财务分析

（4）IPD，Integrated Product Development，集成产品开发

（5）IRR，Internal Rate of Return，内部收益率

（6）MTL，Marketing to Leads，市场到线索

（7）SAM，Serviceable Available Market，可参与市场空间

（8）SP，Strategy Plan，战略规划，指企业及各规划单元的中长期发展计划

（9）SPAN，Strategy Positioning Analysis，战略地位分析

（10）SWOT，Strength Weakness Opportunity Threat，竞争态势分析法

（11）TAM，Total Addressable Market，总市场空间

（12）TM，Target Market，目标市场空间

本书参考文献

[1] 王四海. 从战略制定到产品上市：集成产品开发（IPD）应用实践 [M]. 北京：企业管理出版社，2023.

[2] 钱·金，莫博涅. 蓝海战略 [M]. 吉宓，译. 北京：商务印书馆，2005.

[3] 斯莱沃茨基. 价值转移：竞争前的战略思考 [M]. 凌郢，译. 北京：中国对外翻译出版公司，1999.

[4] 卡普兰，诺顿. 战略地图：化无形资产为有形成果 [M]. 刘俊勇，孙薇，译. 广州：广东经济出版社，2005.

[5] 摩尔. 跨越鸿沟 [M]. 赵娅，译. 北京：机械工业出版社，2009.

[6] 斯莱沃斯基，莫里森，安德尔曼. 发现利润区 [M]. 吴春雷，译. 北京：中信出版社，2010.

[7] 依迪斯. 新解决方案销售 [M]. 武宝权，译. 北京：电子工业出版社，2014.

[8] 产品开发与管理协会. 产品经理认证（NPDP）知识体系指南 [M]. 北京：电子工业出版社，2017.

[9] 奥斯特瓦德，皮尼厄. 商业模式新生代 [M]. 黄涛，郁婧，译. 北京：机械工业出版社，2016.

[10] 科特勒，阿姆斯特朗. 市场营销原理 [M]. 郭国庆，译. 北京：清华大学出版社，2019.

[11] R.R.Arrow. 哈佛战略经营与组织管理 [M]. 北京：中国社会出版社，2000.

[12] 黎万强. 参与感：小米口碑营销内部手册 [M]. 北京：中信出版社，2014.

[13] 刘润. 商业洞察力 [M]. 北京：中信出版社，2020.

[14] 卞志汉，廖杰熙. 华为风险管理 [M]. 北京：电子工业出版社，2022.